面向 21 世纪创新型电子商务专业系列

网店实务

主　编　曹振华

副主编　马瑞学　李　琴　王　浏

中国水利水电出版社
www.waterpub.com.cn

内 容 提 要

本书系统阐述了网店实务的原理、方法、策略和技巧，按照项目驱动模式编写，共有九个项目，具体包括：选取网店宝贝、产品拍摄、网店美工、网店开设、微博营销、软文营销、QQ 推广、淘宝客推广和网店客服。

本书强调项目的具体实施，各项任务均安排了案例导入、任务描述、任务实践、任务实训、知识拓展。全书内容新颖，通俗生动，突出知识的系统性和连贯性，强调实践能力的培养。

本书既可以作为本科、高职高专、成人教育院校、中职电子商务专业的教材，也可以作为职业技能培训和电子商务领域相关从业者的自学读本。

图书在版编目（CIP）数据

网店实务 / 曹振华主编. -- 北京：中国水利水电出版社，2015.8（2017.9重印）
面向21世纪创新型电子商务专业系列
ISBN 978-7-5170-3503-9

Ⅰ. ①网… Ⅱ. ①曹… Ⅲ. ①电子商务－商业经营－高等学校－教材 Ⅳ. ①F713.36

中国版本图书馆CIP数据核字(2015)第186068号

策划编辑：石永峰　向　辉　责任编辑：杨庆川　加工编辑：高双春　封面设计：李　佳

书　名	面向 21 世纪创新型电子商务专业系列 网店实务
作　者	主　编　曹振华 副主编　马瑞学　李琴　王浏
出版发行	中国水利水电出版社 （北京市海淀区玉渊潭南路 1 号 D 座　100038） 网址：www.waterpub.com.cn E-mail: mchannel@263.net（万水） 　　　　sales@waterpub.com.cn 电话：（010）68367658（发行部）、82562819（万水）
经　售	北京科水图书销售中心（零售） 电话：（010）88383994、63202643、68545874 全国各地新华书店和相关出版物销售网点
排　版	北京万水电子信息有限公司
印　刷	三河市鑫金马印装有限公司
规　格	184mm×260mm　16 开本　13.5 印张　328 千字
版　次	2015 年 8 月第 1 版　2017 年 9 月第 2 次印刷
印　数	3001—6000 册
定　价	28.00 元

凡购买我社图书，如有缺页、倒页、脱页的，本社发行部负责调换
版权所有·侵权必究

面向21世纪创新型电子商务专业系列编审委员会成员名单

主 任 委 员：孟西林

副主任委员：樊二刚　张苏丰

委　　　员：（按拼音顺序排列）

白晓强	曹　源	曹振华	方　辉	古春杰
郭卫民	郭子锋	侯冬玲	侯联营	贾　玮
蒋永丛	李　洋	李国英	李海龙	李继锋
李少杰	李万方	刘　丽	鲁锡杰	马　楠
马顺喜	南志光	聂　静	聂卫献	彭显云
齐英兰	邱　鹏	任冬阳	石永峰	宋沛军
苏　勇	孙　勇	仝新顺	汪　泉	王　凯
王　千	王聚仓	王丽丽	王利冬	王庆浩
王铁桩	吴金恒	吴瑞杰	伍　玫	武化岩
夏　鑫	肖丽平	谢瑞红	辛　锋	邢飞红
徐　征	许　燕	许国富	薛　聪	杨　森
杨万杰	姚红超	张滨燕	张钟辉	赵　亮
赵　鹏	周宜游	朱添福	祝　娟	

秘　　　书：郭增茂　向　辉

序　言

  电子商务作为基于信息技术和互联网的新型商务活动，近年来在全球范围内以前所未有的速度迅猛发展，并逐步向研发、生产、流通、消费等实体经济活动渗透，成为生产生活方式变革的重要推动力。中国电子商务研究中心统计数据显示，2014年我国电子商务市场交易规模达13.4万亿元，同比增长31.4%，电子商务服务企业直接从业人员超过250万人，间接带动的就业人数超过1800万人。

  河南地处中原，是重要的人口大省、经济大省和新兴工业大省，电子商务发展具有明显的区域优势、良好的产业基础和广阔的市场空间。打造中西部区域性电子商务中心，是省委、省政府根据河南经济和社会发展实际作出的重大决策，而人才培育则是实现这一战略目标的关键保障。

  为贯彻《国务院关于加快发展现代职业教育的决定》（国发〔2014〕19号）、《河南省人民政府关于印发河南省职业教育校企合作促进办法（试行）的通知》（豫政〔2012〕48号）和《河南省人民政府关于创新机制体制进一步加快职业教育发展的若干意见》（豫政〔2012〕49号）要求，建立政府推动、行业协会协调、企业与职业院校共同参与的多元化校企合作机制，推动课程内容与职业标准对接、教学过程与生产过程对接，由河南省工业和信息化委员会、河南省教育厅、河南省电子商务行业职业教育校企合作指导委员会组织职业院校专家和电子商务行业专家共同编写了面向21世纪创新型电子商务专业系列教材。教材以行业需求为导向，旨在发挥职业院校和行业专家的各自优势，促进电子商务职业教育培养模式优化，加快电子商务专业型、实用型和复合型人才培养，提高服务产业发展的能力。由于时间仓促和学识限制，教材编写难免有所疏漏或不足之处，希望广大读者提出宝贵意见和建议。

  最后，谨向教材出版过程中付出辛勤劳动的中国水利水电出版社致以真诚的感谢！

河南省工业和信息化委员会副主任、河南省电子商务
行业职业教育校企合作指导委员会主任　孟西林
2015年6月

前　　言

电子商务已在中国拉开序幕，有着十分广阔的前景。一方面，政府十分重视电子商务专业的建设；另一方面，随着互联网的普及，几乎所有的传统产业都开始重视电子商务的架构运用，这使电子商务专业毕业生成为最抢手的专业人员之一。

在此背景下，本书以淘宝网为平台，以电子商务创业为主线，包括选定网店宝贝、产品拍摄、网店美工、网店开设、微博营销、软文营销、QQ推广、淘宝客推广和网店客服等内容。让读者对电子商务的掌握由浅入深，承上启下，一气呵成。

本书按照项目教学方式进行编写，每个项目进行精心的设计，强调基本知识和技能的融合，目标明确，实践实用，知识前沿。另外，本书通过对电子商务企业的调查，总结出了常见工作岗位的能力要求，以便学生明确自己的能力目标。

本书由曹振华担任主编，马瑞学、李琴、王浏担任副主编，曹振华制定全书的内容体系和整体框架，参编人员有范永艳、王智博和翟佳春。此外，本书在编写过程中得到了很多知名电子商务人士的支持和帮助，同时本书还参考了相关的网店实务类教材和研究成果，在此对所有人员一并致谢。

由于电子商务技术发展很快，再加上编者水平有限，书中难免有疏漏之处，望广大教师和读者批评指正。

编　者

2015年5月

目 录

序言
前言

项目一 选定网店宝贝 ·············· 1
 任务1 要开店 先定位 ·············· 2
  任务1.1 市场调研 ·············· 2
  任务1.2 市场定位 ·············· 5
  任务1.3 货品选择 ·············· 7
 任务2 批发市场淘货源 ·············· 12
  任务2.1 了解批发市场 ·············· 13
  任务2.2 如何淘到好货源 ·············· 16
  任务2.3 与批发商打交道 ·············· 21
 任务3 做代理轻松挣钱 ·············· 23
  任务3.1 网店代理的利与弊 ·············· 23
  任务3.2 正确挑选代理公司 ·············· 26
  任务3.3 网店代销的整体流程 ·············· 31

项目二 产品拍摄 ·············· 36
 任务1 摄影器材选购 ·············· 37
  任务1.1 数码相机的选购 ·············· 37
  任务1.2 摄影辅助器材选购 ·············· 39
 任务2 认识摄影器材 ·············· 43
  任务2.1 相机的基本操作 ·············· 43
  任务2.2 相机的参数含义及设定方式 ·············· 43
  任务2.3 辅助摄影器材的使用 ·············· 45
 任务3 拍出一张好照片 ·············· 47

项目三 网店美工 ·············· 53
 任务1 静态店标的制作 ·············· 53
  任务1.1 静态店标的制作 ·············· 54
  任务1.2 图像尺寸的调整 ·············· 58
  任务1.3 使用辅助工具 ·············· 62
 任务2 图片美化 ·············· 63
  任务2.1 调整图片 ·············· 63
  任务2.2 美化图片 ·············· 67
  任务2.3 水印处理 ·············· 79
 任务3 动态店标的制作 ·············· 86

 任务4 宝贝描述模板的制作 ·············· 90

项目四 网店开设 ·············· 95
 任务1 淘宝探索 ·············· 95
  任务1.1 国内最大的C2C模式购物平台：淘宝网 ·············· 96
  任务1.2 网上开店需要具备的前提 ·············· 98
 任务2 网上银行的申请与淘宝网的实名认证 99
  任务2.1 网上银行简介 ·············· 100
  任务2.2 网上银行的特点 ·············· 100
  任务2.3 网上银行的服务功能 ·············· 101
  任务2.4 网上银行个人认证介质 ·············· 101
  任务2.5 网上银行的开通 ·············· 104
  任务2.6 淘宝注册会员与实名认证 ·············· 108
 任务3 淘宝店铺装修 ·············· 115
  任务3.1 店铺装修的必要性 ·············· 116
  任务3.2 设置店名、公告和店标 ·············· 116
  任务3.3 美化宝贝分类 ·············· 117
  任务3.4 淘宝店铺整体页面的装修 ·············· 119
  任务3.5 淘宝店铺装修的要点 ·············· 121
 任务4 商品的上传与淘助理的使用 ·············· 122
  任务4.1 上传商品 ·············· 123
  任务4.2 淘助理的使用 ·············· 124
  任务4.3 商品标题优化 ·············· 127
 任务5 商品销售技巧与物流的设置 ·············· 129
  任务5.1 旺旺沟通技巧 ·············· 130
  任务5.2 学会选择合适的赠品 ·············· 132
  任务5.3 节日促销 ·············· 132
  任务5.4 选择合适的快递公司 ·············· 133
  任务5.5 运费模版的设置 ·············· 137

项目五 微博营销 ·············· 143
 任务1 认识微博 ·············· 144
  任务1.1 什么是微博营销 ·············· 144

任务1.2　微博营销的特点和作用……145
　任务2　如何增加粉丝……………………147
　　任务2.1　如何增加粉丝……………147
　　任务2.2　微博营销操作要点………149
项目六　软文营销……………………………151
　任务1　什么是软文营销………………151
　　任务1.1　什么是软文营销…………152
　　任务1.2　软文营销的特点…………156
　任务2　软文营销策略…………………158
　　任务2.1　如何做好软文营销………158
　　任务2.2　如何写好软文……………159
　　任务2.3　软文营销实施时的注意事项……160
项目七　IM推广（QQ推广）……………163
　任务1　QQ推广应用…………………163
　　任务1.1　什么是IM推广……………164
　　任务1.2　QQ推广的特点…………164
　　任务1.3　QQ适合什么样的推广…165
　　任务1.4　QQ空间推广……………166
　　任务1.5　QQ设置技巧……………167
　　任务1.6　QQ沟通技巧……………168
　任务2　QQ群的应用…………………170
　　任务2.1　加群注意事项……………171
　　任务2.2　建群注意事项……………174
　　任务2.3　QQ群推广技巧…………174

　　任务2.4　如何查找目标群…………175
项目八　淘宝客推广…………………………177
　任务1　认识淘宝客……………………178
　　任务1.1　淘宝客是什么……………178
　　任务1.2　淘宝客推广的优势………179
　　任务1.3　如何做好淘宝客推广……180
　任务2　淘宝客佣金的设置……………183
　　任务2.1　选择合适的主推商品……183
　　任务2.2　设置合适的佣金比率……184
　　任务2.3　充分利用佣金计划及推广资源……184
　任务3　不同阶段店铺淘宝客推广方法……185
　　任务3.1　淘宝客流量结构…………186
　　任务3.2　推广的直接受众或者直接对象……188
　　任务3.3　不同级别店铺的推广策略……189
项目九　网店客服……………………………194
　任务1　售前的知识储备………………194
　　任务1.1　客服的职业价值观………195
　　任务1.2　淘宝客服需要的基本技能……196
　　任务1.3　了解淘宝规则……………200
　任务2　售中的客户沟通技巧和售后的
　　　　　纠纷处理……………………201
　　任务2.1　沟通技巧…………………202
　　任务2.2　售后的纠纷处理…………203
参考文献………………………………………206

项目一　选定网店宝贝

【案例导入】

网上开店有前途

　　小华是通过朋友的介绍认识淘宝的，那时正赶上联想 3110 打印机新年贴钱卖，抱着试试的心理汇款过去了。第三天就接到电话向他确认地址。一个星期之内东西就到了，有发票，而那次的淘宝体验也让小华对电子商务产生了巨大的兴趣！

　　在之后的寒假那一个半月的时间里，小华决定开始他的淘宝之旅——卖女装鞋（如图 1-1）。小华进的是广州货，一双鞋进价要花 25~40 元。但由于一些以次充好的江浙货，他们的价格标的很低，导致恶性竞争，小华不能把价格抬到合理水平。

图 1-1　绚丽的网店页面

　　"一双时装鞋只能赚到 5 元钱，但是没有办法，我还是得继续做，只能自己送货，千方百计地省成本。"

　　虽然赚不了什么钱，但小华依然很满足在淘宝开店的生活。"如果没有淘宝，我或许还在做着平庸的学生会干部；如果没有淘宝，或许我的大部分空闲时间还是用看碟来打发；如果没有淘宝，我不会体会到生活的艰辛；如果没有淘宝，我不会认识这么多来自五湖四海的朋友。"

　　现在小华已开始尝试高端品牌鞋市场，最近设立了香港某品牌牛皮女鞋专柜，美国某名牌牛皮男鞋专柜等等，并通过自己的一些社会关系找到了正规的进货渠道，货源充足。"我相信在淘宝经营店铺是有前途的。"小华表示，如果经营情况良好，会考虑毕业后把网上开店做为主业。

思考一下：为什么说网上开店有前途？

任务 1　要开店 先定位

【任务描述】

网上店铺这种独特的商业模式充满了无限商机。开网店，作为时下最热门也是前景最为看好的职业之一，近几年备受关注。越来越多的人把开网店作为一种全职职业来经营，也涌现出了大批杰出网商，将网上开店玩转得有模有样，俨然发展成一个中小企业。网店——低门槛起步，只要有一台能上网的电脑，有一定的货源就可以开店，实现自己的创业梦。正是由于有这样的成功例子在前，不少人便萌生了开网店的想法，可是应该从何开始，到底如何开网店呢？

网上开店的第一步就是：分析定位。定位是淘宝开店的第一步，没有定位就没有章法可循。磨刀不误砍柴工，这句老话是有经验根据的。所以，作为新手，不要急于冒进，先做好最基础的工作，做个市场调研，给自己的网店定位吧。

【任务学习目标】

1. 知识目标
- 了解市场调研与市场定位的含义
- 明确市场调研与市场定位对网店经营的重要性
- 熟悉网店前期进行市场调研和定位的方法

2. 能力目标
- 掌握网店经营前期进行市场调研和定位的方法
- 通过任务学习和任务实训，提高学生分析市场的能力，初步具备为自己的网店进行合理定位的能力

3. 态度目标
- 通过学习为自己的网店做定位，培养学生树立人生目标，进行生涯规划的意识
- 通过任务实训，锻炼和提高学生的工作实践能力

【任务实践】

任务 1.1　市场调研

网上店铺要有竞争力，不但在于商品本身的质量，还与卖家的运作、商品的价格有很大的关系。同样的商品，价格低的自然就更有竞争力；相同价格的商品，如果质量相差无几，那么包装、小装饰就能拉开商品档次。

作为一个专业的网上店铺，首先必须给自己一个合理的定位！你所面临的顾客是什么样的人？他们的兴趣爱好是什么？他们对商品有什么样的需求？他们对商品的心理价位是多少？对于这些问题，即使在开店之初，不能做到全部心里有数，也应该是八九不离十的。店铺定位准确之后，才能针对当前和潜在的顾客需求，开展适当的营销活动。

店铺定位是针对商品展开的，其核心是要指明商品是为谁服务的。其次，要进一步进行

网店商品定位。比如商品价格定位，商品的品质定位等。你知道自己销售的产品的价格定位是属于高档、中档，还是最低价格吗？不同的价格定位，就要选择不同质地的产品。不同质地的产品就会适合不同的消费人群，这一点十分关键。

想一想：开店之前你准备做什么？

是没有计划，随心所欲的盲目开店；还是缺乏创意，人云亦云的跟风模仿？

显然，聪明的你是绝不会选择以上两种做法的。"凡事预则立，不预则废。"就是告诉我们：不论做什么事，事先有准备，就能得到成功，不然就会失败。我们身处在当今这个充满创新的时代，大家都希望能展示出与众不同的自我，当然不能跟风做事。要成功地开一家有特色的网店，第一步就是要做市场调研，摸准市场的脉搏。想要摸准市场的脉搏，我们应该做好以下几项：

1. 自身定位——认清自己的优势和劣势

创业开网店，选择经营销售的商品是关键。卖什么商品并不是看到网上什么东西卖的火就做什么，在开网店前需要做好详细的市场调查才行。

在做市场调研时，可以从两个方面进行。

一是调查本地商品市场，充分了解哪些商品是本地产的，或者货源比较丰富、价格适宜。这样可以降低商品的成本，获得价格优势。

二是调查网上商品市场，主要是了解哪些商品适合在网上销售，哪些商品的市场需求量大，以及哪些商品在网上有货源等。

商品的选择也要做调查。商品种类选择的好坏，是关系到网店能否生存下去的关键因素。可以依据市场调研的结果，结合自身的条件，如资金、时间等，还要考虑当地的物流系统。

选择商品一定不能选择那些到处都能买到的商品，那些商品既然到处都能买到，为什么还要来买你的，再加上邮寄费，肯定比别处的贵。即使能卖出去，也赚不了钱。你要找少见的商品，那样自然就有人花大价钱来买你的商品了！

其次就是考虑商品的地区差异。许多商品在不同的地区，价格相差很多，要从本地着手，找找自己身边盛产而其他地方没有的商品，这样才能有市场！

尽量不要涉足你不熟悉、不擅长的领域。网上的商品不同于现实中的商品，消费者不能亲眼所见，只能看到商品的图片，商品的许多属性不能看出来，因此在销售的过程中，消费者需要全方位的了解，作为卖家应该非常熟悉自己商品的所有特征功能等，以利于商品的销售。

此外，在选择经营商品的时候，要注意尽量选择体积小、好储存、易运输的商品，由于网店特殊的性质，经营此类商品的网店更有竞争力一点。

议一议：作为在校学生，在开网店之初，我们可以从哪些商品入手？

2. 在哪里调研

当然是淘宝啦！首先，淘宝网是亚洲最大网络零售商圈，致力于打造全球首选网络零售商圈，由阿里巴巴集团于2003年5月10日投资创办。淘宝网目前业务跨越C2C（个人对个人）、B2C（商家对个人）两大部分。截至2008年一季度，淘宝网注册会员超6200万人，覆盖了中国绝大部分网购人群；2008年一季度，淘宝网交易额突破188亿；2007年全年成交额突破433亿。根据2007年第三方权威机构调研，淘宝网占据中国网购市场70%以上市场份额，C2C市场占据80%以上市场份额。淘宝网的优势主要集中在成熟的市场及较大的知名度，是目前大多数网络购物者的首选（如图1-2）。

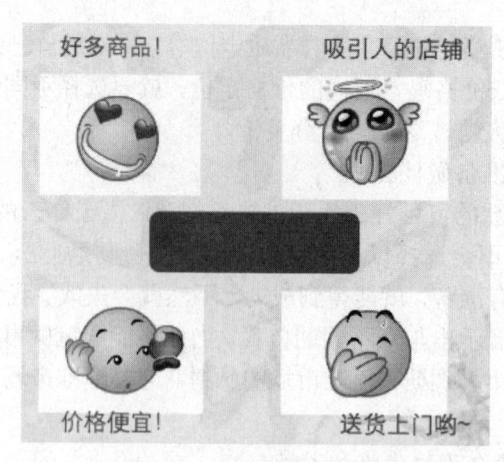

图 1-2 淘宝特色

第二，淘宝网是亚洲最大的购物网站，截止到去年 6 月，淘宝网的注册会员已经超过了 750 万，在线商品数超过 800 万件，网页日浏览量超过 9000，今年二季度成交额更是达到了 16.5 亿元人民币。

第三，据报告显示，2007 年我国网上购物发展迅速，以京沪穗深为代表的中心城市网上购物消费者在网民中的渗透率已经达到 42.5%，而大部分网民都是选择 C2C 的网络购物方式。从交易额上看，作为 C2C 网络购物领域领头羊的淘宝，2007 年销售额就高达 433 亿元，已超过家乐福的 248 亿元，跃居中国第二大综合卖场。可见网络购物市场已经成为一个相当庞大的"超级航母"。这组数据让我们看到了淘宝的前景。

做一做：上网搜索一些关于淘宝网的介绍和评价，并登录淘宝网进行一次网上购物，体会网购的特点。

3. 调研什么，如何调研

调研的目的是为自己的网店寻找畅销的商品。因此，我们的调研就从寻找有畅销潜质的商品开始。畅销商品是网店生存与发展的真正法宝。所谓的畅销商品就是销路好，并被广大的消费者所欢迎的商品。可是，每种商品在投入市场之后，都会经历投入期、成长期、成熟期、衰退期四个阶段，就是说无论哪种商品都不可能得到社会永久的承认。因此，经营者应该学习并掌握商品的发展规律，从而不断地挖掘出有畅销潜力的商品。

议一议：怎样为网店选择具有畅销潜力的商品？

具有网店畅销潜质的商品应具备以下必要的因素：

第一，消费者对这种商品的功能非常满意并具有独特的依赖性，该商品往往不能被同类性质的商品所替代。

第二，从商品质量以及价格来讲，在同类商品中该商品在质量上占有绝对的优势，是佼佼者。同时，在高质量的前提下，出售时其价格不仅公道，而且还让消费者有物美价廉的感觉，乐于购买此种商品。

第三，品牌与售后。随着市场技术的不断发展，同类商品之间的差别随之缩小。再加上广告宣传力度的加大，同类商品在市场出现了不同的品牌，商标知名度左右着消费者的购买行为，而名牌商品则成为了商品销售中的"领军人物"。优质的售后服务则成为商品销售的延续，免去了消费者的各种后顾之忧。

悟一悟：哪些商品符合上面列出的因素特点？请写出 5 种符合条件的产品。

不同的商品都有它不同的消费市场和消费人群。你应该对你要卖的商品市场进行了解，要了解他的市场占有率和市场范围以及市场需求量和现有供货状况。如果一件商品现在市场上很稀少，那他的市场就很大，你就可以去深刻的研究，如果市场都已经饱和的不能再饱和了你再去做就很难了，所以要对你的商品的前景有适当的预期。

任务 1.2　市场定位

网店的市场定位就是网店定位。网店定位是指一个网店重点针对某一些客户群体销售产品。

1. 店铺定位

店铺只能有一个定位，不能风格多变，不能奢求所有人都喜欢。如果什么都想获得，最终只会表现平平。店铺的风格定位是一种取舍，为了获得一部分客户，就必须要果断的放弃另一部分客户。风格就是一种残疾，一种缺憾的美丽——我们的缺点太多，难以全部完善，所以只能尽力发挥我们的长处，而不是费时费力的补充短处。扬长永远比避短有效（如图 1-3）。

图 1-3　店铺定位

店铺定位还体现在产品的定位，它主要包括功能，质量，品牌等方面的定位。对于你所销售的产品，你要先对他的质量，功能，品牌等各方面进行全方位的考虑。功能怎么样，是否能吸引很多人购买，他的质量有多好，性价比有多高，品牌的影响力有多大，这都是开店前要先定位好的。

总之，店铺定位要以个人的兴趣爱好为中心，进行深入地挖掘。以商品为导向的同时还应该以消费者为导向对所售商品进行适当调整。

2. 价格定位

一个相同的东西在不同的地方可以卖不同的价格，当我们的消费群已经固定之后，我们还要想，我们的价格定在怎样的范围？尤其是网上销售的产品其价格已经相当透明，消费者想要了解某种产品的价格是轻而易举的事情。就拿充电宝来讲，充电宝又称移动电源，有很多的款式质量相差也很悬殊，价格是肯定不同的。那么我们要思考是走高档路线，还是中低端路线呢？消费群的接受范围如何？还有一点，一个定价 30 的充电宝和定价 29 的充电宝给人的感觉是不一样的，虽然他们只相差 1 元。

悟一悟：图 1-4 的商品是如何进行价格定位的？

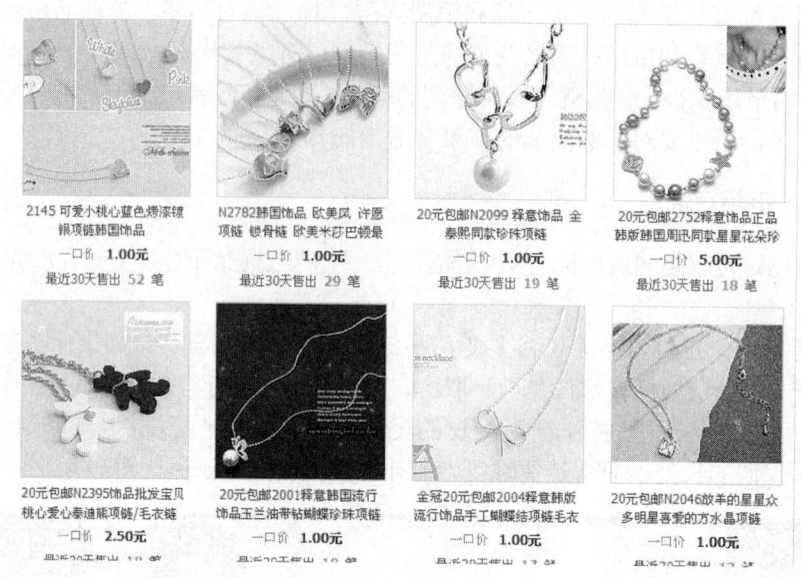

图 1-4　价格定位

根据顾客定位确定价格定位。这二者是相辅相成的。

想一想：高价位、中价位和低价位分别主要针对哪些收入和购买类型的人群？

3. 顾客定位

顾客定位就是说你要对你所销售的消费人群有个定位，主要消费人群是男、女、老、少等都要有个清晰的定位。尤其是在网上更要有清晰的定位，在这些人群中又有哪些人群是不会上网的或者是不喜欢在网上购物的，都要有定位。有了很好的定位，你就对这个市场有了很好的分析，接下来你就会做到更好。

传统企业开展电商，首先要明确我们的目标在哪里？哪些人群是我们要针对的？二八定律大家应该都知道，我们20%的产品占据了80%的销售额，20%的客户的消费额是总金额的80%，所以我们就更需要明确这 20%的客户是谁，他们的性别、年龄段、喜好、需求、购物习惯……了解了他们的特点才能精准营销、对症下药。

议一议：图 1-5 至图 1-7 三幅图中展示的商品分别是针对哪些顾客群体进行销售的？什么职业的人适合销售这些商品？

图 1-5　淘宝商品——玩具

图 1-6　淘宝商品——服装

图 1-7　淘宝商品——虚拟产品

总之，开店时要进行各方面的考虑和定位，要有个清晰的思路，不能盲目跟风，要做自己喜欢的，做自己擅特长的，这样才能做的更好。还要做的专业，不要什么都做，那样是做不好的，先要专业然后再慢慢扩大范围。

任务 1.3　货品选择

1. 产品选择标准：销量大、利润大

越来越多的人开网店，网店之所以赚钱就是因为利润较高，成本较低，开淘宝店高利润的货源哪里找？掌握了一些物美价廉的商品就能赚到钱，但是物美价廉的商品哪里能找到呢？

（1）A 货是宠儿

A 货就是指外贸公司一般生产的尾货，定单退货或是临时取消定单所造成的库存，因其质量、款式、价格等优势，一直是网上销售的宠儿。很多在国外售价上百美元的名牌商品，网上售价仅几百元人民币，众多买家对此情有独钟。北京的的李小姐从 2005 年开始做 A 货，由于渠道畅通加上产品紧跟潮流，几年来赚了上百万。要找到 A 货，最直接的方式是去广州、上海、杭州找外贸公司，这类厂家一般都有外贸退单货，跟紧这些退单货，往往就能找出背后的 A 货，然后直接找相关负责人沟通，沟通好了你的货源自然不愁。

（2）品牌库存货是香饽饽

有些品牌商品的库存积压很多，一些商家干脆把库存全部卖给专职网络销售卖家。品牌商品在网上是备受关注的分类之一，很多消费者都通过搜索的方式直接寻找自己喜欢的品牌商品。而且不少品牌虽然在某一地域属于积压品，但网络覆盖面广的特性，完全可使其在其他地域成为畅销品。如果你有足够的砍价本领，能以低廉的价格把库存吃下来，一定能获得丰厚的利润。

（3）外国货带来高额利润

国外的世界一线品牌在换季或节日前夕，价格非常便宜。如果卖家在国外有亲戚或朋友，可请他们帮忙，拿到诱人的折扣在网上销售，即使售价是传统商场的4～7折，也还有10%至40%的利润空间。这种销售方式正被一些留学生关注。目前在淘宝和易趣都有店铺。因为其化妆品新鲜，而且比国内专柜上市更快、更便宜，因而受到追捧。此外，一些美国、欧洲的留学生也在网上出售维多利亚的秘密、LV 等顶级品牌服饰和箱包，利润均在30%以上。

（4）大型批发城不可忽视

一般说来，在大城市开网上商城更有优势，如果能和一些批发商建立良好的供求关系，就能够拿到第一手的流行货品，保证网上销售的低价位。

找到货源后，可先进少量的货试卖一下，如果销量好，再考虑增大进货量。在网上，有些卖家和供货商关系很好，往往是商品卖出去后才进货，这样既不会占资金又不会造成商品的积压。总之，不管是通过何种渠道寻找货源，低廉的价格是关键。找到了物美价廉的货源，你的网上商店就有了成功的基础。

（5）专业的货源网站

例如 315 货源网 www.315hyw.comd（如图 1-8），53 货源网 www.53shop.com（如图 1-9）等。由于这类的网站是针对淘宝开店的货源，所以还是比较齐全和专业的。特别适合新手开店，可以找免费的网店代理货源，省去库存的风险。

图 1-8　315 货源网

图1-9 53货源网

2. 网上销售禁区

常听人们说："网上的产品，只有你想不到的，没有你买不到的。"的确，现在电子商务发达，有很多东西都可以在网上买到，但实际情况真的是这样的吗？难道真的是任何东西都可以在网上出售吗？答案当然是否定的。有些商品是不适合网上销售的。

（1）体积太大或重量太重的商品

网店中的商品交易，一般都是通过物流交付到买家手中的，而物流的运输费用都是按照商品的体积与重量来收取的。如果商品太重，就需要支付更多的运费。同样，如果商品体积太大，不但运费会增加，而且物流运输也比较麻烦。

（2）附加值低的商品

交易的商品是通过物流交付给买家的，物流过程中会产生相应的运费。如果一件商品的运费高于商品本身的价格，那么买家购买的可能性就非常小，在网上开店把这称为商品的附加值。目前物流运输多以重量计算，一般每公斤6～10元。以1公斤商品为例，如果商品价格只有10元，运费同样也需要10元，那么这类商品就不适合通过网店销售。

（3）没有特色的商品

网店选择商品最好具备特色。不同的商品，特色也不同。如服装类商品的时尚性、个性；数码类商品的独特性等。如果销售的商品在现实中随处可见，那么买家也就没必要通过网上购买了。

（4）价格优势不明显的商品

买家在网上购物的主要目的就是为了省钱。同样，对于卖家来说，由于网店没有很多额外的开支，因此其销售价格会低于市面商品的销售价格。如果销售的商品没有明显的价格优势，那么就很难吸引买家来购买，因而也不适合在网店销售。

（5）法律法规禁止销售的商品

这类商品是绝对不可以在网店中销售的，包括武器弹药、管制刀具、文物、淫秽品、毒品、伪劣商品等。

（6）其他不宜网上销售的商品

如医疗器械、药品、股票、债券和抵押品、偷盗品、走私品或者其他非法来源获得的商品。

3. 货源选择

开店之初，自己打算卖什么产品？这些产品自己了解吗？有没有好的货源？货源的选择问题一直是新加入淘宝的卖家最关心的问题。货源的重要性不用多说，开店的卖家朋友都知道。有句话说的好，好的货源是生意兴隆的根本。

那么如何选择货源呢？其实选择货源的渠道、平台还是很多的，关键是寻找适合自己的供货商。质量好的货不一定就能成为好货源。淘宝买家不是简单的追求产品的质量而是性价比。只有性价比高的淘宝货源才更能赢得买家的喜欢。因此，在淘宝，成功的关键一环就是货源。

【任务小结】

网店市场定位的起点是网民的消费心理，只要把握了网民的消费心理，并借助恰当的手段把这一定位传递给目标网民即可。准确的市场定位是要掌握已存在于顾客心中的想法，打开顾客的联想之门，使自己提供的商品在顾客心目中占据有利地位。在掌握消费心理的同时，也要琢磨自己准备经营的产品，使顾客对你所经营品牌的心理定位与相应产品的功能和利益相匹配，定位才能准确。

【任务实训】

1-1 网店定位

实训目标：

运用所学知识，给自己的网店进行定位。

实训步骤和要求：

1）进行自身定位，并据此确定网店所售商品的种类。

2）针对备选商品的种类对网店的顾客及价格进行初步定位。

实训成果与考核：

通过实际调查及实践操作，掌握网店前期的调研及定位技能，并为自己的网店进行定位。学生需要独立完成本实训内容，并上交实训报告，由老师进行评价。对于不能完成任务的学生，应进行指导并要求重做，直到能基本完成任务为止。

实训报告应包含以下内容：

1）自身定位——我的优势和劣势。

2）我选择的准备出售的产品。

3）我对该产品的顾客的定位，针对顾客我进行的价格定位。

4）准备寻求该货源的渠道。

实训评价标准：

学生根据所学内容，能够具体明确的列出以上内容的为优秀；基本能够列出以上内容的为良好；对个别项目不能说明清楚的为及格；不能完成任务的为不合格，需重做。

【知识拓展】

可供选择货源的渠道

1. 淘宝平台

淘宝网是全国最大的网络零售商圈，拥有中国绝大多数网购用户，覆盖了中国绝大部分网购人群。淘宝平台是新一代专业的网络批发服务网站。用强大的全球化集约采购优势，丰富的电子商务管理服务经验和最先进的互联网技术提供最新、最好、最优质的货源。淘宝上的东西很多，可以说是进货的首选渠道，因为门槛比较低，不需要有厂家关系，也不需要跑批发市场。

2. 阿里巴巴平台（如图 1-10）

阿里巴巴全是球最大最活跃的网上贸易市场，它是一个网上贸易平台，要进货的人大都上这个网站进货，因为这里面种类多、全，而且供应商多，可供选择的余地很大，所以大家都上这个网站来进货。在阿里巴巴批发的好处是，在网上操作很轻松，而且很多东西都是厂家直供，价格肯定比从批发商那里拿便宜，而且网上很好比较价格。在阿里巴巴基本上什么东西都可以找到，他是一个无限大的市场，而且搜索起来很方便。

图 1-10 阿里巴巴网

3. 淘宝分销平台（如图 1-11）

淘宝分销平台有两部分组成，即代销和批发。代销的商品价格可以由自己和供货商协定，一般供货商给出的价格都是大大低于市场价格的，这样就创造了充分的盈利空间。当然，代销过程中品牌问题可以由商家与供货商协商一致。一般情况下，供货商会将商品的品牌授予代销商，这样在买家问及商品品牌信息时，代销商可以根据情况对买家的提问进行回答。批发，与我们现实交易中的批发的概念基本相同，主要的区别在于分销平台的批发都是在网络交易的过程中实现的，现代快速的物流为批发节省了大量的运费成本，而对于各地的不同需求而言，这样的网络批发可以实现商品或服务的全国共享甚至世界共享，对于商家来说是很好的选择。分销作为销售渠道的重要一环，有别于代销，它将对整个销售渠道及过程进行严格控制和管理。不承担进货风险，零成本，零库存。

图 1-11 天猫分销平台

4. 一些提供一件代销的网站（如图 1-12）

代销就是网上销售的一种模式，你给厂家代销，厂家给你提供货源，你负责销售，然后卖出去的东西给你提成。一件代发就是厂家免费帮你发货，一件商品也可以代发。开网店代销是指某些提供网上批发服务的网站或者能提供批发货源的销售商，与想做网店代销的人达成协议，为其提供商品图片等数据，而不是实物，并以代销价格提供给网店代销人销售。网店代销可以免费为网店提供货源，方便了一些想开店但没有资金的初级卖家，这是它的最大好处。

图1-12 百度搜索

网店代销人不用囤货，所售商品属于批发网站，看不见实物。一般只提供图片等数据资料，供网店代销人放在自己的网店上销售。代发货代销销售出商品后，联系批发网站，由批发网站代其发货。

网店代销的好处：避免压货风险，降低投资成本；节约时间成本，尽快完成铺货；享受批发折扣，不限数量款式；专业打包发货，节省人力成本；积累实战经验，做到攻守兼备。

网店代销的弊端就是：接触不到实物，沟通缺乏底气；发货时间拖延，不能按意愿配货；售后无法保障，在发生售后纠纷的时候，供货商推卸责任，自己为了不被买家中差评，只好破财，苦不堪言。

5. 现有的批发商业市场

所谓批发商业市场就是指向再销售者，产业和事业用户销售商品和服务的商业市场。专门从事批发贸易而插在生产者和生产者之间、生产者和零售商之间的中间商业。其职能在于通过买卖，把商品从生产者手中收购进来，然后再将其转卖给其他生产者或零售商。在批发市场的好处是，可以看到货品，质量比较好把握，不好的是，批发市场环境不好，人很多，东西很多，经常会挑花了眼，去进货也很累。在批发市场，往往要找来找去，费时费力！特别是对于新手来说，在批发市场，经常因为缺少经验而拿不到很低价的货源。

任务2 批发市场淘货源

【任务描述】

确定卖什么之后，就要开始找货源了。很多淘友并不是因为自己有货才想在淘宝上开店，大多数是怀揣着创业的梦想而开店的。和实体店一样，货源就成了淘友们需要解决的第一个问题。对于专职淘宝经营者来说，最好的方式还是批发进货，这样可以在经营中认识更多的代理商和供货商，寻找到稳定且较为有特色的货源，有利于长期经营发展。

本任务主要介绍从批发市场找货源的基本方法和注意事项。

【任务学习目标】

1. 知识目标
- 了解批发市场的含义
- 明确从批发市场寻找货源的基本方法
2. 能力目标
- 基本掌握到批发市场发掘货源，并洽谈成交的方法
- 基本能够按照所学方法到批发市场进行洽谈

3. 态度目标
- 通过实训，培养学生的观察力和沟通能力
- 锻炼学生吃苦耐劳的精神，培养坚忍不拔的意志

【任务实践】

任务 2.1　了解批发市场

凡是将商品卖给那些为转卖或加工、生产而购买的组织客户的商业活动均称为批发，以批发经营活动为主业的企业和个人就是批发商。

【知识链接】商品批发市场从 80 年代在中国开始兴起，包括武汉的汉正街小商品市场和浙江的义乌小商品城都是在这个时候诞生的，并且至今仍名扬天下，享誉中外。

二十多年以来，各地新建的商品批发市场如雨后春笋般遍地出现，并日渐成为中国市场经济发展过程中一道亮丽的风景。在这些商品批发市场中，有些甚至已经成为当地城市的名片，在城市对外宣传中，当地有名的商品批发市场往往成为重点推荐的对象，如浙江义乌小商品城（如图 1-13）、武汉汉正街小商品城（如图 1-14）、郑州纺织大世界（如图 1-15）、郑州银基商贸城、沈阳五爱市场、广州的服装批发城等等，这些市场代表着这座城市独有的特色。

图 1-13　义乌小商品批发城

经过多年来的发展，至今全国成交额超过亿元的大型骨干商品批发市场共有 3,000 多个，成交额在 50 亿元以上的超大型批发市场有 39 个。2000 年全中国亿元以上的批发市场成交额为 16,359 亿元，占全国商品批发零售贸易总额的 71%，成为内地商品批发流通的重要渠道。

（文章选自：道客巴巴）

图1-14 汉正街品牌服装批发市场

图1-15 郑州银基商贸城

现在,我们不再提及商品批发市场的历史,但是去商品批发市场淘金似乎是一个永远都不过时的话题。那么,批发市场的状况如何,这就需要了解批发市场的类型和特点。俗话说"知己知彼方能百战不殆",要想从商品批发市场淘金,必然要对其熟悉和了解。

照经营性质的不同,商品批发市场可以分为:

1)产地型批发市场。这种批发市场是依托当地大型生产基地形成的产销一体化的批发市场。在珠江三角洲地区,有一批以大型生产基地与当地特色产业紧密结合的专业批发中心在近年兴起。它们凭借商品成本低、花色品种丰富及更新快的优势,一举成为全国同类产品的一级专业批发中心。例如虎门服装专业批发中心(如图1-16)、乐从家具专业批发中心、南海内衣专业批发中心、中山古镇灯饰批发中心等，都显示出强大的销售能力和发展潜力。这类批发中心的客户除来自全国各省外，亦有来自东南亚、俄罗斯以及欧美国家。

图 1-16　虎门服装批发市场

2）集散型批发市场。即消费品中转流通的批发中心，主要是靠发挥资讯、交通和服务的优势发展起来的。其中，大型集散型专业批发市场往往是某类商品传统的集散地，是自发或经政府部门引导发展起来的，有不少位于大城市中心地带，如广州的一德路玩具批发中心、万菱广场小商品批发中心（如图 1-17）和流花地区的服装批发中心。他们的主要经营者是广东或全国各地制造商的销售公司或其产品的广东地区总代理、总经销商。另外，中小型集散型批发市场一般位于大城市的城郊交汇处或交通要道，批发中心内的商家主要是私营的经销商和批发商，产品主要供应大城市的小型零售商、小城市和农村市场。

图 1-17　广州万菱广场小商品批发中心

3）销地型专业中心，即面向当地消费者的批发和零售兼营的专业中心。近些年来，各个城市都在大量发展批发中心，但大部分规模较小。这些专业中心由于没有产业依托，在资讯和规模上无法与大型集散型批发中心竞争，只能面向当地居民开展小批量的批发和零售业务，零售的比重比较高。中心内的经营者是以私营和个体为主。部分位于城市中心的专业批发中心为了适应竞争，已向高档次专业购物中心方向发展。批发中心的管理人将批发中心分区引进品牌专卖店，发展为类似于百货公司"店中店"的形态，商品的质量和档次都比以前提高，有些专业中心甚至想方设法引入国际品牌。例如广州海印电器城，现已全国闻名，目前主要致力于引进名牌产品批发商和品牌专卖店，并且对电器城的产品结构有意识地进行整体规划、调整及推广。

做一做：通过上网搜索，列举出10个全国知名的批发市场的名称与你的同学分享，并为自己网店的宝贝选择一个合适的进货市场。

任务2.2　如何淘到好货源

货源的主要渠道有两种：一种是网络批发，一种是实体批发。

1. 网络进货

网上进货首选阿里巴巴和淘宝，阿里巴巴是目前最为成熟和大的进货网站，而且可以使用支付宝付款，对交易安全也比较有保障，试想你如果给一个陌生的商家汇了款，货却没有发来，钱虽然不一定很多，但是对于新手的打击将会非常大。

网络进货一定要注意选择通过阿里商家认证的，支持支付宝付款的供货商，这样可以大大降低购物损失。有些没有通过认证的，或者通过认证却不支持支付宝付款的，给你看几个图片，要求你用别的方式给他打款，这样做肯定是有风险的，尽量避免这种铤而走险的做法。

还有很多经营网批业务的网站，比如批发网（如图1-18）、一淘（如图1-19）、衣联网（如图1-20）等。

图1-18　批发网

但是网络进货和网购的道理是一样的，还是有风险的，网络进货一样是看不见实物，不清楚质量，只有一张图片和进价。建议多看，多对比，现在批发商家也都做的很不错了，很多都有实物图,建议最好能找有实物图的看看材质和细节等。

图1-19 一淘

图1-20 衣联网

前期不确定的话也可以只拿几样看看质量,如果质量自己能够满意的话,以后可以长期在一家进货,这样拿货量上去了,可以和商家争取更低的折扣。切勿贪图便宜去进一些自己不能确定的货品,网上有很多超便宜的商品,虽然我们不能百分百保证人家低价就是没好货,但是这种天上掉馅饼的几率还是非常低的。新手们本来就资金紧张,千万不能因为这点蝇头小利,在这栽一跟头。

网络进货虽然不需要你去逛市场,磨破鞋底地去跑腿,但是因为网络的不确定性,反而需要比实体进货付出更大的耐心和细心。

【知识链接】

如果你是刚刚步入网商的新人,建议你一定要先到"阿里巴巴"走一趟,因为在这里你可以对自己想从事销售的有关领域,如服装、化妆品、家居用品等,获得一个比较全面的信息汇总，了解各供应商所提供的货品。

提示：在"阿里巴巴"网站最好自己注册一个诚信通，可以看到各供应商的具体联系材料。确有需要，能够和其负责人实时沟通，有礼貌地问一问价格、批量之类的要求，即使没达成共识，至少自己更了解了进货的详情，当然如果双方满意，自然是最好的结果啦。

网上进货淘到好货源第一招：注意批发商提供的地址。

一般来说，批发商会有一个固定的地址，如果是个人供应商的话，那进价可能就要贵些了。所以网上还是以公司的批发商居多的。而他们都会有一个固定的地址。你可以在搜索站搜一下，这样可以找到很多的信息，仔细看一下，看看有没有漏洞。比如说，是否和供应商提供的公司名称相符等。

网上进货淘到好货源第二招：注意批发商的实体公司名称。

各地一般都有很多的网络黄页，找到供应商的公司名称，去查一下，看看是否有，要是有的话，是如何介绍的，是否和你进货的商品类型相符。另外，实体公司名称还可以查相关营业执照，看看这个公司是不是确实注册存在，而不是一个空壳公司。可以去各地的工商部门官方网页查询。但也不是所有地区的工商部门官方网站都可以查的，如果不可以查的话，也可以打电话去当地的工商部门查询。

网上进货淘到好货源第三招：注意批发商的电话号码。

其实，电话号码可以很容易地查出来很多的问题，首先你就直接打他们所在城市的114，去查一下这个号码的归属。（打电话过去没有什么实际的用途，如果真是行骗，都会有专门的人接电话的。）其次，也可以去网上搜索这个电话号码，也可以看出很多的问题，比如这个电话对应的公司名称，公司地址等。

网上进货淘到好货源第四招：注意批发商提供的网址。

如果供应商有自己的销售网站，那就要仔细的看看了，你可以多研究他里面的商品，然后对他提问题（要那种很详细专业的哦），通过询问，你应该也可以了解一二，如果连提出来的问题都没有办法好好的回答的话，这个真实性就很值得怀疑的了。但是也是有很多训练有素的骗子的，所以问问题的时候，一定要问的细，是骗子总是会有漏洞的！

网上进货淘到好货源第五招：多与批发商联系。

多和批发商联系，了解更多有关批发商的信息，从其中看看有没有疑点。其实这个是很重要的，因为从和批发商的交谈中，你可以了解到很多的问题，进货渠道，是否有实体商店，是否可以在当地当面看货，以及他对货品的了解程度。

网上进货淘到好货源第六招：注意批发商提供的汇款途径。

如果你从网上进货的话，就一定会存在汇款的问题。那么用什么方式汇款，也是可以查到很多的疑点的！一般来说，实体公司进行网络批发的时候，要是很正规的话，应当提供的是公司账号而不是个人账号。另外，多和供应商谈，有的供应商也是同意通过支付宝汇款的（那样的话还可以省下手续费哦）。还有一种办法，就是通过快递公司的货到付款服务进行交易。

（摘自阿里巴巴社区产品：生意经）

练一练：网上搜索，找到能够供给自己网店所需产品的批发商，并试着与之联系、洽谈，为将来的进货做好准备工作。注意做好记录，以便和同学老师分享。

还要注意的是，网批支持小额批发，尤其衣联网支持无条件退换货，运费商家一般都有不同程度的打折、优惠、促销活动。相比实体店优势是无需多言了，网批最需要注意的是选择信誉度高、服务好的商家合作，图片不是实物，对于网购来说服务非常重要。同时在网购时如果一味讲价，就算批发商这次让步给你，你也会因此失去其他的服务，得不偿失，毕竟批发利润微薄，只是跑量赚利润而已。

2. 实体批发

如果真心想要做网店，想必也应该了解一下当地的货源，很多人占据着优秀的地理优势，却不懂得怎样去运用。比如江浙沪一带，小商品批发业比较发达，当地货源广价格有优势，小商品成本也低，那里是各大快递公司总部的聚集地，快递费用也相对较低，非常适合网店发展；再比如广东一带，服装业发达，有很多大型的厂房和批发商，能拿到一手货源，价格较低，而且样子齐全，可以有更多选择的余地；另外像北京的动物园服装批发、武汉的汉正街，都是各地比较大型的批发基地，这个需要在当地实际走访了解，细心发现，也许财富就在身边。

【知识链接】

实体批发市场可分为非专业批发市场和专业淘宝货源批发市场，下面分别介绍一下：

1. 非专业淘宝货源批发市场

非专业淘宝货源批发市场就是普通的批发市场，目前非专业淘宝货源批发市场还是批发的主流。

优点：货源足，款式多，价格便宜。

缺点：没有现成模特照片，需要照相、量尺寸和细节描述等；没有模特照，吸引力不够；一般不可以退换货，拿货起步一般要单款 10 件，需要备货。

适合人群：淘宝大卖家或者专业的小卖家。

2. 专业淘宝货源批发市场

专业淘宝货源批发市场是专门为淘宝提供货源的批发市场。

优点：货源足、价格相对较低，款式多；不需要照相、量尺寸等细节；可以一件拿货，可以退换货。

缺点：质量相对较差，价格相对非专业批发市场较高。

适合人群：所有淘宝卖家。

做一做：上网搜索一些专业和非专业的淘宝货源批发市场和同学们分享。

进货其实也有很多学问。比如进多少货比较合适，如何得到批发商的支持，进货的数目、质量、种类该如何确定，进货资金和活动资金的比例该如何确定，什么时候补货，如何确定补货的数目，等等。作为经营者我们都应该了解。以下做法是很值得借鉴和参考的：

（1）一定要争取拿到好的批发价格

批发和零售最大的区别是：批发商卖单个商品的利润低，只有通过大量的出货才能赚钱，而零售商卖单个商品的利润高，但出货量要比批发商少。开店初期，大多店主由于不想压太多的商品，因此他们会选择每种商品都只进一小部分作为样品，通过样品去渐渐了解消费者的市场需求。如果发现该商品的需求量很大，再决定去补货，因为这样做相对稳妥，风险要小。但这种方式也有一个缺点，就是当你向批发商提出购买单件产品时，要不就是没有人愿意给你货，即使给你货的价格也要比批发价格高出很多。这样一来，你这件商品以较高的进货价格加上利润，必然会导致你的价格没有竞争力，很多顾客都会放弃购买，无形中干扰了你对这个产品市场前景的判断。当你做之前需要深入了解客户人群的需求，对自己的选货眼光有绝对的信心，进货过程中给予批发商足够的诚意和信心，用数量来为自己争取拿到好的批发价格。

（2）进货的数量要把控好

很多人问进货数量的问题，进货数量包括多个方面，如进货金额，进货商品种类，单个商品种类及数量等。第一次进货，商品的种类应该尽可能的多，因为你需要给顾客各种产品的选择。当对顾客有了一定了解的时候，你就可以锁定一定种类的产品了，因为资金总是有限的，只有把资金集中投入到某类产品中，你才可能增大单个产品的进货量，要求批发商给予更低的批发价格。当你锁定某些种类的产品时，单个商品种类的数量可以细分为陈列数量、库存数量和周转数量。一般来说，起码每个畅销单品颜色要有 5 个才能够维持一个比较良性的商品周转（价格比较贵的商品就不包括了）。当你进了一件商品又出现了热销，你很快就需要为这个商品单独补货，这时无论从所花费的时间还是资金上看，都是得不偿失的，而你不补货，又只好眼睁睁看着顾客失望地离开。但如果你进了 5 件同样的商品的话，在销售完这 5 个产品的期间其他的产品也很可能需要补货，这样你就可以一次性去补货来提高补货的效率，从而节约补货开支。

（3）一定要获得批发商的支持

这点也是很重要的，能影响到批发商对你的支持有两个因素：第一个是你的首次进货金额，如果你首次进货金额太少，批发商就会认为你没有实力；第二是补货的频率，如果你经常到批发商那里去补货，即使数量不多，批发商还是认为你的货物周转快，能够为他带来长期的效益。批发商对你的支持表现在一旦有新货会尽快通知你，而且可能下次进货的时候他会自动把价格调整下来。还有就是批发商如果认为你是重要客户，一般都会向你透露近期哪类商品热销，了解这些行情会让你对市场和客户判断更准确。

（4）批发市场的进货规则

1）不要在批发店慢慢检查你的产品。

当你提到货后，只要把数量点清就可以了，一般回去发现产品有问题后再要求更换（当然离进货时间不要太远了）。若你提货后就蹲在批发店里面点货，会让批发商觉得你是个很麻烦的顾客，从而不愿与你打长期的交道。

2）不要指望通过批发商换货来降低风险。

进货时，千万不要对批发商提出"如果产品不好卖能不能换成好卖的商品"这类问题，如果你这样问，会被批发商认定你以前是没有做过生意的，是生意场上的新手，接下来不用说你都猜到批发商会给你什么样的报价了。批发商没有义务为你承担进货的风险，他能够为你更换次品已经是很好的支持了。

3）批发市场里面价格的调整很小。

前面提到，批发商单件商品的利润很低，商品价格的下调不可能像零售商一样，一般调整都在单件 1 块钱到 2 块钱，能够降就已经很不错了。如果你死缠着批发商要求在批发价上再打个折，又会让批发商知道你很少到批发市场混了。

4）批发市场的发货费用一般是买家自己负责。

在批发市场里，一般货物的运输都是通过汽车，因为运输成本比快递低得多，而且都是买家自己负责。碰上个好的批发商的话，他最多愿意帮你去托运，但是搬运到货场的费用和运费肯定都是买家自己付的。

议一议：作为刚毕业并初次进入批发市场进货的学生，怎样才能运用以上方法，得到批发商的支持并顺利进货？

任务 2.3　与批发商打交道

进货就是一场博弈，输赢难料，尤其是与批发商打交道时一定要注意了。与批发商打交道的注意事项你知道么？

很多刚刚到网上开店的创业者，在一开始并不能准确找到商品的源头批发商。因为即使在各大批发市场，批发商之间也有合作。有些批发商甚至从 A 批发市场批进商品，然后在 B 批发市场以批发价向外发货，这无疑会增加创业者的进货成本。要避免这种现象，就不要怕麻烦，一定多跑几个批发市场，不漏掉任何可能的机会，才能确定进货源头，避免上当。

以下是几点和批发商打交道的注意事项：

1）要注意个人形象，有老板的样子。说话有水平，有见地，千万不要说行外话，以免被小看。

什么是行内话？好比："这个现在有货嘛？有几款颜色？"也可以直接说："老板，有新货到嘛？""不知道这个卖的好不好，现在什么样的货卖的比较快？"要显出很随意，很老练的问，这个很关键。

还可以这样说，"老板，上次拿的可不是这个价哦"老板会说："你上次拿的什么价？"这个时间你就可以直接把价格降一个档次报给他。比方：现在标价 10 元，你说上次拿货价是 9 元大概 9.5 元。只要不离谱就可以了。

【知识链接】

即使购买数量很少，一样可以拿到低价的货品！

刚开网店，启动资金不多，新开的网店都是先做信誉，至于利润就不要思量了。进货时就牵涉到一个量的问题，要的量很少，但是又想拿到很便宜的货，怎么办？我告诉你：没问题，一样 OK！

好比说：准备批发手机饰品，在进店家门之前准备几个黑色的塑料袋子，里边随意装些什么都可以，好比报纸、杂志。进去店里你说要进货，你用老手话很老练的问："老板，这个货卖的怎么样啊，到的新款吗？上次怎么没给我配这个啊，你不老实哦。"这叫反客为主。然后你说，"今天进货太多了，带都带不走了，但是还是想试下这个产品怎么样。唉，累一点就累一点吧，今天少带一点回去，看来下周又要跑一趟啦。"

这时候，老板肯定是绝对的热情，一听便是经常在批发市场混的老手，还绝对是一个购买量很大客户。这个便是制造假象。

2）要了解批发商的性格，投其所好，与之交朋友，从而可以得到更多价位上的和调换货的好处（当然这是在合作几次之后才能达到的境界）。

3）凡事不要太计较，要记住自己是做大事的人，如果为了一两元而和批发商讲来讲去，只会让人看不起。谁都喜欢直爽的人，在与批发商合作时直爽一些，会赢得更多的合作机会。

4）如果是新开店，进货较多，距离不远可以考察的话，可以让批发商给你开业垫付货款，这样进货比较多可以受到批发商重视，可以在下一次进货时把上次的欠款还清。舒南每个店开业都由批发商至少垫付了 10000 元的货款，不仅可以充分利用批发商的资金优势，而且可以在批发商中建立良好的信用口碑。

5）在调换货的问题上，与批发商一定要事先达成一致，以免造成日后纠纷，什么可以换，什么不能换，换的周期是多长，自己和批发商都要做到心中有数。

6）作为新手，一定要通过交流看清批发商的性格特点，进而选择你认为可以信任的批发商合作。如果发现批发商太狡猾，要及时脱身，以免因为对行业不熟悉等原因受骗。

7）不要过分相信批发商的话。如他们为你推荐的款式，总是说销量很好，或者某商品马上售空，这其实是批发商的一种手段，如果因此而轻信，很容易造成货品积压。商场上只有永远的利益，不要轻信任何人。

8）与批发商的每一次货款交易，都要保留好凭证。如进货时对方开具的发货单、向对方欠款时的欠条等，最好有专门的夹子存放。如果与批发商有欠款，一定要在还清欠款后请对方开具收条，收条更要妥善保管。对方如因忘记对账再次要求还款时，才有依据说明货款已经还清，否则容易造成经济纠纷。

【任务小结】

无论我们是去网上淘货源还是到实体批发市场淘货源，这其中都有很多的学问和技巧，而掌握这些技巧最好的做法就是亲自去实践。前面我们已经给自己的网店进行了定位，那么现在的任务就是给自己的店铺找到合适的宝贝。同学们，你为去给自己的网店淘货源做好准备了吗？

【任务实训】

1-2 为自己的网店进货

实训目标：

利用所学知识，根据每个学生网店的定位和特点，到网上或实体批发市场为自己的网店选货。

实训步骤和要求：

1）通过上网搜索或实地考察等方式，确定自己网店的进货渠道。

2）为自己的网店进第一批货，并总结进货经验和教训，与同学分享。

3）完成实训报告（如表1-1）。

表1-1 实训报告

姓名：	班级：	实践日期：	填写报告日期：
网店定位：			
进货渠道：	市场名称： 所进商品名称： 所进商品规格及数量：		
进货历程：			

续表

姓名：		班级：	实践日期：	填写报告日期：
进货感受：	经验：			
	教训：			

实训成果与考核：

通过本次实训活动，学生需完成"为自己的网店进第一批货"这一任务，同时初步掌握与网上批发商和实体批发商洽谈生意的方法和技巧，并针对本次进货的经历和同学分享与交流。教师根据学生完成情况打分。

本次实训任务的考核分为两部分：进货和经验总结与交流。

任务 3　做代理轻松挣钱

【任务描述】

对于新手来说，货源来路除了自己进货就是代理或者代销别人的产品，那么给别人的网店代理有哪些优缺点或者利弊呢？网店货源很重要，一个好的代理可以让你完全不用操心商品进货、物流和数据等方面的问题。而对于刚刚进入淘宝的新手们来说，想把这些都了解并完全把握不是件容易的事情。因此，我们很有必要介绍一下网店代理的模式。

【任务学习目标】

1．知识目标
- 了解网店代理的概念
- 理解做网店代理的优缺点

2．能力目标
- 掌握上网搜索适合自己网店商品的代理网站的方法
- 掌握洽谈加入网店代理的条件的方法，为自己的网店找到较合适的货源

3．态度目标
- 通过洽谈业务，提高学生的沟通能力
- 通过网上搜索有代理的网站和为自己的网店选货，提高学生的分析观察和判断能力

【任务实践】

任务 3.1　网店代理的利与弊

1．什么是网店代理

网店代理是指某些提供网上批发服务的网站或者能提供批发货源的销售商，与想做网店

代销的人达成协议，为其提供商品图片等数据，而不是实物，并以代销价格提供给网店代销人销售（如图1-21）。

图1-21 某网店代理网站

简单地说，网店代理就是有货源优势的商家给代理商提供产品图片、资料，以优惠价给代理商供货。在代理商的网店里销售，有人购买之后，代理商到货源商的网站下定单，把收货人的名字、电话、地址写成代理商的客户的相关资料，货源商家帮你直接发货给代销商的客户，从中赚取差价的商业模式就是网店代理。

两种新手适合选择代销：一是自己没有太多本钱的；二是害怕有风险只是想尝试一下的。

2. 网店代理的主要特点（如图1-22）

图1-22 一目了然的特点

1）不承担进货风险，零成本、零库存。网店代理者不用囤货，所售商品属于批发网站。

2）看不见实物。货源商家一般只提供图片等数据资料，供网店代理放在自己网店上销售。

3）代发货。网店代销销售出商品后，联系批发网站，由批发网站代其发货。

4）一件起批。一般在批发网站进货，必须达到一定数量才可以享受批发价，网店代理单件也是批发价。

5）单笔交易支付，货到付款。一般情况下，网店代理不用提前付款给批发网站，而是销售出商品后，通知批发网站发货，使用支付宝等担保交易付款。

6）快递代收货款，当面检验。此方式有利于拓展网络购买客户的宽度，适合没有网上支付方式的客户在网络购买所需产品。当面交易的形式，同时能确保购买者的利益，打消购买者的顾虑。目前已有很多网络商家支持这种方式交易。如：京东商城、凡客诚品、360爱购网、麦包包等。

3. 网店代理的利与弊

1）网络代销几乎不需要什么资金投入，很适合新卖家和小卖家。

2）网络代销也不用准备仓库，不用自己负责物流，商家会在收到定金和资料后给买家直接发货，所以也省了邮寄的麻烦。

3）网络代销省去了给商品拍照，描写商品介绍的麻烦。通常从商家那拿到的商品图片一般都比较好，也更容易吸引买家。

4）网络代销也正因为不能直接接触商品，所以对商品质量、库存和售后服务没有很大的把握，所以在挑选的时候要找一些比较正规的公司，根据自身的要求选择最合适的。

还需要注意的是，网络代销虽然有它一定的优越性，但是因为代销商具有"联系商家和买家，但是看不见商品"这个特点，所以使得代销有时候可能成为一朵带刺的玫瑰，让人想接触又不那么容易。另外，网络代销因为牵扯到第三方交易，所以它的利润相对偏低。

【知识链接】

网店代理的优势和劣势

1. 优势

没有库存，可以最大化获得投资回报。

作为一个新手卖家来说，选择网店和实体店是完全不一样的两回事。实体店只要开张，很快就会有顾客上门，网店却不同，开张几个月没有人上门是常有的事，所以如果新手卖家刚开网店时，如果选择自己进货，往往因为没人光顾而无法卖出去，从而造成库存积压。这样一来，卖家不但垫压了资金，还会失去信心。做网店代销的话，就不存在产品积压的情况，你接了单，就报单给供货商，由供货商家代发货。根本不会为存货压货的问题而烦恼，真正实现了零风险创业。

如果选择了一家好的公司、大批发商，不但商品种类齐全，而且款式也是丰富多彩，把这么多产品上架到你的网店，和那些自己拿货只有十多件、几十件单一产品的网店相比，你的竞争力自然要强多了。因为作为一个新手卖家来说，刚开店去市场拿货的时候，不可能把所有好看的产品都搬到网店上去，否则，该有多大的资金投入呀！

2. 劣势

货品质量不好把关。货品库存不好实时掌控，容易断货。

想一想：你能根据以上信息详细分析出网店代销的优势吗？

任务 3.2　正确挑选代理公司

1. 代理条件

（1）要图片

优秀的上家愿意提供无水印的原始图片，否则就变成要么是帮上家做广告，要么是图片千篇一律，令人怀疑。

（2）要权力

定价权。优秀的上家允许下家自由定价，否则在淘宝搜索同类产品，信用、价格都不占优势，谁会光顾你的店呢？

（3）要支持

优秀的上家愿意给下家最大的支持，例如你要在淘宝上参加某项促销活动，要上家特别给予最低价。

总之上家必须能够真正为下家着想，熟悉下家在销售过程中所遇到的任何问题，这里也要提醒一下，一些上家，只有真正把下家当作自己的伙伴，才能实现共同发展，得到的才不单单是利润。

2. 货物来源

（1）搜索引擎

在搜索引擎中搜索你想要卖的产品，可以找到很多销售该产品的商家或代理商，其中可能就有适合你的代理商。如果你想更精确的搜索代理商，可以使用"产品名+批发""产品名+供应""产品名+代理"类的关键词，以缩小搜索范围。

（2）B2B 网站

大多数企业都会在 B2B 网站中展示自己的企业与产品，以获得其他企业的订单，国内比较出名的 B2B 平台如阿里巴巴、慧聪网、铭万网等。进入网站搜索自己想要卖的产品，并找到合适的经销商就可以了（如图 1-23）。

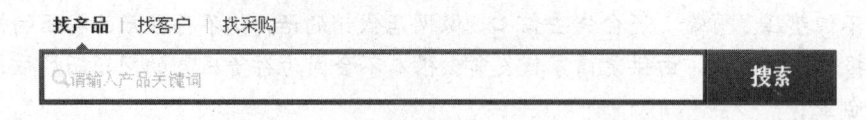

图 1-23　铭万网

（3）C2C 网站

国内 C2C 网站如淘宝、拍拍、易趣、有啊等，有大量的卖家。这些卖家不仅有个人用户，也有很多个体经营户、经销商，以及大的品牌经销商。经销商一般都有自己的货源，能够以比较低的价格将产品批发出来。而如果你可以接受低利润的话，个人用户也是不错的选择，他们可以帮你发货，省去你存货的成本。

【知识链接】

百度： 用百度搜索是使用范围最广，最快速，也是最有效的方法。使用方法很简单：打开百度的主页，然后搜索"网店代理"这个词，如果你是有针对性的，比如你就是找女装代理的那你就输入"女装代理"，或者"女装代销"，你就可以发现很多提供代理服务的厂家了。

这个方法的特点就是快速，厂家多。同时也因为厂家太多了所以选择也多，致使很多的新人不知道选择哪个好。

阿里巴巴： 阿里巴巴上找代理的方法基本上和在百度上一样，不过这里的代理有个特点，就是产品一般比较少，门槛都比较高。但是这里的信誉是比较高的，出现骗子的几率比较的小。并且很多的网络品牌只有在这里才能找到原厂家。

3. 选择代理的四个原则：价格、质量、服务、售后

怎么找代理相信很多人都会，那下面的四个原则一般人就不知道了。这四个原则可以说是找到好代理的核心点，能不能找到好的代理就看对这四点的理解怎么样。

首先是价格和质量。很多新人找代理首先选的就是价格，其实不是价格越低的越好，也不是价格越高的越好，而是性价比最高的最好。为什么这么说呢？相信大家都知道一分钱一分货，价格低就意味着质量低，所以选择代理，价格是主要的。但是也要考虑到质量，如果质量不行的话，价格再低都没有用，并且要注意的一点是，如果你看到有一家网店代理商的价格非常低，远远低于市价，那是骗子的可能性非常大。一般说来，如果出现那种几块钱的衣服，那就要小心了，不要被低价迷了心。再一个要注意的是，如果这个价格比较低，那要看下他是否提供7天无理由退换货服务，如果不提供的话，那连考虑都不用考虑，这个质量肯定有问题。

那么怎样才能找到那种性价比高的产品呢？

找性价比比较高的产品，这个就是说价格和质量成正比的代理，所以我们不要看到价格低的代理就去做他们家的，一定要考虑下质量这个问题。而质量这个问题怎么确认呢？其实很简单，就是自己买一件回来看，就知道质量好不好了，但是很多的代理不舍得自己买，又担心质量问题，这就非常的难办了，要知道鱼和熊掌不可兼得。

其次是服务和售后。做为一名代理我们最担心的是什么？价格和质量我觉得考察的时候可以放到后面，首要考察的就是客服的服务，也就是客服的态度。有的代理商产品很好，但是客服的态度极度的恶劣，那这种代理商，无论如何都不能代理的，你要是代理了以后每天就光和客服怄气了哪还有精神再去卖产品呢！所以找代理的首要条件就是客服的服务要好，服务好了，那他的产品一般来说都不会太差的。一个态度极度恶劣的客服，你怎么能指望他的产品好呢。

再说一下售后。如果一家网店代理商不支持7天无理由退换货服务那就不要代理，大家可以想下，如果不支持这个服务那代表什么？这个就代表着他的产品有问题，如果有这个承诺就会导致大量的退货，他就会赔本。反过来，如果一件产品的质量不是过硬，他也不敢承诺7天无理由退换货。而敢提供7天无理由退换货服务的代理商产品质量一般都不会很差。

掌握了上面的几点相信，你可以找到一个适合自己的网店代理商（如图1-24）。

4. 代理的风险

1）代销店主见不到实物，无法向顾客保证商品的品质。

2）不了解实物，自然无法如实向顾客推荐——否则就是欺骗。

图 1-24 某网店代理的优势展示

3）买家支付宝付款后，网店向货源商支付宝付款，遇以下情况垫压的货款有回收风险：快递途中丢货；邮寄途中商品被损；恶意买家刻意拒付；商品和描述不符；商品被人冒领。

4）有售后承诺的商品，交易结束后，买家返回商品到货源商处——代理网店无法保证货源商能否兑现售后，甚至有买家寄回到货源商处，再也见不到商品的，代理网店因此涉嫌网络诈骗而被调查。

5. 如何降低网店代理的风险

1）不垫压一分钱的货款，以免承担货款回收风险。

2）不向买家凭想象地介绍商品，以免为了自己的利益而做奸商。

3）不承担售后责任，以免承担售后风险。

4）不和货源商竞争，不变相为货源商做免费广告。

5）买家付款后意外缺货时，要求货源商对买家或者代理网店有相应的补偿，以此避免被买家差评。

练一练：试着到网上搜索适合自己网店宝贝的网店代理网站。

6. 注意事项

（1）网店真实性

认准商家的信誉，商品价格的真实性（与实际不符合需谨慎），网站是否备案等等。目前网络上有大量的网店代理公司，为我们店主提供了很大的方便。但与此同时，也经常会遇到一些骗人的网站，上当受骗不说，还严重影响了网络批发代理的信誉。那么应该如何正确识别网店代理呢？

1）是否支持支付宝担保交易：这一点最为重要！无论骗子网站的行骗手段多么高明，用这一点即可识破，不支持支付宝担保交易的网站不能说全部是骗子网站，但是不担保交易就存在风险。所谓"即时到账"就相当于银行汇款，钱付过去后主动权就被控制在对方手里，后续的货物质量保证、退换货都是由对方说了算。但是支付宝担保交易就恰恰相反，主动权控制在自己手里，试问，有哪一个骗子的网站敢"支付宝担保交易"？而几乎所有的正规网代网站都会支持支付宝担保交易。

2）商品是否实物拍摄：目前网络上有很多都是一些什么**杂志上的款式图仿单，属于先有图后有货，导致很多质量问题，比如实物与图片不符合、实物质量太差等，造成很多不必要的损失。所以在寻找网代货源时要尽量查看对方商品的实物图片。

3）是否支持无条件退换货：有些网站以次充好或者在产品发生质量问题的时候以各种问题搪塞并拒绝退换货，这种问题代理们也是需要相当注意的（如图1-25）。

图1-25 注意退换货条款

4）对"退换货的货款"的处理可看出网站的本质：大部分骗子网站即使同意退换货，但是对货款的处理要么不经过买家同意强行存入"预存钱包"，需下次购物时再抵扣，要么就是不经过买家同意强行对每件衣服扣除一部分货款（所谓手续费），正规的网站也有"预存钱包"，但是他们退货款时一定会先征求买家的同意才把退货款存入，如买家不同意预存则直接打回到买家支付宝，而且不会扣除一分钱货款。

5）需要"预存款"的网站要小心：为什么要预存款，这点大家要特别小心，我是帮你来销货的，还要我来给你预存钱，没这个道理。需要预存款的网站一定要先打个大大的问号。虽然不是所有的要求预存款的都是骗子，但是看到预存款时，请仔细考虑，看看对方是不是比较知名的网代公司，一般要求预存款，那肯定就是对方实力强大，并且有一定品牌知名度（如图1-26）。

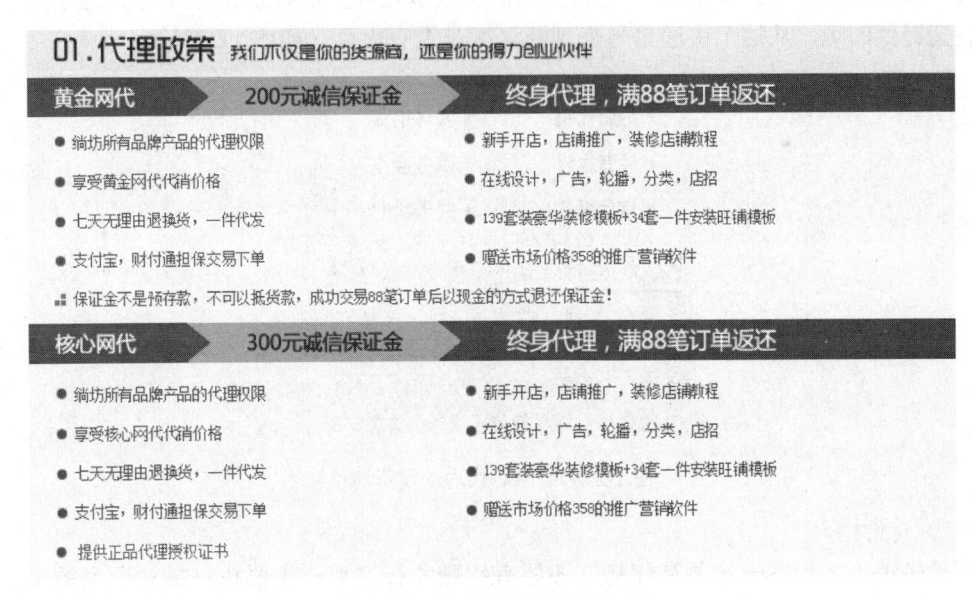

图1-26 某网店代理的代理政策

6）观察网站制作是否精致：很多骗子网站制作都是非常粗糙的，甚至只是几个很简单的页面，网站的图标也都是制作非常粗糙，让人一眼看上去非常不舒服。有的网站即使看起来很漂亮，但是因为采用网络上广为流传的网络商务平台模板，到网上一搜索一大堆这样的类似平台网站，这样的网站也是需要注意的，这样的网站大部分是只有美图而手里没现货。而正规的注册公司的网站都会非常在意网站的形象，同时对网站的技术要求也都会比较高，网站图片、形象等都很在乎用户的使用体验，让人第一眼的视觉感受非常好。

7）观察网站留下的联系方式、公司地址是否详细：一般的骗子网站是不会留下详细的联系方式的，或者只留下一个手机号码，至于具体的公司地址和负责联系人则很模糊，这种网站十有八九是骗子网站。而正规的注册公司的网站，联系信息一般都会非常详尽，比如地址，联系电话，手机，负责联系人一般都会注明，而且是真实的。

8）在您决定是否需要代理他们的产品之前，一定要多注意了解他们网站，多到网上搜索是否有不良记录，可进入搜索引擎输入"xx网代，骗子"，只要是有过不良记录的网站，都会有受害者在网上留下蛛丝马迹可供我们参考。

9）货品更新速度是否快速：货品更新速度影响到网络销售的业绩，同时也影响到实体店铺的营销业绩。如果一个网站的货品更新速度比较快，至少说明他们的产品在市场上的受欢迎程度还是比较不错的。骗子网站永远是那么几种商品图片，因为他们的主要精力是想办法骗买家口袋里面的钱，而不是花心思在商品更新上。

10）发货速度看出网站是不是用心在做：有些网站的发货速度非常慢，可能下了订单之后两三天甚至五六天之后才发货，严重影响了客户的回购，造成了客户资源的严重流失。

11）网站上都是极其低价的商品，这样的网站也要小心：很多这样的网站都是通过低价来吸引人们的眼球，然后收取预存款之类的费用。所以在加入他们之前，请尽量了解他们图片是否和商品本身相符，通过什么方法了解呢，从图片可略知一二，有自家拍摄图片的信任度高些，而都是官方美图的就要对其打问号。

12）在加盟他们之前，务必请他们多提供几张最近几天的发货快递单号，通情达理的商家一般会提供的哦，从这个快递单号来判断这家是否有库存（如图1-27）。

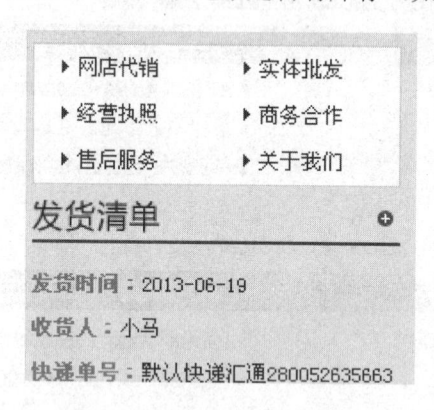

图1-27 某网店代理的发货清单

（2）看价格

既是热销品，价格一定要有优势，还要有钱赚才行，那一定要找直接对厂家的卖家了，等等，有人问了为什么不直接找厂家呢，你想有几个工厂会在淘宝上、网上开店？骗人的勾当我们不干！还是在淘宝搜吧，同类产品不说价格最低，在淘宝谁也保证不了自己最低，起码也是很低的那个层次。建议还是在淘宝上找，因为有交易经验，更会为下家设身处地的着想，熟悉淘宝流程。

（3）要看产品质量和服务

这个比较简单，只要看目标上家的信用评价就行了，如果有很多差评，评价里老说质量不行、服务不好的，那就不用看了，你想连自己的客户都不能做到使客户满意，你还能指望他来保证代发货的质量和服务品质吗？

（4）要看经营的可持续性

看上家做了多久，是否稳定，在淘宝网上做了至少两年的，还在继续做的，每天都有评价产生的卖家，才能说明他可能是打算长期经营的，一般不会突然消失，愿意承担责任，也不会只看短期利益。

议一议：将同学寻找到的网店代理进行分析，看是否适合进行代理。

任务 3.3　网店代销的整体流程

所有的网店代理商的流程可以说都是大同小异的，主要包括以下几步：

1）与批发网站签定代销协议。
2）批发网站提供商品数据库。
3）网店代理下载数据库并上传到网店上架销售。
4）网店代理销售出商品并通知批发网站发货。
5）网店代理使用支付宝等担保交易付款给批发网站。
6）网店代理的买家收到货确认支付。
7）网店代理确认支付给批发网站。
8）交易完成。

那么具体的做法是怎样的呢？

1. 申请代理

申请代理可以说是做网店代理的第一步，申请代理的条件每个代理商都是不一样的，有的是免费的，有的是收费的。有的需要预存款，有的需要淘宝店铺的等级、有的还需要熟悉电脑操作。也有的什么要求都没有的（如图 1-28）。

图 1-28　申请代理

2. 下载数据包

做代理很多人其实都是冲着数据包而来的，成为代理以后第一件是就是下载数据包，因为有了数据包你才算是正式的加入了厂家的代理会员。

【知识链接】

什么是数据包？数据包就是产品的图片、价格、销售属性、产品描述等资料的集合。

3. 上传到自己的店铺

拿到数据包以后，经过一系列的处理，上传到自己的店铺里，这也是把代理的产品，变成自己的产品的重要步骤，也是自己开始卖产品的标志，产品上传到自己的店铺以后才算是正式的开始经营自己的店铺了（如图 1-29）。

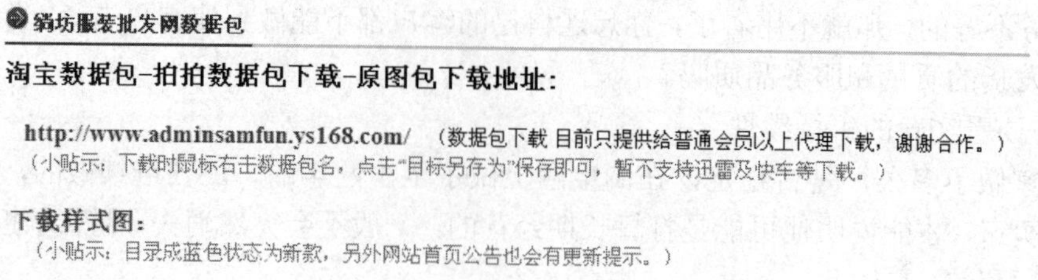

➡ 第坊服装批发网数据包

淘宝数据包-拍拍数据包下载-原图包下载地址：

http://www.adminsamfun.ys168.com/ （数据包 目前只提供给普通会员以上代理下载，谢谢合作。）

（小贴示：下载时鼠标右击数据包名，点击"目标另存为"保存即可，暂不支持迅雷及快车等下载。）

下载样式图：

（小贴示：目录成蓝色状态为新款，另外网站首页公告也会有更新提示。）

图1-29　数据包下载方式

4. 卖出

产品卖出是我们的目标，因为产品卖出去我们就可以赚到钱了，我们就可以获得自己辛苦的报酬了，获得自己前进的动力了。当然要想把产品卖出去，不是上传到店铺光等着就行的，要有一系列的宣传才可以卖出去。

5. 去厂家商城下单

产品卖出去了，不代表交易就完成了。这时候你要找到你的供货商，向他下单，让他帮你把产品发给你的顾客，这里有涉及的就是怎么下单，怎么付款等环节。下单有两种方式：

（1）网上订购

选择想购买的商品后，点击"购买"将商品添加到购物车，在购物清单中可以对商品进行删除或修改其订购数量等操作。然后进入结算中心，准确填写收货人信息并选择付款方式，确认信息，提交订单，客服人员在看到你的定单后会立即与你联系确认定单。如图1-30所示。

（2）电话订购

拨打当地的客服电话，将需要的产品名称以及收货信息告诉客服人员，即可完成电话订购。

6. 厂家发货

厂家发完货是不是就没有我们的事了？不是。厂家发货只是代表着货物已经发出去了，不代表我们没有事情做了。这里的发货有两次，第一次是厂家发货，第二次是你发货，厂家发完货以后，会有快递单号，你的任务就是获取这个快递单号然后在自己的淘宝上为买家发货，这才算是完成发货这个环节。（快递单号的获取一般是找客服要，或者是厂家直接通知你。）

7. 售后

怎么顾客还没签收就到售后了呢？这里的售后就是说顾客收到产品以后满不满意，如果满意则自然是成交，如果不满意的话就要售后了。一般售后是什么？基本是就是无理由退换货，这一环我们不需要担心，因为这个是厂家负责的，如果顾客不满意，你可以让顾客直接把产品退回到厂家，自己不用担心任何事情，只要做下传话筒就可以了。（当然前提是你的代理商支持7天无理由退换货服务。）

8. 成交

顾客确定收货以后这单生意就算是做成了，也就意味着我们赚到钱了。

做一做：扮演老师，将网店代销的流程给同学们讲解一遍。

【任务小结】

加入网店代理代销是新开网店的淘宝卖家的首选，可是网店代理代销有他的优势，也有它的缺陷。加入网店代理，可以让我们几乎零风险、零投资的开始创业，因此，了解网店代理代销存在的一些缺陷，掌握网店代理网站的寻找方法和代理流程，是经营网店初期必须具备的技能。

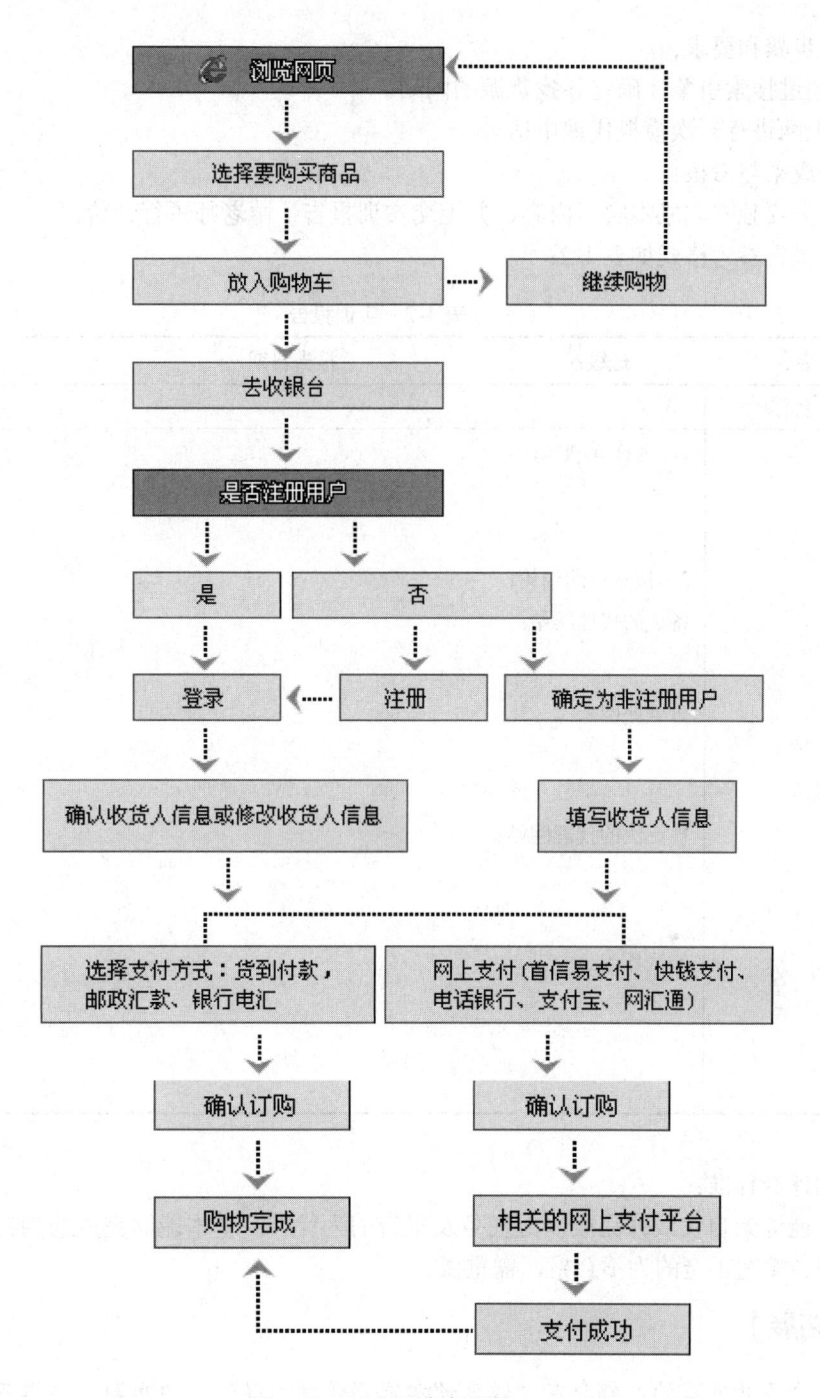

图 1-30　网上订购流程图

【任务实训】
1-3　寻找适合自己的网店代理
实训目标：
根据所学知识，为自己的网店宝贝寻找合适的代理网站。

实训步骤和要求：

1）通过搜索引擎，确定寻找货源的网站。

2）上网进行一次模拟代理申请。

实训成果与考核：

学生需要独立完成本实训内容，并上交实训报告，由老师进行评价。

实训报告参考格式如表 1-2：

表 1-2　实训报告

报告人姓名：		班级：		报告日期：	
实训内容名称					
实训结果展示	1. 名称或网址： 2. 搜索后的结论： 备选的代理网站： 备选原因： 被淘汰的代理网站： 淘汰原因：				

实训评价标准：

学生能够亲自实践并完成以上任务及报告的为优秀；基本能够完成的为良好；没有完成任务或报告填写不全的为不合格，需重做。

【知识拓展】

很多准备开网店的人都会在"做代理卖家还是独立经营"的问题上举棋不定。下面我就为大家对二者进行比较，希望对各位有所帮助。为了便于区分，我把这两种经营模式叫做"代理"和"非代理"。

1. 经营投入

（1）代理

在资金上：相对于自己进货，代理在资金上完全没有压力。货是别人的，不用另外投入；

图片是别人提供的，不用操心拍照修饰；发货是别人的，不用担心要去找纸盒；不用操心货品无处堆放，只要努力和供货商搞好关系，建立彼此信任，努力宣传和销售产品，做好售后服务就可以了。

精神上，因为解决了资金的压力，做代理在精神上相对轻松许多，最值得羡慕的就是不怕货卖不出去而长久积压。因此可以说，如果批发网站有可靠可信的产品和信誉，做代理应该是不错的选择。

（2）非代理

可以说，非代理一开始承受的最苦最重的就是资金的压力。特别是刚入门的新手，因无法掌握市场流行趋势和行情，又无明显的货品特色，容易造成压货。由资金的压力带来的焦虑也是你必须承受的。这样的焦虑会随着生意的好坏此起彼伏，选择了做非代理就意味着要一直面对和接受这样的心理挑战。

因此在经营的时候，投入就应该分期分批，量力而行。货品风格应该坚持自己的路线，也要顾全大局适时调整，不必随波逐流或者人云亦云，否则经营路线左右摇摆会搞的自己非常被动和疲惫。

2. 服务之销售方式

（1）代理

因为无真实的货品在手，介绍也许只能"看图说话"，而且往往客户问得越细越不能报以最真实和最全面的回答。有的还要打电话问供货商有没有存货后才能回答客户，有时，客户问的问题比较具体，因为没见过实物，所以只是凭借对照片的感觉去解说，肯定会有含糊其辞的地方。这会影响到你的销售。

（2）非代理

因为货品是自己亲手淘来的，质地、款式、大小、颜色看得见摸得着，为客户介绍时当然可以做到事无巨细，全面客观。因为什么都可以和客户一一道来，让客户可信可亲，基本上可以做到有问必答、有难必解，有利于顺利成交。

3. 服务之发货时间

（1）代理

做代理有很多事情不能自己把握，比如质量把关、发货快慢等。有时自己承诺的三天之内发货，但供货方因这事那事延迟或说无货（之前没有及时通知）而造成的误会举不胜举，所以经常会出现客户抱怨和投诉。这对你店铺的信誉度会有很大影响。

（2）非代理

货在自己手上，谈妥即可马上发货。可以做到快捷迅速。即便是兼职卖家，白天成交次日发货，客户也是可以接受的。在客户约定的时间内收到货，客户自然没有什么怨言了。

俗话说："有一利必有一弊""有一得必有一失"。任何单方面的选择都不可能尽善尽美，毫无瑕疵。不管你做代理还是非代理，都是在网络这片天空下辛勤耕耘的寻梦者，都会通过自己勤劳的双手、努力的汗水培育出美丽丰硕的果实。

本文参考自重庆大学出版社出版的《网上开店赚钱秘籍》

项目二　产品拍摄

【案例导入】

　　网络购物已成为大众喜爱的便捷购物方式，随着网店数量的增加，网店之间的竞争也愈演愈烈。如何提升网店的竞争力是每个店家都急需破解的难题。以产品质量取胜当然是店家首先需要做到的事，但相对于实体店铺，买家不能亲自观察，体验商品，只能通过网络浏览图片和文字介绍来选择自己想要的商品。如果能用摄影手段真实而艺术地展现商品外表，那么无论是对网店人气的提升还是经济效益的增长都是大有裨益的。因此将图片尽可能的拍摄完美，让买家一眼就能被图片吸引便成了网店产品畅销的最有力武器。

　　通过对不同网店的对比可以发现很多皇冠店铺的产品拍得色彩饱满，质感有加，让人一眼看上去就像亲临其店，仿佛触摸到了商品一样。很多买家就是在被图片触动的这一刻做出的购买决定！

　　很多时候我们的店家都是知道并且是深刻的理解产品图片的重要性的，但是就是不知道如何下手拍摄、处理自己的商品图片。毕竟我们都不是专业摄影师，想拍出一组专业的图片来表达自己产品的特点和优越性，瓶颈还是很多的。有很多店家用卡片相机拍，用手机拍，更有甚者竟然用摄像头拍，而且如何针对这个产品布光，什么角度拍摄好，都是一头雾水！

　　如图 2-1 和 2-2 是同一种商品，自己拍摄和专业拍摄下的效果对比。

图 2-1　随手拍摄的香水图片　　　　图 2-2　专业拍摄并处理的香水图片

　　看了左边这张图片你还会有购买的欲望吗？同样图 2-3 和图 2-4 也是随手拍摄的珍珠项链和专业拍摄的珍珠的对比图。

　　图 2-5 和图 2-6 是相同商品采用不同的拍摄方法和技巧取得的不同的拍摄效果，实践证明后者晶莹剔透的首饰更能激起买家的购买欲望，因为买家总会觉得拍摄的好的比拍摄差的商品质量上要好很多！

图 2-3　随手拍摄的珍珠项链　　　　　图 2-4　专业拍摄的珍珠

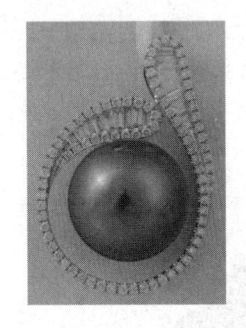

图 2-5　吊坠拍摄对比图　　　　　　　图 2-6　耳钉拍摄对比图

思考问题：看了这些以后是不是更直观的觉得其实销售量就是跟图片挂钩的？

任务 1　摄影器材选购

【任务描述】

网络店铺的商品展示只能通过拍摄商品图片来实现，所以，准备一台符合商业摄影条件的数码相机是开店的必备条件之一。什么样的相机是符合商业摄影的相机？除了相机以外还需要配备哪些必备的摄影器材呢？这些都是进行拍摄前需要考虑的。

【任务学习目标】

1．知识目标
- 认知数码相机的作用与特点
- 认知辅助摄影器材

2．能力目标
- 能自主选购用于产品拍摄的相机
- 能自主选购辅助摄影器材

【任务实践】

任务 1.1　数码相机的选购

如图 2-7，这里给大家列出的是几款 3000～6000 元区间的入门级单反数码相机，随着数码类商品的不断进步和更新换代，相机升级的速度也非常快。我们只需要着重考虑和把握拍摄商品图片必须有的几项功能，就能够挑选到适合拍摄的相机了。

¥4357.85
Canon/佳能 EOS 650D套机(18-55mm)

¥3998.98
Canon/佳能 EOS 600D套机(18-55mm II)

¥5688.00
Nikon/尼康 D90 D90套机(18-105mm)

¥4557.95
Nikon/尼康 D3200套机(18-105mm)

¥3988.00
Pentax/宾得 K-30套机(18-55mm)

¥4697.81
Canon/佳能 EOS 700D套机(18-55mm)

图 2-7　常见的入门数码相机

适合拍摄商品照片的数码相机与日常家用的数码相机在用途方面的要求和条件有所不同，用于拍摄商品照片的数码相机通常会在功能方面有更高的要求。但这并不意味着需要购买最顶级的数码相机，有一些硬件条件上的制约可以通过打光布景、拍摄经验和技巧来变通，也可以通过后期的图片处理来化腐朽为神奇，使普通的数码相机拍出的商品照片也能媲美高端相机拍摄的效果。

在选购数码相机时着重从以下几方面考虑：

1. 不要纠结于像素的大小

相素并不是相机的首选因素，因为拍摄的图片主要使用于网络，对图片的大小有严格的控制，像素过高的图片经过处理后才能在网络上发布使用，一般来说超过 500 万像素的相机就能符合拍摄要求。除非拍摄的原始图片需要大幅裁减、放大抠图来更换背景，那么，像素越大的相机拍摄的照片在裁减后保留的有效像素越多，这样的高像素图片放大后不易出现马赛克。当然，如果商品图片还需要印制成宣传册、大幅写真或海报招贴的话，千万像素以上的数码相机才能达到需要的精度。

2. 相机要有手动模式（M模式）

拍摄商品图片属于拍摄静物的一种，我们选择的相机最好是带有手动功能，手动功能在相机上以"M"标识。手动功能可以让我们在拍摄过程中，根据光线和拍摄需要自由调节相机的设置，以达到我们拍摄的需要。

3. 要有外接闪光灯的热靴插槽

拍摄服装类的卖家可能需要用到外置闪灯，就必须要求相机上有热靴功能，可以提前考虑到是否要买具备这种功能的相机，以免功能不够用而重复购买，造成不必要的重复投资。

4. 具备微距特写拍摄功能

在拍摄细节的时候，我们需要相机具有微距功能，在相机上是一个小花的标识。微距最好在5cm以下。

微距功能是数码相机的特征之一，主要作用就是拍摄离镜头很近的物体，目的是力求将主题的细节纤毫毕现的表现出来，把商品的细节部分放大拍摄后呈现在顾客的眼前，让顾客对商品观看得更加仔细，对商品的各个部位更加的了解，有利于达成交易。

微距的作用一：表达细节。

在我们为买家展示商品的局部细节特征的时候，我们可以使用微距功能看得更近。

微距的作用二：体现质感。

在我们为买家展示商品的局部细节特征的时候，我们可以使用微距功能将商品的质感完美表现。特别是对于一些有纹理的商品，比如皮革制品等。

微距的作用三：体现精密度。

在我们为买家展示商品的局部细节特征的时候，我们可以使用微距功能将商品的质感和精密度完美表现。

微距的作用四：虚化背景，加强商品的表现力。

当注意力放在眼前的时候，视野远处就变得模糊和虚化了，相机也是同样如此，对于加强商品表现力有一定的作用。

另外，在经济能力允许的条件下可以选择入门级单反相机，一般超薄的卡片机和全自动傻瓜机都不适合于拍摄商品。

分组活动： 每个小组分别选购自己用于拍摄商品的相机，并写出选购理由。

任务1.2　摄影辅助器材选购

1. 三脚架

三脚架按照材质分类可以分为木质、高强塑料材质、合金材料、钢铁材料、碳纤维等多种。最常见的材质是铝合金，铝合金材质的三脚架的优点是重量轻、坚固。最新式的三脚架则使用碳纤维材质制造，它具有比铝合金更好的韧性及重量更轻等优点，常背着三脚架外出拍照的人多选用碳纤维三脚架。选购三脚架的时候，建议使用带有伸缩支架和云台的三脚架（如图2-8所示），拍摄的俯角大。而且三角架的重量大，相机就会相应的受到抖动的影响小。

2. 反光板

反光板作为商品拍摄中的辅助设备，通常与支架、灯光同时使用。它的常见程度不亚于闪光灯。如图2-9所示，常用四种类型的反光板——白色、黑色、银色和金色，偶尔还使用柔光板或"纱幕"。

图 2-8 三脚架和云台

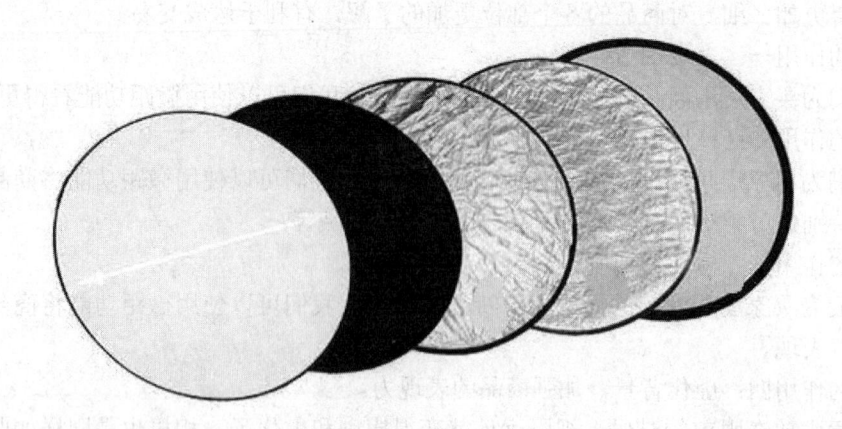

图 2-9 不同类型的反光板

3. 倒影板

在珠宝首饰、化妆品、电子商品、金属玻璃品等小型物品的拍摄时，倒影板是常用的设备，倒影板表面镜面光滑，配合摄影棚及摄影灯具可以让被拍照的商品产生很漂亮的倒影。在45°角以下拍摄才可以拍出倒影的效果，角度越低，拍摄的倒影效果越明显。如图 2-10 所示。倒影板有两种拍摄效果。

倒影板反出的颜色是白色，叫做反白效果，这样倒影就比较清楚。

倒影板反出的颜色是黑色，叫做反黑效果，这样倒影就比较暗。

4. 柔光箱

柔光箱由反光布、柔光布、钢丝架、卡口组成，如图 2-11 所示。柔光箱像一个一面可以射出光线而其余部分被遮掩的大箱子，在其透出光线的部分，蒙上了扩散光线的半透明材料，因此所发出的光线非常柔和。被其照明的物体的明暗反差也最弱，所产生的投影边缘也最为柔和。柔光箱有各种不同的尺寸，尺寸越大，则柔光效果越显著。除了照明之外，柔光箱的另一用处是可以在全反射的金属物体表面形成漂亮的反光效果。柔光箱的形状多种多样，有长方形的、正方形的，还有正八边形的。

图 2-10 倒影板及使用效果

图 2-11 柔光箱及使用效果

5. 静物摄影台

　　静物摄影台常用于拍摄静物摄影，是商品摄影里最常用的工具之一。静物摄影台适合对照片有特殊效果要求（如全白底，渐变效果）的人群。通过不同的打光方法直接拍出具有渐变背景或纯白背景效果，适用服装、鞋类、箱包、化妆品、玩具、饰品、瓷器、玉器等静物拍摄，如图 2-12 所示。

图 2-12 静物摄影台及拍摄效果

6. 摄影棚

网店卖家通常购买摄影棚套装或自己搭建摄影棚用于商品的拍摄，如图 2-13 所示。摄影棚主要由背景架、背景布、三脚架、反光板、倒影板、柔光箱、闪光灯、灯架、反光伞、摄影灯泡等设备组成。配合数码相机可以满足对服装、人像及小商品的拍照需要。

图 2-13　不同大小的摄影棚

【任务实训】

2-1　利用网络购物平台挑选数码相机

实训目标

利用我们所学的知识，每个同学最少挑选四个品牌的单反数码相机及辅助摄影器材，并对比相机及器材的参数。

实训步骤和要求

1）在京东商城、苏宁易购、淘宝商城上挑选四种大品牌数码相机。
2）对比不同商城同一型号相机的价格。
3）对比相同价位不同品牌相机的参数。
4）在淘宝商城挑选辅助摄影器材，保存辅助摄影器材的作用及价格。

实训成果及考核

通过实际操作，熟练掌握数码相机的主要参数，熟知辅助摄影器材的作用。学生以单人操作的形式完成整个操作过程，由教师进行评比打分（见表 2-1）。

表 2-1　考核表格

学生姓名	数码相机挑选	对比相机价格及参数	挑选辅助摄影器材	教师打分
……	……	……	……	……

任务 2　认识摄影器材

【任务描述】

单反数码相机相比卡片机操作相对复杂，在选购好相机后，需要详细阅读使用说明书，了解相机构造及各部件功能，进行正确的参数设定，然后进行拍摄。

【任务学习目标】

1. 知识目标
- 掌握相机各按钮作用
- 掌握相机参数设定
- 认知辅助摄影器材的作用

2. 能力目标
- 学会正确设置相机参数
- 掌握相机参数的含义

【任务实践】

任务 2.1　相机的基本操作

1. 进行正确的参数设定

在初学拍摄的时候应该多利用数码相机本身的自动拍摄功能，首先将功能模式按钮调整到"拍摄"模式，然后将曝光模式按钮调整到"自动"选项，再将拍摄模式选择调整到"单张拍摄"模式，最后再把闪光灯模式也选择为"自动"，接下来就是取景工作。

2. 取景

在选择好被拍摄的对象后，就要进行取景，我们使用 LCD 液晶显示屏取景的方式来观察拍摄对象，这样在液晶显示屏中显示的画面就会是"所见即所得"，最后拍摄出来的画面就是液晶显示屏上看到的画面。在取景的时候，眼睛要和液晶显示屏保持垂直角度，远近和大小通过机身后面的缩放控制按钮来调节，通过观察液晶显示屏确定最后的取景效果，然后就可以按下快门了。

3. 按快门

先半按快门对焦，当我们在取景器或 LCD 液晶显示屏上看到获焦成功的提示后，再接着按下快门，即完成了一次照片的拍摄。按快门的时候手一定要稳，不要晃动，特别是使用慢速快门拍摄的时候，还需要屏住呼吸，以尽可能保持拍摄的稳定性。

只需上述这三个步骤，我们就可以拍摄出第一张清晰的数码照片了，这是拍摄工作的第一步，如果要想拍出漂亮的商品照片，不仅要对功能操作非常熟悉，还要学会熟练运用各种摄影技巧。

任务 2.2　相机的参数含义及设定方式

准确操控单反相机，除了了解相机的各个按钮功能以外，还需要理解摄影相关专业知识。

1. 光圈和快门

对比一下图 2-8 和图 2-9 两张图片，可以发现，图 2-8 的背景不清晰，图 2-9 背景很清晰。

图 2-8　大光圈拍摄的照片　　　　　　　图 2-9　小光圈拍摄的照片

也就是说，大光圈拍摄的比较近（突出主体），而小光圈能够拍摄得更远（扩大景深）。

同时，光圈也控制了进光量。大光圈能够进入的光线多，所以快门也相应的变快，小光圈能够进入的光线少，所以快门也相应的变慢以延长曝光时间。

所以，光圈和快门以及光线的强弱是一个相互影响的关系。

因此在我们拍摄商品的时候，商品越大，需要的景深就越大，我们就需要选择小光圈来拍摄达到清晰的效果，这个时候镜头的进光量小，快门就会变慢，拍摄就会变得非常不容易。相应的我们就需要越充足的光线来进行补充，使快门的减慢达到一个比较正常容易拍摄的范围。

2. 白平衡

白平衡，就是让"白色"还原成白色。

比如说，一张白纸，本身应该是白色的，而如果在黄色灯光的照射下，这张纸会呈现出黄色，也就是白色受到了黄色的干扰变成了黄色。这个时候相机也会拍出黄色的纸。

但如果我告诉相机，这张纸就是白色的，那么相机就会把黄色的纸设定为白色，那么拍出来也就还原成原本的白色了。

同样的道理，如果在白色的纸旁边放上一样东西，在黄色灯光的照射下，白纸和旁边的东西都会受到黄色的干扰，而我告诉相机这张纸应该是白色的，那么相机在还原黄色纸为白色的同时，旁边的东西也会还原成原本的颜色。

怎么设置手动白平衡呢。

我们在拍摄的地方放一张白纸，将相机设置为手动白平衡，然后将镜头对着白纸，使白色充满相机屏幕中间的框，按下设置键。（不同的相机有不同的设置键，会在相机屏幕上有提示）

这时你会发现，相机中看到的白纸和刚刚看到的白纸的颜色有了变化。这说明设置成功了。

然后在刚刚放白纸的同一个地方，放上商品拍摄，白平衡就是正确的了。

如果换一个地方拍摄，那么就需要重新设置手动白平衡。

3. 感光度 ISO

我们拍摄的时候 ISO 感光度最好设置为较低的数值，这样拍摄出的图片会减少颗粒感，成像比较细腻，同样 ISO 也是和光线有关的，因此我们也需要充足的光线来作为补充。

一般根据不同相机 ISO 硬件的优势和缺陷，定在 200 以下为佳。

4. 曝光补偿

曝光补偿功能可以在相机拍摄时进行调节，补充光线不足或光线过于强烈时引起的曝光不足和过曝。

注：不同的相机曝光补偿按纽在不同的位置。在屏幕菜单里也可以找到。

在光线偏暗时，增加曝光值可以增加照片的亮度。

需要注意的是，我们在拍摄时不建议使用自动曝光补偿。

在小件商品的拍摄中，一般我们以商品和背景的面积做为判断，如果在取景框内，背景的面积大于商品，那么我们可以以背景面积为判断。反之，以商品面积为判断。

在拍摄大面积黑色的时候，相机会认为过暗曝光不足，自动补充曝光强度，因此我们往往拍摄深色物品时都是偏灰偏白的，引起过曝，损失很多细节。这个时候，需要用手动曝光补偿功能向负数补偿，还原深色物品的原本颜色和亮度。

而在拍摄大面积白色时，同样的相机会认为曝光过度自动降低曝光度，因此需要向正数补偿以还原原本的颜色和亮度。

这就是为什么我们往往拍摄大面积黑色时拍出的是亮的灰色或咖啡色，而拍摄白色的雪景时往往拍出的是蓝色或灰色的原因了。

任务 2.3 辅助摄影器材的使用

这里给大家介绍一些拍摄辅助器材，这些器材不一定是必须使用的，但是是非常有用的，能够帮助我们在拍摄中更加得心应手。

1. 三脚架

商品拍摄中三脚架的作用是不可忽视的，它的主要作用就是稳定照相机，我们在拍摄时按下快门的瞬间，呼吸甚至心跳都会对相机的稳定性产生影响，直接影响了相片的清晰度，特别是拍摄大件的商品时，三脚架是非常有必要使用的。最常见的就是长曝光中使用三脚架，用户如果要拍摄夜景或带涌动轨迹的图片的时候，曝光时间需要加大，这个时候，数码相机不能抖动，需要三脚架的帮助。

2. 反光板

根据环境需要用好反光板，可以让平淡的画面变得更加饱满、体现出良好的影像光感、质感。同时，利用它适当改变画面中的光线，对于简洁的画面，突出商品主体也有很好的作用。

（1）反光板的功能

1）让平淡的画面更加饱满，有立体感，体现良好的质感。

2）可以折射部分光线，让需要突出的细节部分拍摄得更清晰。

3）补光柔和，不会造成闪光灯补光带来的尖锐感。

（2）反光板的使用

在反光板的使用中，需要考虑角度、高低、强度等要素。

1）角度。角度是指以被摄主体为中心，被摄体、相机、反光板之间的角度。如何选择和设置反光板的角度，一般来说要根据被摄体的特征来决定。反光板的正面可以完全打亮人物的脸部，减少脖子处的暗影，不过这样就会缺乏必要的阴影轮廓，侧面则可以在鼻梁处营造出一种阴影，对塑造脸型起到很好的作用。

2）高低。反光板配置角度的高低是一个直接影响被摄人物脸部线条，层次及直观效果的重要因素。通常，高光位会在脸部形成比较重一些的阴影，而这些阴影所造成的直观效果是人物显得瘦削。那么低光位因产生的阴影不是很重，人物就显得略微丰满。

3）强度。强度也可以说是反光板打到主体上的亮度。反光板的反光是中心区域亮，越往边缘越暗，而且是相对比较均匀的。网店卖家如果手中有反光板，只需在晴天，将反光板对准一个物体试试就能很明显地体会到这个效果。

下面简单介绍一下使用不同类型反光板的情况。

白色反光板：白色反光板反射的光线非常微妙。由于它的反光性能不是很强所以其效果显得柔和而自然。需要稍微加一点光时，使用这种反光板对阴影部位的细节进行补光。这种情况经常在使用类似窗户光照明时使用，可以让阴影部位的细节更多一点。

黑色反光板：这种反光板是与众不同的，因为从技术上讲它并不是反光板。而是"减光板"或称为"吸光板"。使用其他反光板是根据加光法工作的，目的是为景物添加光量。使用黑色反光板则是运用减光法来减少光量。为什么要使用黑色反光板呢？因为种种原因使我们不得不常常要用讨厌的顶光拍摄。采用这种光线拍出的人脸常会产生"浣熊眼"。通过把黑色反光板放在你的被摄者头上的办法，可以减少顶光。

银色反光板：由于银色反光板比较明亮且光滑如镜。它能产生更为明亮的光。银色反光板是最常用的一种反光板。这种反光板的效果很容易在被摄者眼睛里映现出来，从而产生一种大而明亮的眼神光。当阴天或光线主要从被摄者头上方射过来时使用，直接放在被摄者的脸下方，让它刚好在相机视场之外，把顶光反射到被摄者脸上。在阴天的光线条件下，白色反光板就不具备如此强的作用。

金色反光板：在日光条件下使用金色反光板补光。与银色反光板一样，它像光滑的镜子似地反射光线，但是与冷调的银色反光板相反，它产生的光线色调较暖。金色反光板更常用作为主光。在明亮的阳光下拍摄逆光人像，并从侧面和稍高处把光线反射到被摄者的脸上。用这种反光板有两个作用：一是可以得到能照射到被摄者脸上的定向光线，并且还能使被摄者脸部的曝光增加一档；二是可以减少从背景到前景的曝光差别，这样不会使背景严重地曝光过度。

柔光板：在太阳光或灯光与被摄物或人之间起到阻隔减弱光线的做用，可以使光线柔和，降低反差。在光线强烈，而又不想调换摄影角度损失背景的情况下，或柔和光线以减少被摄物投影时可以使用。

3. 背景纸和背景布

各种颜色的背景纸和背景布，可以马上让你的商品有一个明快，干净的背景，是最常使用的道具之一。

各种摄影辅助器材能够帮助我们在拍摄时更加得心应手，同时也为我们节省精力和时间，提高照片的质量和效果，事半功倍。让我们把更多的精力放到销售上去，赢得更多的机会，是非常值得和聪明的投资。

【任务实训】

2-2 数码相机的使用

实训目标

利用所学的知识，每个同学至少使用数码相机拍摄5张商品图片。

实训步骤和要求

1）认识相机各个部件及按钮，了解其作用。

2）用相机拍摄不同商品的图片。

3）尝试使用三脚架和反光板等辅助摄影器材。

实训成果及考核

通过实际操作，熟练掌握一般照片的拍摄方法，学会辅助摄影器材的简单使用。学生以单人操作的形式完成整个操作过程，由教师进行评比打分（见表2-2）。

表2-2 考核表格

学生姓名	认识相机部件	拍摄照片	使用辅助摄影器材	教师打分
……	……	……	……	……

任务3 拍出一张好照片

【任务描述】

商品照片好比店铺的迎宾小姐，你的店铺会选择漂亮+具备亲和力的MM做迎宾，还是选择相貌平平+衣裳褴褛的MM做迎宾呢？

如果你是买家，会在哪个店铺购物呢？

这个测试同样可以放大思考：假设你进入两个性质相同的购物网站，其中一个网站的商品照片张张精美，另一个则逊色很多，那么你会在哪个网站停留的久一些呢？下次还会光顾哪个网站呢？所以只有大家共同把商品照片的品质提高了，淘宝才能长期吸引买家，聚积更多的人气，淘宝的人气旺了，店铺就不愁无人光顾了。

【任务学习目标】

1. 知识目标
- 认知好图片具备的三要素
2. 能力目标
- 学会对比图片的优缺点
- 根据不同商品的不同拍摄要求进行拍摄

【任务实践】

如何拍出好图片

了解了相机的重要部分的功能之后，我们就可以开始试着使用相机来进行拍摄了。根据对网络商品照片的分析比对，我们不难发现一张好的照片必须具备三个要素：①清晰；②光线明亮充足；③背景干净明快。

好图片的共同点，首先在于清晰，清晰的图片是我们拍摄的第一要点。其次，在清晰的基础上，我们要给它一个充足明亮的光线，另外还有一个非常重要的要素，就是一个明快干净的背景。当然，满足了以上的三个要素之后，适当的加上一些小道具，会让商品更有生命力，给买家一种感官上的愉悦感。

笔者在网络调查过程中，与某网店摄影师进行了深入交流，通过对早期拍摄的照片和他们经过摄影训练之后重新拍过的照片进行对比——同样的相机、同样的商品、不同的摄影辅助工具、不同的摄影技巧，拍摄效果完全不同。实践证明，效果较好的照片，产生的利润更大，如图 2-10 至图 2-15。

（1）高尔夫男鞋

图 2-10　店铺标价：640RMB 　　　　　　图 2-11　店铺标价：2430RMB

第一副图看不出鞋子的具体样子，质感就更看不出来了，像这种照片放上去如果标高价的话也会乏人问津的；第二幅图采用的是黑色背景，黑色能烘托出物品的质感，而且比第一副图更清晰。

（2）男士腕表

图 2-12　店铺标价：80～150RMB 　　　　图 2-13　店铺标价：1580RMB

第一副图的背景色为白色，虽然灯光打得很足，但是没有体现出它的高贵与质感，木纹的背景更让人有廉价感；第二幅图的背景是黑色，黑色是高雅的代表色，商场里一般名贵物品的盒子或者嵌套物基本上都是黑色，黑色很容易就会烘托出它的质感。

（3）香水

图 2-14　店铺标价：350RMB 　　　　　　图 2-15　店铺标价：550RMB

第一幅图商品应有的质感没看出来，让人产生廉价货假冒的联想；第二幅图的光线用的非常好，整个瓶身感觉很剔透，香水瓶有淡淡的光晕，看上去就很舒服，虽然看得出来是经过一些处理的，但是凸显了香水的纯净感。

通过以上的对比不难发现，好的商品摄影作品会让买家有身临其境之感。这就是网店照片的唯一标准：真实！同样我们也列举了几张最常见的"问题"照片：

问题照片一：吊坠

图 2-16　吊坠

这是在室内用家用灯光拍摄的，不用多说，缺点很明显：曝光严重不足，光线灰暗，细节模糊，大面积的投影给画面增加了少许恐怖的气氛。

问题图片二：拖鞋

图 2-17　拖鞋

这张照片吸取了上一张的经验，因为室内光线不足，所以用了机头闪灯，但是机头闪灯的亮度过高，近距离拍摄就产生了照片中鞋跟的部分曝光过度的情况了，而且黑色背景的纹路也表现的极不美观，更不用说对商品质感的表现了。

问题图片三：银饰

图 2-18　银饰

这里选用的是自然光和绿色绒布背景，光线由前方进入，产生了难看的阴影，高光的部分几乎接近白色，细节的质感全无表现，同时绿色背景带来了色干涉的问题。

问题图片四：女包

图 2-19　女包

这张照片很明显的曝光不足，白色的背景拍成了灰色，同样别的颜色也都有色差了，所以这张照片不能算是好照片。各位卖家在拍照的时候要特别注意，这是许多人都容易犯的错误。

【任务实训】

2-3　对特定商品进行拍摄

实训目标

利用我们所学的知识，每个同学对特定商品进行拍摄。

实训步骤和要求

1）利用淘宝网搜索指定商品图片，并就拍摄效果进行对比。

2）指定商品自己进行拍摄，并将拍摄效果进行对比。

实训成果及考核

通过实际操作，熟练掌握拍摄指定商品的方法，学会拍摄指定商品。学生以单人操作的形式完成整个操作过程，由教师进行评比打分（见表2-3）。

表2-3 考核表格

学生姓名	清晰	光线明亮充足	背景干净明快	教师打分
……	……	……	……	……

【知识拓展】

网店代销模式是一种风险小、上货方便的经营方式，学生创业开网店往往选用这种模式。但同时它的利润空间却是受限制的，其中重要的因素就是图片问题。代销者一般都可以从批发商处得到无水印的图片，图片很漂亮，而且多数是有漂亮模特展示的效果图，很吸引人。但同一批发商下面会有无数代销商家，买家在网上可以搜索到众多同样图片的商家，这时比的就是信誉和价格了。所以使用批发商的原图很难把价格做出来。所以我们在经营过程中，囤积了一批货，自己动手拍实物照，这样给人一种真实的感觉。

图 2-20 是每个加盟店都会有的图片，它可以把这件衣服的整体效果给体现出来，但是主要是图上衣服的效果肯定通过 PS 处理过，买家根本看不出来衣服的真实样貌，从而不敢轻易购买！

图 2-20 整体效果图

图 2-21 是我们自己拍的实物整体和细节的图,由于厂家已经给了我们整体效果图,我们可以自己把实物的细节图再拍下来,这样买家即可以看到穿在身上的效果图,还可以看到实物近距的效果,方便买家比较。

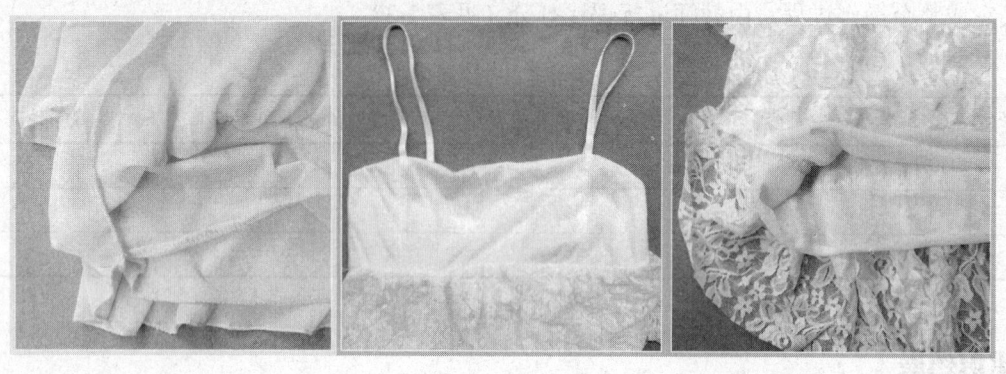

图 2-21 细节图

项目三 网店美工

【案例导入】

当我们注册了网店，又想拥有自己的个性化的一些装修设计，该怎么办呢？看到有些网店装修的很漂亮、大气，你一定很羡慕，同时也产生了不少疑问，这个店面是如何装修到这么好看的？众所周知,好的包装在一定程度上能给顾客比较好的印象分，让顾客注意到你的产品，这样购买机会就会大大提升了。

思考一下：通过下面两个店铺的对比，推断一下哪家网店的销售更加好？为什么？精致的店铺装修会给我们带来哪些好处？

图 3-1 简单装修店铺　　　　　图 3-2 精致装修店铺

想要做到对网店精致装修，就要求对图片进行细致的处理。下面，我们就来学习一下最常用的专业图像处理软件 Photoshop。

任务 1 静态店标的制作

【任务描述】

Adobe 公司的 Photoshop 是图像处理的必备工具，是世界上公认的最好最全面的图片平面设计软件，网络、摄影、广告、包装、设计等领域无所不能。想网店经营的好，必须把消费者摸不到的产品通过图片展示到网络上，因此掌握一定的 Photoshop 基本知识就非常有必要。

【任务学习目标】

1. 知识目标
- 学习启动 Photoshop CS5 软件
- 熟悉 Photoshop CS5 的操作环境
2. 技能目标
- 掌握打开、新建、保存文件
- 熟识常用的文件格式

- 学习对图片大小的简单处理
- 能够自主制作静态店标

3．态度目标
- 让学生发挥主观能动性，主动学习，钻研新知
- 培养学生对新事物的兴趣

【任务实践】

任务 1.1　静态店标的制作

一个网店的店标可作为一个店铺的形象参考，给人的感觉是最直观的。可以代表着你店铺的风格，店主的品位，产品的特性，也可起到宣传的作用。下面我们就来自己制作一个简单的网店店标。

1）启动 Photoshop CS5 软件。双击 Photoshop CS5 快捷方式启动软件。熟悉软件的界面，如图 3-3 所示。

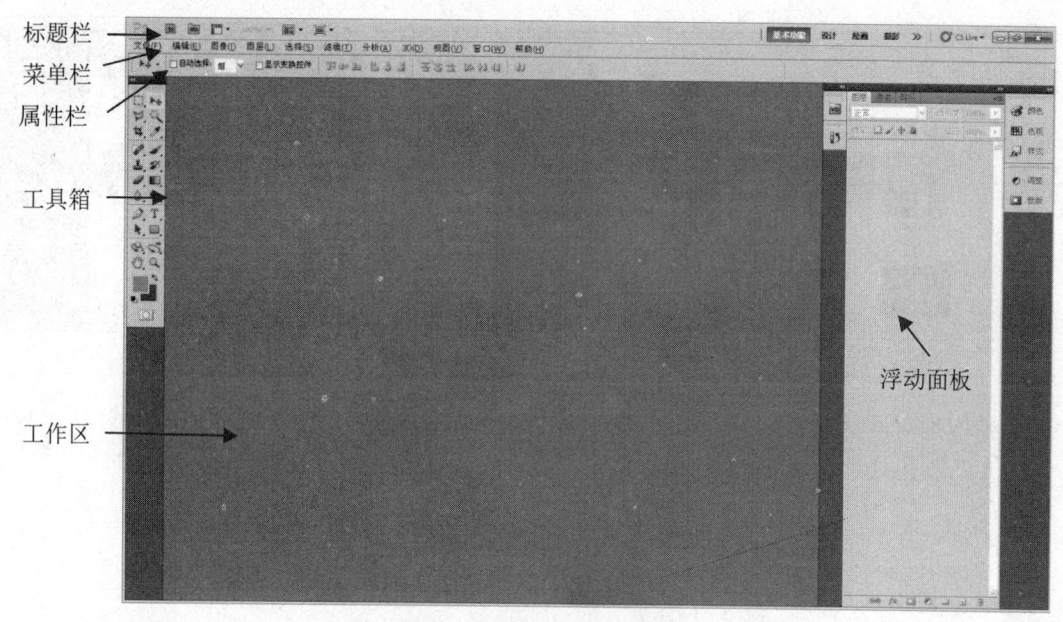

图 3-3　Photoshop CS5 的界面

2）执行菜单栏中【文件】－【新建】命令或者按快捷键 Ctrl+N 新建文档。名称为店标，尺寸为宽 100 像素，高 100 像素，分辨率为 72 像素/英寸，色彩模式为 RGB 颜色，背景内容为白色。（图 3-4）

3）执行菜单栏中【文件】－【打开】命令或者按快捷键 Ctrl+O 打开素材文件"图 1.1.1.jpg"。

4）利用工具箱中的移动工具，点击鼠标左键将文件"图 1.1.1.jpg"拖拽至新建的店标文件中。

5）选中图层 1（图 3-5），按快捷键 Ctrl+T 将图像自由变换。这时会出现八个节点（图 3-6），我们可以拖动它们来调整图像的大小，点击 Enter 确定（图 3-7）。

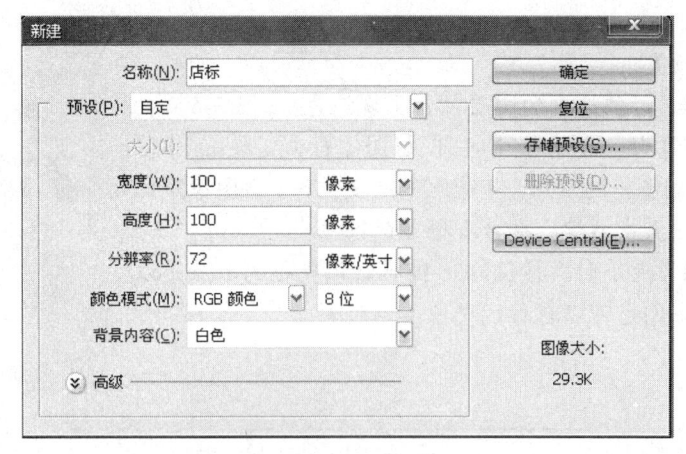

图 3-4　新建文件

【温馨提示】
我们所使用的工具都在界面左侧的工具箱中。当工具右下角有个小三角符号的时候，就说明有隐藏的其他工具，我们只要点击右键就能看到。

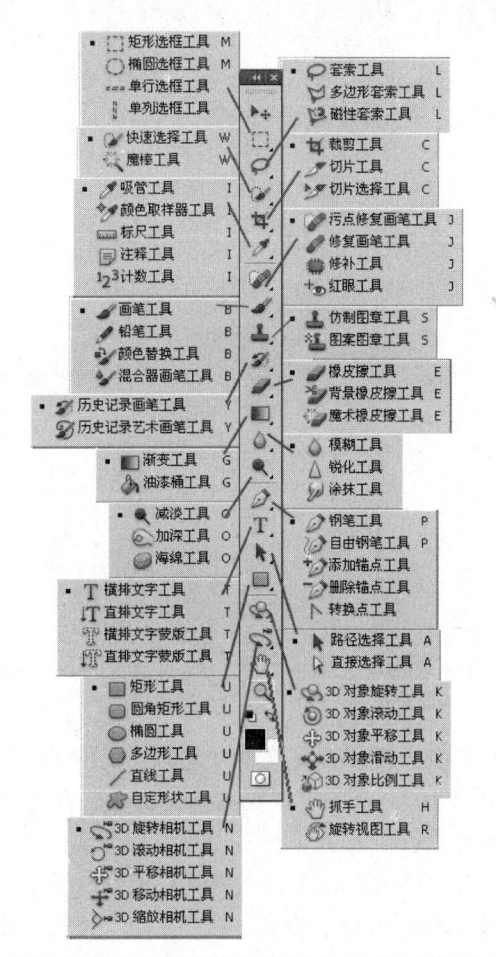

【拓展阅读】

1）选择图层，被选中的图层往往呈现深色。（图 3-5）

2）调整图像大小时（即 Ctrl+T 将图像自由变换），按住 Shift 键后拖动调整框的节点，可等比例缩放文件。当图像等比例缩放的时候，点击右键，也会有很多的选项。

3）调整图像大小时，按住 Alt 键拖动调整框的节点是以中心点缩放。我们也可以自行调整中心点位置。

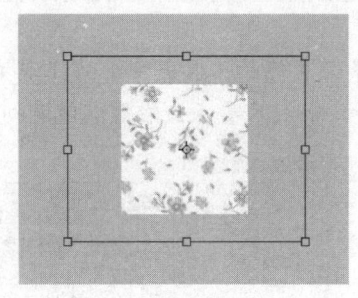

图 3-5　选中图层 1　　　图 3-6　调整图像大小　　　图 3-7　调整后效果

6）选择工具箱中的矩形选框工具，属性栏中设置羽化值为 10 像素，在文件中绘制一个矩形选区（图 3-8），按键盘中的 Delete 键删除选区内的内容（图 3-9），按快捷键 Ctrl+D 取消选择。

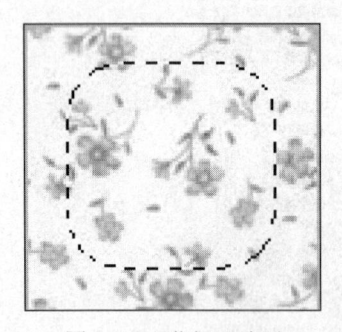

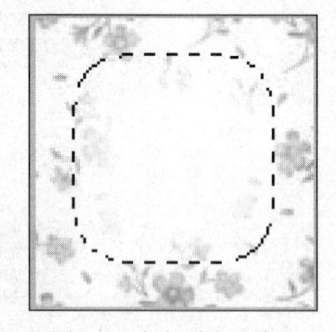

图 3-8　羽化矩形选区　　　图 3-9　内容删除后效果

7）选择工具箱中的文字工具，在文件中输入"优佳小店"四个字，属性栏设置文字色彩与适合的文字大小（图 3-10）。在图层调板的下方击图层样式，选择描边选项，弹出图层样式调板（图 3-11），设置颜色与大小（图 3-12）。

8）选择工具箱中的自定形状工具，在属性栏中形状下拉列表中选择"红心形卡"这个形状（图 3-13），在文件中绘制出一个心形（图 3-14），颜色设置的与描边颜色一致，并放置在适当的位置。此时店标制作完毕。

【拓展阅读】

羽化可以柔化选区边缘，使之产生一个渐变晕开效果。其取值范围在 0~250 像素之间，设置不同的羽化值所产生的效果也不同。

无羽化　　　　　羽化20像素　　　　　羽化50像素

图 3-10　输入文字　　　　图 3-11　设置描边　　　　图 3-12　调整后效果

图 3-13　形状工具属性栏

9）保存文档。执行菜单栏中【文件】－【存储为】命令或快捷键 Shift+Ctrl+S 保存为"店标.jpg"。（图 3-15）

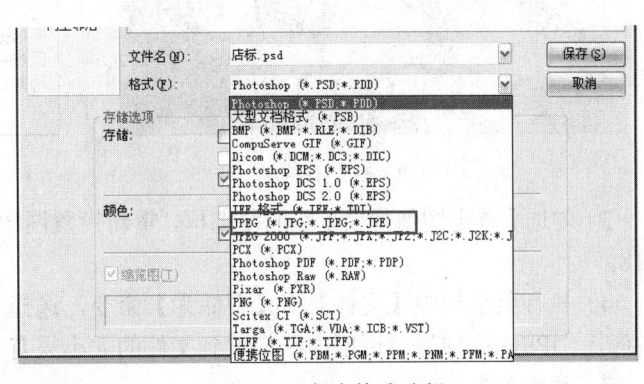

图 3-14　绘制后效果　　　　图 3-15　保存格式选择

> 【拓展阅读】
>
> 1）PSD 格式是 Photoshop 软件的专用格式，也是默认的格式。可以存储 Photoshop 中所有的图层、通道、参考线等信息。因此，对于没有编辑完成，下次需要继续编辑的文件最好保存为 PSD 格式。
>
> 2）JPEG 是一种高压缩比的、有损压缩真彩色的图像文件格式，其最大特点是文件比较小，可以进行高倍率的压缩。在网络上的绝大部分要求高颜色深度的图像都是使用 JPEG 格式。

任务 1.2　图像尺寸的调整

因为淘宝对商品照片的大小有限制，所以需要对画面进行适当的剪裁与调整，以适合画面，达到最好的效果。

1. 压缩图片

现如今，拍摄照片越来越要求高画质，高分辨率，这样才能更加清晰。同时这也给我们的图片上传带来了问题，因为分辨率越高，图像越大，打开图片的速度相对就会越慢，有时还会显示不全面或无法显示，影响了顾客浏览的速度和效果，所以在上传商品照片之前，需要对照片进行一些压缩瘦身。

1）运行 Photoshop CS5 软件，按快捷键 Ctrl+O 打开文件"图 1.2.1.jpg"（图 3-16）。

2）执行菜单栏中【图像】-【图像大小】命令，弹出"图像大小"设置对话框（图 3-17）。可以看到原始像素大小为 95.4MB。

图 3-16　打开文件

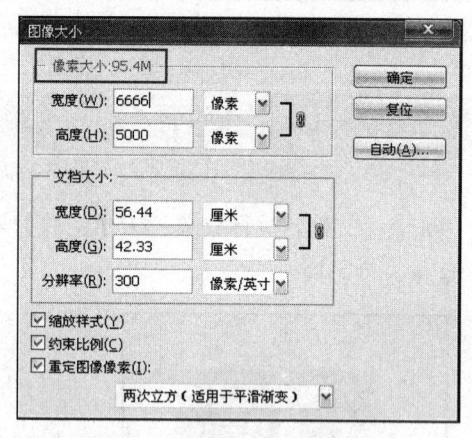

图 3-17　图像大小对话框

3）勾选【重定图像像素】前的复选框，重新设置图像大小，将其大小修改为 977.1KB（图 3-18）。

4）执行菜单栏中【文件】-【存储为】命令，选择 JPEG 图像格式，将图片进行保存，在弹出"JPEG 选项"对话框中我们看到文件的大小只有 245.6KB 了（图 3-19）。

2. 扩展画布

在进行图片操作过程中，我们经常会遇见维持图片原来的样子，而只扩大画布的情况。下面，我们就来学习像放大图画纸一样利用【画布大小】命令放大画布大小。

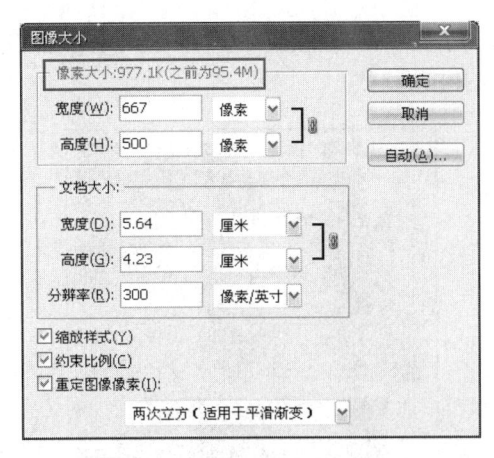

图 3-18　设置图像大小　　　　　　　　　　图 3-19　设置后大小

1）运行 Photoshop CS5 软件，按快捷键 Ctrl+O 打开文件"图 1.2.2.jpg"。（图 3-20）

2）执行菜单栏中【图像】——【画布大小】命令。弹出"画布大小"对话框，确认当前画布的大小。（图 3-21）

图 3-20　打开文件　　　　　　　　　　图 3-21　画布大小对话框

3）设置画布的大小和相对位置（图 3-22），单击【确定】按钮，执行效果（图 3-23）。

图 3-22　设置画布大小　　　　　　　　　　图 3-23　调整后效果

4）打开文件"图1.2.3.jpg"（图3-24），用移动工具将图像拖拽到刚编辑的"图1.2.2.jpg"图像中，移动至合适的位置（图3-25），并保存为JPEG格式。

图3-24　打开文件　　　　　　　　　图3-25　移动后效果

【拓展阅读】
1）同样的方法，也可以横向扩展画布，为组合的图片提供画面空间。
2）图像大小对话框中，在"定位"栏中按下相应的方形按钮，可以定位图像在新画布中的位置。

3. 图像裁剪

商品图片在拍摄的时候，应尽可能将商品之外的一部分内容也拍摄进来，以衬托主体，也便于在商品图片后期处理的时候，进行适当的裁剪，以达到最好的构图效果。

1）运行Photoshop CS5软件，按快捷键Ctrl+O打开文件"图1.2.4.jpg"。（图3-26）
2）选择工具箱中的裁剪工具，单击起始点，拖动鼠标至预定终点，松开鼠标即出现（图3-27）所示的裁剪框。

图3-26　打开文件　　　　　　　　　图3-27　裁剪图片

3）裁剪框与自由变换框一样，都具有八个可调节的节点，通过它可以精确确定裁剪范围，调整好后，按下 Enter 键或双击鼠标左键即可应用裁剪。（图 3-28）

图 3-28　裁剪后效果

【拓展阅读】

1）如果想取消裁剪状态，可以按下键盘中的 Esc 键。
2）此外，在进行裁剪之前，也可在属性栏中先设置裁剪的比例再进行裁剪。
3）淘宝店相关的图标大小：

- 普通店铺店标
    大小：100×100 像素　不大于 80KB
    格式：jpg、gif
- 旺旺名片/头像
    大小：120×120 像素　不大于 100KB
    格式：jpg、gif
- 宝贝图片
    大小：500×500 像素　不大于 120KB
    格式：jpg、gif
- 旺铺店招
    大小：950×150 像素　不大于 80KB
    格式：jpg、gif、png
- 旺铺促销区
    大小：宽不大于 735 像素　高不限制
    格式：jpg、gif、html、文本
- 宝贝分类
    大小：宽不大于 160 像素　高不限制
    格式：jpg、gif

任务 1.3 使用辅助工具

1. 标尺

使用标尺工具可以精确测量和定位对象。选择菜单栏中的【视图】—【标尺】命令或按快捷键 Ctrl+R，图像窗口上边和左侧即会出现标尺（图 3-29），在进行图像编辑时，可以使用移动工具在标尺上拖拉参考线测量和对齐对象。

图 3-29　图片编辑中标尺的应用

2. 缩放工具

在工具箱中选择缩放工具，鼠标移至图像中，将变成一个放大镜形状，在图像中单击或勾选图像局部即可放大图像的显示比例。按住 Alt 键鼠标指针会变成缩小镜形状，单击即可缩小图像的显示比例。在工具箱中双击缩放工具，这时图像窗口将以 100%显示。

3. 抓手工具

在处理图像时，经常需要把图像放大数倍以便编辑，此时的窗口不能显示全屏，要查看窗口中的内容，可以使用工具箱中的抓手工具来进行移动。

4. 吸管工具

如果想选中某个图像中的颜色，我们不需要调整色彩，而直接用吸管工具，在颜色上点击一下，前景色就变成了所选择的颜色。

5. 还原与撤销

只要没有保存和关闭的图像都可以进行还原和重做。快捷键 Ctrl+Z 可以还原上一步的操作；Ctrl+Alt+Z 组合键可以还原之前的 20 步操作。

【任务小结】

本项目通过简单的几个例子，对软件的界面、工具箱、辅助工具、图像的基本操作，图像大小的调整进行了讲解。熟练掌握这些工具的使用方法和功能是今后用 Photoshop 修图得心应手的关键。

【任务实训】

3-1　制作网络饰品店的店标

实训目标

利用我们所学的知识，根据所提供的素材，让我们动手制作一款网络饰品店的店标。

实训步骤及要求

1）打开素材，改变素材大小为宽 100 像素，高 100 像素。

2）输入文字并描边，逐一改变文字色彩。

3）保存文档。

实训成果及考核

通过学生自主动手制作，熟练 Photoshop 基本操作，掌握如何调整图片尺寸，如何通过文字工具属性栏来改变文字颜色及大小。学生以单人操作的形式完成整个操作过程，由教师进行评比打分（见表 3-1）。

表 3-1　考核表格

学生姓名	文档大小是否正确	文字是否描边	文字颜色是否变化	教师打分
……	……	……	……	……

任务 2　图片美化

【任务描述】

由于拍摄商品照片的时候，受光线和本身摄影技巧的影响，有些照片拍出来之后不免会出现曝光不足或曝光过度、色彩暗淡、模糊、有斑点等缺陷，这时候就需要后期进行修正工作，这里我们通过几个简单的例子来讲解一下图像调整、修饰图片的一些方法和技巧。

【任务学习目标】

1. 知识目标
- 掌握调整图片的方法与技巧
- 熟悉 Photoshop CS5 菜单栏中的各项命令

2. 技能目标
- 学会美化图片，会对图片进行修饰
- 会灵活运用工具抠图
- 熟悉水印的制作和去除水印的方法

3. 态度目标
- 培养学生表达自己的观点，展示自我个性
- 激发学生的参与热情，培养合作意识

【任务实践】

任务 2.1　调整图片

对于没有专业摄影技术的店主，拍摄出来的照片不是十分满意怎么办？没关系。我们还有强大的 Photoshop 软件可以进行后期处理，帮助我们解决问题。下面我们通过几个例子来讲解一些图像调整的常用方法。

1. 调整图片的明暗对比度

1）运行 Photoshop CS5 软件，按快捷键 Ctrl+O 打开文件"图 2.1.1.jpg"。（图 3-30）

图 3-30　打开文件

2）执行菜单栏中【图像】—【调整】—【曲线】命令，调整适当的数值（图 3-31），确定即可，修改后效果（图 3-32）。

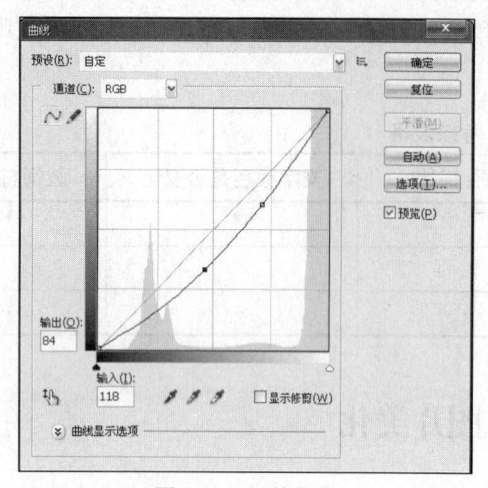

图 3-31　调整曲线　　　　　　　　图 3-32　调整后效果

【拓展阅读】

1）"曲线"可以调整图像的色调和颜色。将曲线向上或向下移动将会使图像变亮或变暗，具体情况取决于对话框是设置为显示色阶还是显示百分比。曲线中较陡的部分表示对比度较高的区域；曲线中较平的部分表示对比度较低的区域。

2）【图像】—【调整】—【亮度/对比度】命令和【色阶】命令也可以对图片进行明亮度对比度的调整，效果能直观的看到。

---

2. 模糊变清晰

1）运行 Photoshop CS5 软件，按快捷键 Ctrl+O 打开文件"图 2.1.2.jpg"。（图 3-33）

2）执行菜单栏中【滤镜】—【锐化】—【USM 锐化】命令（图 3-34），调整适当的数值（图 3-35），确定即可，修改后效果（图 3-36）。

图 3-33　打开文件　　　　　　　　图 3-34　USM 锐化

图 3-35　调整数值

图 3-36　调整后效果

3. 给图片换个色调

1）运行 Photoshop CS5 软件，按快捷键 Ctrl+O 打开文件"图 2.1.3.jpg"。（图 3-37）我们可以看出此照片有些偏黄。

图 3-37　打开文件

2）执行菜单栏中【图像】－【调整】－【色彩平衡】命令，由于图片偏黄，而黄色的对比色是蓝色，所以适当的调整蓝色值即可（图 3-38），确定即可，修改后效果（图 3-39）。

3）同样，我们也能通过【色彩平衡】命令来改变图片的色调，从而达到理想的色彩效果。（图 3-40）

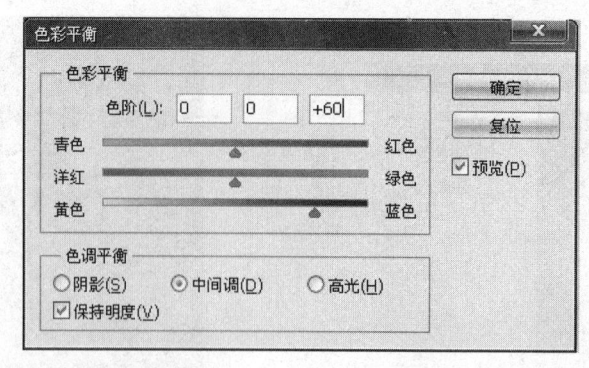

图 3-38　调整色彩平衡

图 3-39　调整后效果　　　　　　　图 3-40　更多的效果

【温馨提示】

"色彩平衡"命令用来调整色相，主要用于偏色的调整，一般只需调节中间调即可。调整时要遵循一个原则，在调整图像的颜色时，根据颜色的补色原理，要减少某个颜色，就增加这种颜色的补色。

4. 人物修复

大家都知道，Photoshop 强大的修复工具能够帮助我们美颜，令图片中的人物更加光鲜亮丽。我们先来看一下修复前与修复后的效果对比图，如图 3-41。

1）运行 Photoshop CS5 软件，按快捷键 Ctrl+O 打开文件"图 2.1.4.jpg"。然后选择工具箱中的修复工具 ，点击图中人物脸上的黑点，修复工具会自动将黑点去掉。（图 3-42）

2）执行菜单栏中【滤镜】－【模糊】－【表皮模糊】命令，调整数据如图所示（图 3-43）。我们将人物的皮肤修复的更加光滑。

图 3-41　修复对比图

修复前效果　　　　　　　　　　　　修复后效果

图 3-42　修复黑点　　　　　　　　　图 3-43　表皮模糊

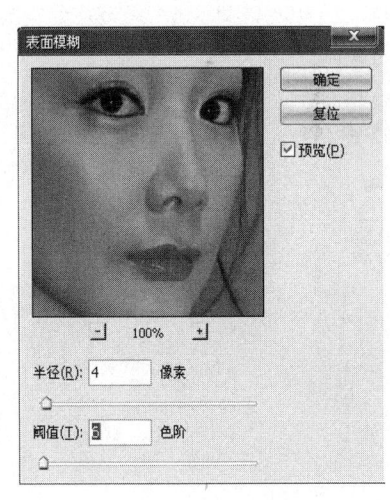

3）通过曲线调整图像的明暗，然后调整图像的清晰度，到此我们的图片就修复完成。

任务 2.2　美化图片

一张商品的照片不仅需要本身的修正，还需要对它进行设计，包含文字、背景、装饰元素等等。从而提升商品的质感和美感，使自己的商品脱颖而出，吸引更多的消费者。

1. 女装网店店招设计

招牌就是一个店铺的形象，如果一个不加修饰的店招，看起来并不美观，也不会吸引消费者的目光。而一个经过精心设计的店招会让人眼前一亮。一个好的网店，除了好的产品、好的服务，一个好的店招也是必不可少的。

1）运行 Photoshop CS5 软件，新建一个宽 950 像素，高 150 像素，分辨率 72 像素/英寸，颜色模式 RGB，背景内容为白色的文件，鼠标点击确定。（图 3-44、图 3-45）

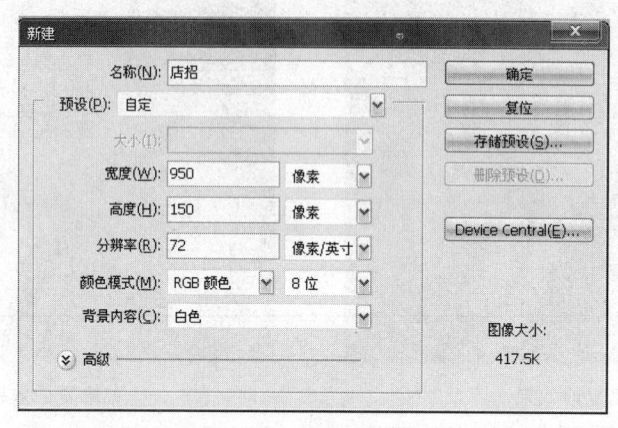

图 3-44　新建对话框

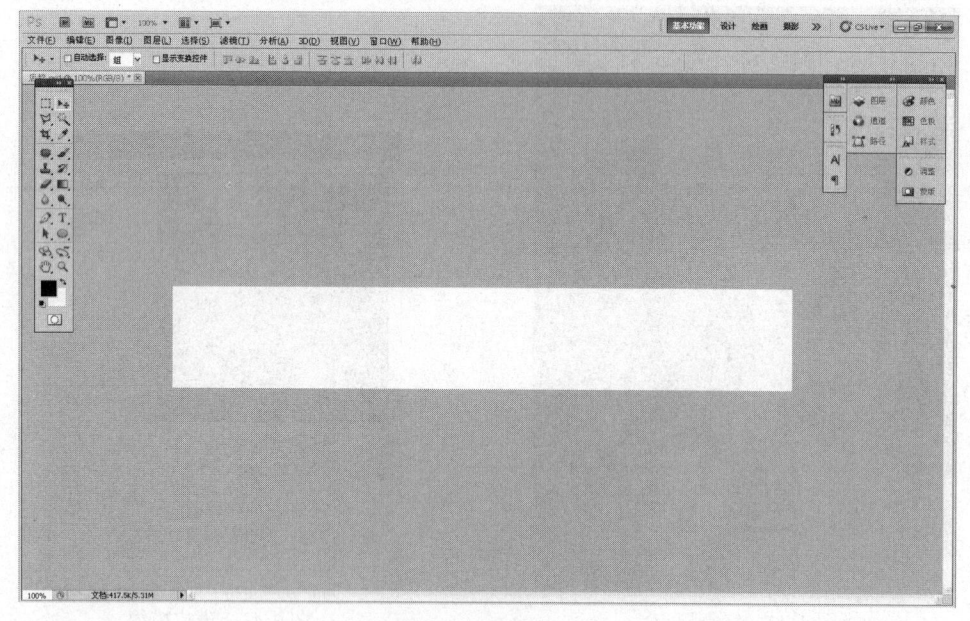

图 3-45　新建文档

2）按快捷键 Ctrl+O 打开文件"图 2.2.1.jpg"与"图 2.2.2.jpg"（图 3-46、图 3-47）。将这两个文件用移动工具都拖拽到新建的"店招"文档中。

3）按自由变换快捷键 Ctrl+T 操作后，按住 Shift 键，拖动变换框的边角节点将"图 2.2.2.jpg"等比例缩小，再将鼠标放置到变换框的一个角边上，等鼠标变成旋转的形状时，对图像进行旋转操作，最终效果如下（图 3-48）。

图 3-46　打开文件　　　　　　　　　图 3-47　打开文件

4）选择工具箱的魔棒工具 ![ ]，点击"图 2.2.2.jpg"背景颜色（图 3-49），按键盘中 Delete 键删除背景。由于此图的背景颜色单一，所以我们可以直接用魔棒工具将其背景去掉。

图 3-48　调整大小和位置　　　　　　图 3-49　去掉背景色彩

5）按照以上操作，我们将"图 2.2.1.jpg""图 2.2.3.jpg""图 2.2.4.jpg"去掉背景，放置到合适的位置上。（图 3-50）

图 3-50　放置图片后效果

6）选择工具箱的矩形选框工具 ![ ]，在文件上方绘制一个选框（图 3-51）。

7）选择工具箱的油漆桶工具 ![ ]，将前景色调整为黑色 ![ ]，点击选框区域，将矩形选框填充为黑色（图 3-52），按快捷键 Ctrl+D 取消选择。

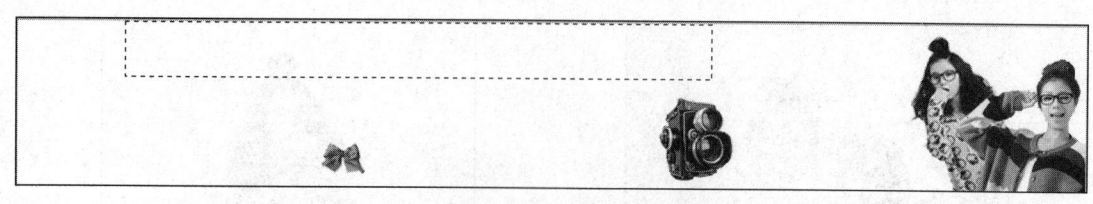

图 3-51　绘制选框

图 3-52　填充颜色

8）用以上方法绘制出另一个选框，并填充颜色。（图 3-53）

图 3-53　绘制另一个选框

9）点击图层调板新建图层按钮 ，新建一个图层，命名为图层 5。选择工具箱的多边形套索工具 ，点击鼠标绘制下图的图形。（图 3-54）

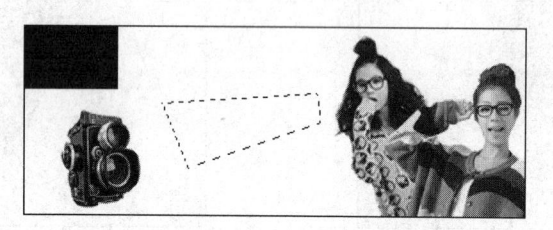

图 3-54　绘制不规则选框

10）在图层 5 上面，将选区填充为黑色。再新建一个图层，命名为图层 6，再在这个选区内填充为粉红色。（图 3-55、图 3-56）按快捷键 Ctrl+D 取消选择。

图 3-55　填充颜色

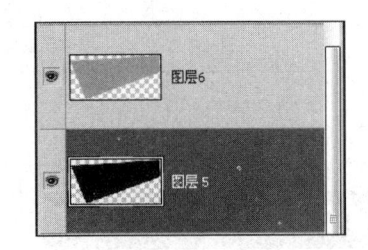

图 3-56　新建图层

11）选择图层 5，按键盘中的方向键，往左往上移动少许。效果如下图（图 3-57）。

图 3-57　移动图层后效果

12）再新建几个图层，用多边形套索工具分别在各个图层中绘制图像，然后填充颜色（图图 3-58）。利用上述移动方向键的方法绘制出如下效果（图 3-59）。

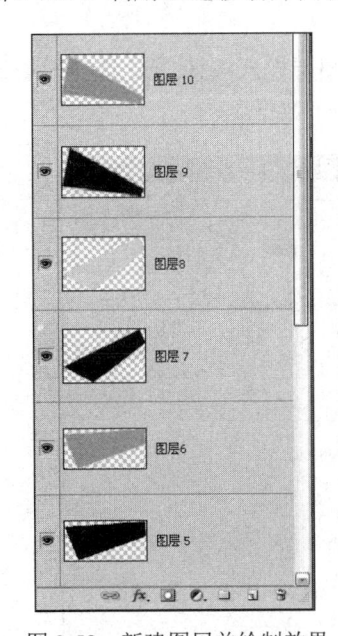

图 3-58　新建图层并绘制效果　　　　图 3-59　绘制后效果

13）选择工具箱的文字工具，点击鼠标输入文字"IT'S A HAPPY DAY"。利用移动工具，将文字移动到黑框之上，按快捷键 Ctrl+T 调整文字大小，在属性栏中将文字颜色调整为白色。（图 3-60、图 3-61）

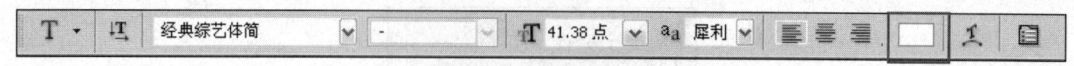

图 3-60 文字属性栏

图 3-61 输入文字

14）利用文字工具，再次输入其他文字，调整大小与颜色。效果如下图（图 3-62）。

图 3-62 调整后效果

15）选择"优佳衣舍"文字图层，点击图层调板下方添加图层样式按钮，选择投影选项（图 3-63）。弹出图层样式对话框，按下图（图 3-64）调整各个数据。

图 3-63 混合选项

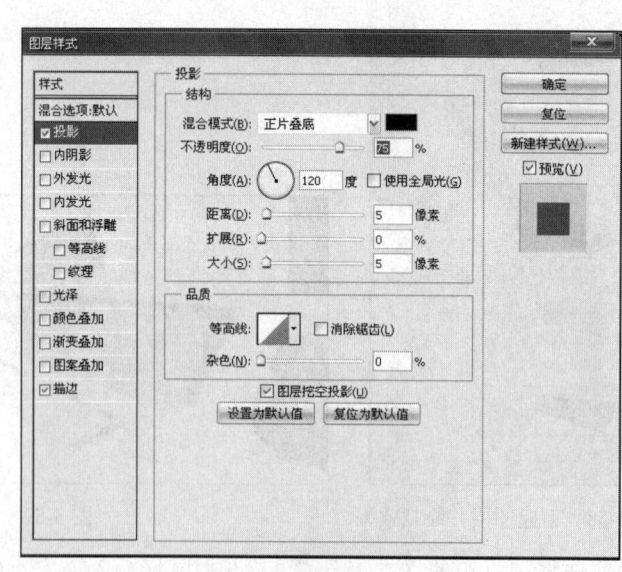

图 3-64 设置投影效果

16）然后选择描边选项，按下图（图 3-65）调整各个数据。调整后效果如图（图 3-66）。

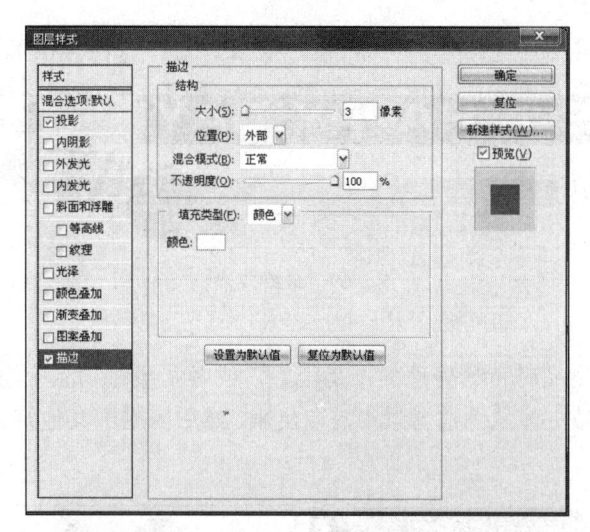

图 3-65 设置描边效果

图 3-66 设置后效果

【拓展阅读】

"图层样式"选项可以帮助我们制作很多特效，会让图层顿时产生层次感。里面包括混合选项、投影、内阴影、外发光、内发光、斜面和浮雕、光泽、颜色叠加、渐变叠加、图案叠加、描边选项。

17）选择工具箱的椭圆工具，在属性栏中选择路径选项。围绕图中"相机"绘制一个圆形路径（图 3-67），选择文字工具在路径上点击，当光标沿着路径闪烁时，输入"100% 实物拍摄"，点击其他图层，路径即可消失。效果如下图（图 3-68）。

图 3-67 绘制椭圆路径　　　　　图 3-68 沿路径输入文字

18）最后，我们将文件存储为"店标.jpg"。效果图如下（图 3-69）。

图 3-69 最终效果图

2. 给图片换个背景

有时候由于拍摄物品时背景处理的不是很好，或者希望将物品应用于更多的场合，我们可以通过抠图来将物品主体从图片背景中提取出来，然后应用于其他背景或多张场合中。如下图所示：

图 3-70 抠图

而抠图的方法很多，在网上我们也能找到很多的教程和辅助软件。接下来，我们就来介绍几种常见的抠图方法。

（1）磁性套索工具

适用于当需要处理的图形与背景有颜色上的明显反差时，磁性套索工具非常好用。这种反差越明显，磁性套索工具抠像就越精确。我们用以下面这个例子来介绍磁性套索工具的使用方法，如图 3-71，图 3-72 所示。

项目三　网店美工　75

图 3-71　原图

图 3-72　抠图后

1）运行 Photoshop CS5 软件，按快捷键 Ctrl+O 打开文件"图 2.2.5.jpg"。选择工具箱中磁性套索工具 。选择主体的一个起点，点击，松开后沿着主体的边缘移动鼠标，就会有节点自动产生围绕着主体边缘，最后和起点相连接，形成一个完整的选区。在绘制过程中，如果有偏差，键盘 Delete 键可以删除前一个锚点，连续按可以依次删除锚点，按 Esc 键可以退出。这样我们可以做随时的调整。（图 3-73）

2）按快捷键 Ctrl+J，复制图像至新的图层，单击"背景图层"前面的眼睛按钮 ，将"背景图层"进行隐藏。

3）新建一个图层，放置在主体图层的下面（图 3-74）。

图 3-73　应用磁性套索工具

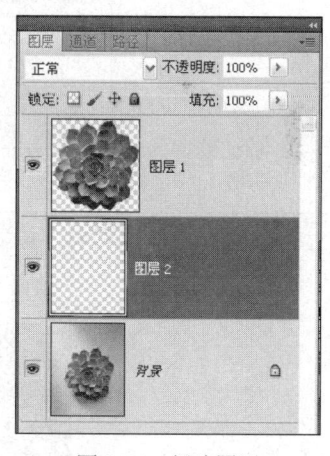

图 3-74　新建图层

4）这时候我们就能通过改变图层 2 的色彩来改变主体物的背景色了。也可以对主体物进行一个简单的修改。（图 3-75、图 3-76）

5）上图中我们在图层 2 上面添加了渐变效果。选择工具箱中的渐变工具 ，单击属性栏中 ，弹出渐变编辑器（图 3-77），软件自带了一些渐变效果，我们也可以根据需要调整渐变颜色。

6）选择属性栏中的渐变效果为径向渐变（图 3-78），由图像中心往四周拖动鼠标，绘制渐变效果（图 3-79）。

图 3-75 描边后效果

图 3-76 换背景效果

图 3-77 渐变编辑器

图 3-78 渐变工具属性栏

图 3-79 渐变效果图

【拓展阅读】

渐变有很多的样式可供我们选择。

依次为：线性渐变、径向渐变、角度渐变、对称渐变、菱形渐变

效果如图：

（2）钢笔工具

用钢笔工具进行抠图比较适合于轮廓比较复杂，背景也比较复杂的图像。例如下图（图3-80），对比修改后效果图（图3-81）。

图 3-80　原文件　　　　　　　　　图 3-81　抠图后效果

1）运行 Photoshop CS5 软件，按快捷键 Ctrl+O 打开文件"图 2.2.6.jpg"。在工具箱中单击钢笔工具，在属性栏中一定要选择路径按钮。

2）沿着瓷罐的轮廓，单击鼠标，建立一个一个的路径锚点。在回到起始点后单击鼠标闭合路径。（图 3-82）

3）选择工具箱中的转换点工具，单击一个锚点，就会伸出两个控制手柄，调整控制手柄来确定所选择的区域（图 3-83）。我们需要认真仔细的将瓷罐的边缘通过转换点工具描绘出来（图 3-84）。

4）按快捷键 Ctrl+Enter 将路径载入选区（图 3-85）。

5）按快捷键 Ctrl+J，复制图像至新的图层，单击"背景图层"前面的眼睛按钮，将"背景图层"进行隐藏（图 3-86）。

图 3-82　绘制闭合路径

图 3-83　调整锚点

图 3-84　调整后效果

图 3-85　路径载入选区

图 3-86　调整图层

6）然后新建图层，我们就能修改背景了，或者选择抠好的瓷罐为我们所用（图 3-87）。

图 3-87 用于其他效果

【拓展阅读】

图层的处理,可以说是 Photoshop 软件的最大特色。它是进行图像编辑时必不可少的工具,用于显示当前图像的所有图层信息。

图层就像是一张张相互叠加在一起的透明纸,可以根据需要添加或删除构成要素,还可以对其中的某一层进行编辑,而不会影响其他图层。

1)当我们打开一张图片,该图就是背景图层。双击图层名字可以进行修改。

2)在编辑图像的时候我们往往需要新建图层,点击图层调板下方 按钮。直接将图层用鼠标拖到 按钮上,即可复制该图层。拖到 按钮上,即可删除图层。

3)图层也有一定的顺序。我们任意拖动图层即可改变图层的排列顺序,所显示的效果也不同。例如:

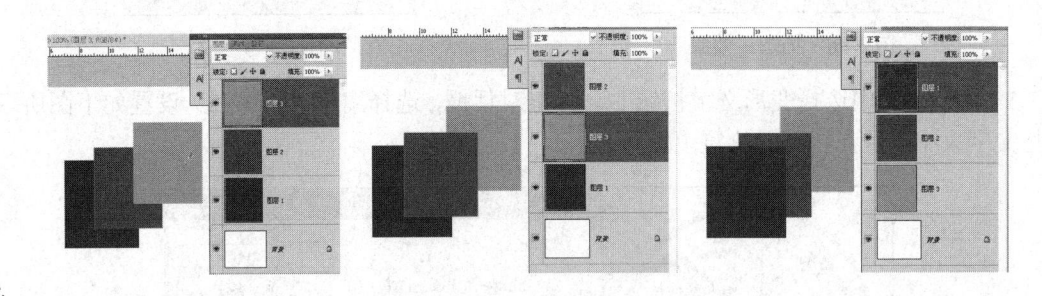

任务 2.3 水印处理

简单的理解水印就是加在出售宝贝图片上的标记,这种标记可以自己进行制作然后贴于图片之上,也就是为了防止他人盗用宝贝图片而加的印记。

1. 制作水印

1)运行 Photoshop CS5 软件,新建一个宽 250 像素,高 250 像素,分辨率 72 像素/英寸,颜色模式 RGB,背景内容为透明的文件,鼠标点击确定。

2）然后选择椭圆选框工具，按住 Shift+Alt 键，加上鼠标拖动，在新建的文件中，从中心出发绘制正比例圆。（图 3-88）

3）然后右键选择描边，弹出对话框，设置宽度 5 像素，选择颜色（图 3-89），描边后的效果（图 3-90）。

图 3-88　绘制正圆

图 3-89　描边设置

4）选择工具箱中的文字工具，输入"优佳女装小店"，字体、大小、颜色自行设置。（图 3-91）

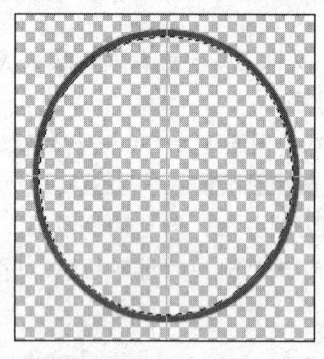

图 3-90　描边后效果

图 3-91　输入文字

5）在菜单栏中选择变形文字按钮，弹出对话框，选择扇形（图 3-92）设置如下图所示。调整文字大小放置在合适的位置上即可。

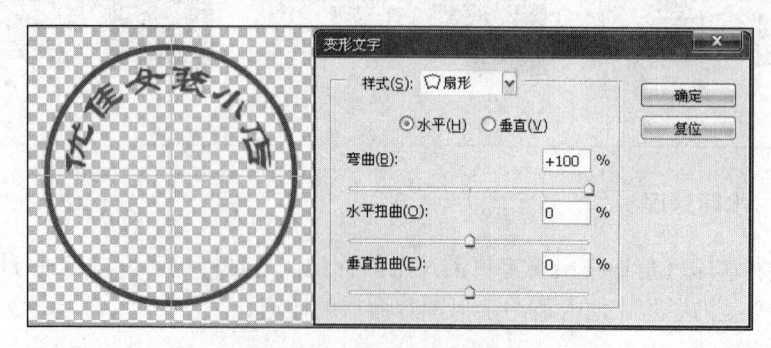

图 3-92　文字变形

6）按照上述方法，我们继续输入"www.shop112233.taobao.com"，放置在下方（图 3-93）。

项目三 网店美工 81

7) 在工具箱中选择自定形状工具 ，属性栏中选择喜欢的图形放置在图形的中间（图 3-94）。这时候我们的水印基本上就制作完毕了。

图 3-93　输入网址　　　　　　　　　图 3-94　绘制形状

【拓展阅读】

选择自定形状工具时，在属性栏中我们并没有看到很多的形状，这时候我们选择右边的按钮 ，选择全部，弹出的对话框选择追加即可。

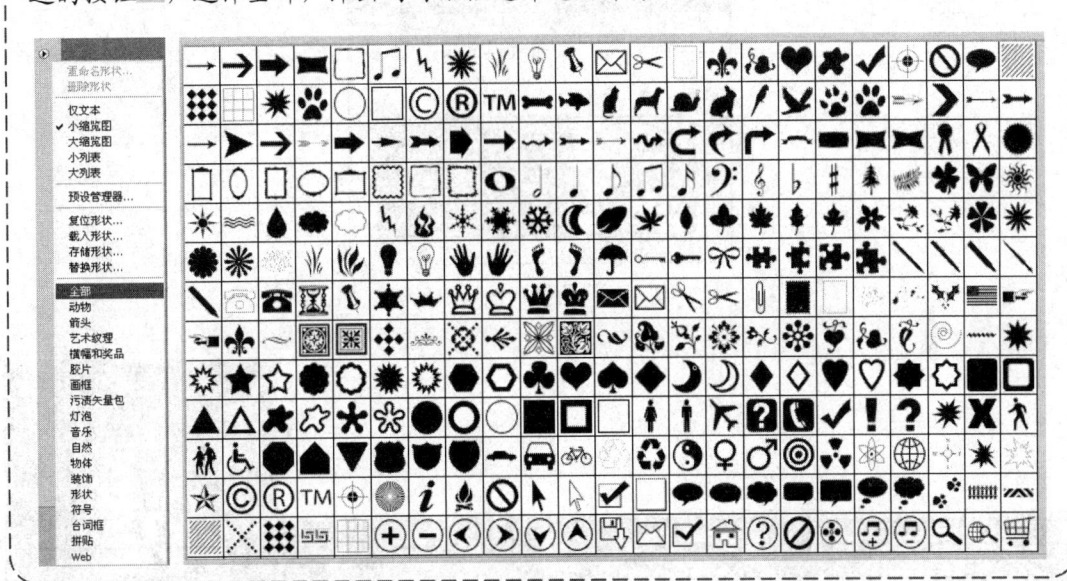

8) 现在有好几个图层，移动起来很不方便。为了使用方便我们需要合并图层。选择图层调板右上方的按钮 ，选择合并可见图层（图 3-95），我们将这四个图层合并成为一个图层（图 3-96）。

9) 我们可以给图层添加些样式来美化，如：描边、渐变叠加、外发光等。保存为.PNG 或者.PSD 格式即可应用于"图 2.3.1.jpg"中（图 3-97）。

2. 去除水印

1) 运行 Photoshop CS5 软件，按快捷键 Ctrl+O 打开文件"图 2.3.2.jpg"。（图 3-98）选中背景图层，将其拖拽到调板下方的新建图层图标 或按快捷键 Ctrl+J 复制当前图层，得到背景副本图层。

图 3-95 合并可见图层

图 3-96 合并后图层效果

图 3-97 水印的应用

2）选中背景图层副本图层，选中工具箱中修补工具（图 3-99），绘制一个选区，确定需要改的内容包括在其中（图 3-100），按住鼠标左键将选区按箭头方向拖动，（图 3-101）之后松开鼠标，效果如下图所示（图 3-102）。

图 3-98　打开文件

图 3-99　选中修补工具

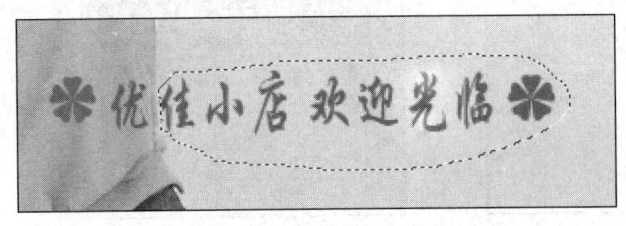

图 3-100　选中修改区域

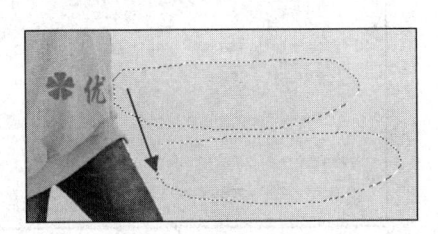

图 3-101　移动选区

3）按上述方法，将衣服部分的水印以同样的方法去除。（图 3-103）修补后的效果图（图 3-104）

图 3-102　修补后效果

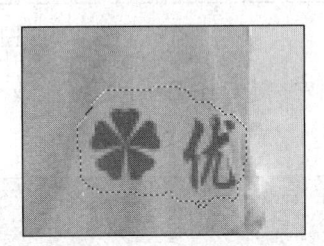

图 3-103　选中修改区域

图 3-104　修补后效果

3. 制作边框

宝贝拍摄之后，我们需要把几张细节图片整合在一张上，这时候如果加入一些边框的修饰，效果会更好一些，更加能吸引人的眼球。制作的过程也十分简单。

1）运行 Photoshop CS5 软件，新建一个文档，尺寸为宽 700 像素，高 500 像素，分辨率为 72 像素/英寸，色彩模式为 RGB 颜色，背景内容为透明。（图 3-105）

2）新建一个图层，填充为粉红色（图 3-106）。选择工具箱中的圆角矩形工具，设置菜单栏选项如下图（图 3-107）。绘制几个圆角矩形形状。（图 3-108）

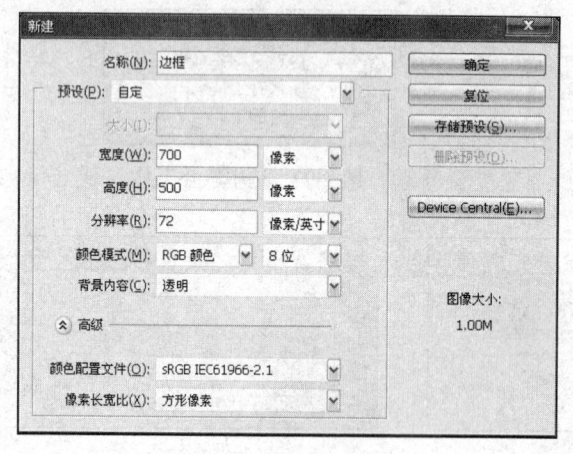

图 3-105　新建文件　　　　　　　　　图 3-106　填充颜色

图 3-107　设置圆角矩形

3）按快捷键 Ctrl+Enter 将路径载入选区（图 3-109）。按快捷键 Delete 删除选区内的像素。（图 3-110）

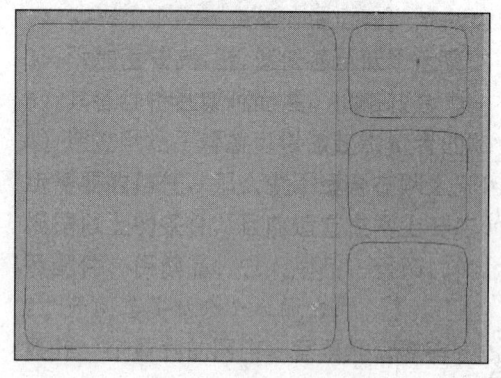

图 3-108　绘制路径　　　　　　　　　图 3-109　路径载入选区

4）打开素材文件"图 2.3.3.jpg""图 2.3.4.jpg""图 2.3.5.jpg""图 2.3.6.jpg"。利用移动工具拖至边框文件中，放置到边框图层的下方（图 3-111），利用自由变换 Ctrl+T 变换大小，效果如图（图 3-112）。

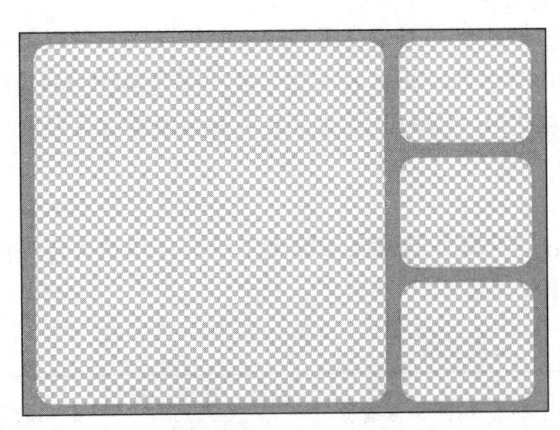

项目三　网店美工

图 3-110　删除选区内的像素 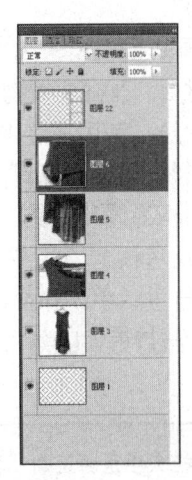　　　　　图 3-111　移动文件后的图层效果

图 3-112　最终效果图

【任务小结】

本项目讲述了如何调整图像的明暗、色调、清晰度，给图像添加文字、形状、边框来美化图像和如何改变图像背景，去除水印和添加水印的方法。重点是改变图像的背景，即抠图的方法。

【任务实训】

3-2　制作一款网络商品的促销模块

实训目标

利用我们所学的知识，根据所提供的素材，让我们动手制作一款网络商品的促销模块。

实训步骤及要求

1）新建一个宽 750 像素，高 500 像素，分辨率 72 像素/英寸，颜色模式 RGB，背景内容为白色的文档。

2）将素材 1 放置在图中，并输入相应的文字。
3）将素材 2、素材 3 人物抠出放置在图中，并利用图层样式描边。
4）新建图层，利用多边形套索工具绘制 3 个彩色框，输入文字并改变文字色彩与大小。
5）利用形状工具绘制爆炸效果图形，并利用图层样式添加阴影，输入文字。
6）保存文档为图片格式。

实训成果及考核

通过学生自主动手制作，熟练 Photoshop 的操作，掌握抠图的技巧。学生以单人操作的形式完成整个操作过程，由教师进行评比打分（见表 3-2）。

表 3-2　考核表格

学生姓名	文档大小是否正确	图片大小是否合理	抠图是否理想	颜色、文字是否搭配合理	教师打分
……	……	……	……	……	……

任务 3　动态店标的制作

【任务描述】

动画是网页中经常用到的元素，看起来很漂亮很吸引人，这种图片被称为 GIF 动画。在网店中，GIF 动画在特定的框架中可以展示多个商品，能够突出商品，给人耳目一新的感觉。

Photoshop CS5 中融合了 ImageReady 软件，为我们制作 GIF 动画提供了一个更加便捷的方法。

【任务学习目标】

1. 知识目标
- 熟悉 ImageReady 的操作环境

2. 技能目标
- 掌握 GIF 动画的制作方法
- 学会图层的应用
- 熟悉水印的制作和去除水印的方法

3. 态度目标
- 促使学生自始至终保持学习旺盛的积极性
- 培养学生遇到问题时能主动地请教，勇于克服困难

【任务实践】

制作动态广告

制作 GIF 动画需要准备几张照片，可以是不同款式，不同类型的；也可以是同款式，不同色彩的。下面我们就以一家鞋店为例子来制作 GIF 动画。

让我们来看一下需要制作动态广告的几张图片如图 3-113 所示。

图 3-113　图片素材

1）启动 Photoshop CS5 软件，然后打开文件"图 3.1.1.jpg""图 3.1.2.jpg""图 3.1.3.jpg""图 3.1.4.jpg"。

2）执行菜单栏中【窗口】－【动画】命令，弹出动画调板（图 3-114）。将图片利用移动工具一张一张拖拽到"图 3.1.1.jpg"上，图层调板上一共显示四个图层（图 3-115）。

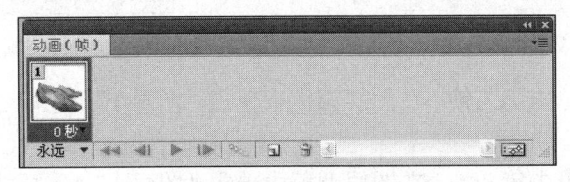

图 3-114　动画调板

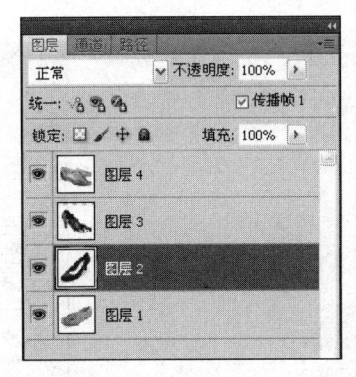

图 3-115　图层显示

3）点击动画调板上复制当前帧按钮 ，制作 3 个帧。（图 3-116）

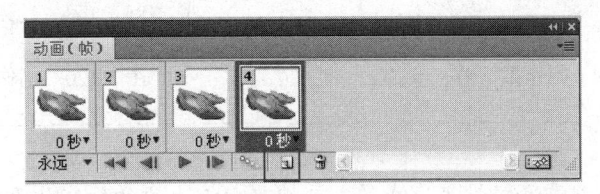

图 3-116　制作帧

4）在动画调板中单击第一帧。在图层调板中单击"图层 2""图层 3""图层 4"前面的眼睛按钮 ，将各个图层进行隐藏（图 3-117）。

5）在动画调板中单击第二帧。在图层调板中单击"图层 1""图层 3""图层 4"进行隐藏。（图 3-118）

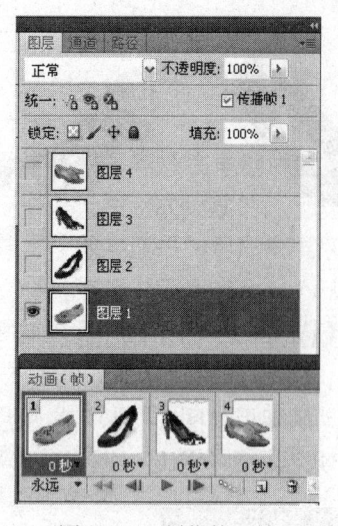

图 3-117 制作第一帧

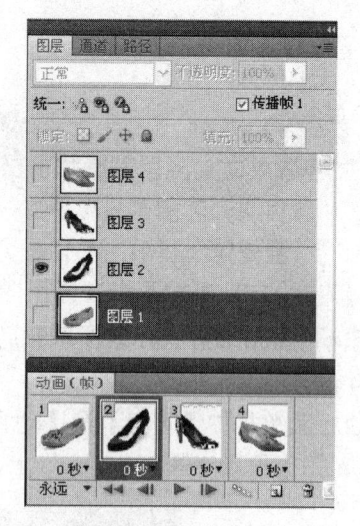

图 3-118 制作第二帧

6）在动画调板中单击第三帧。在图层调板中单击"图层 1""图层 2""图层 4"进行隐藏。（图 3-119）

7）在动画调板中单击第一帧。在图层调板中单击"图层 1""图层 2""图层 3"进行隐藏。（图 3-120）

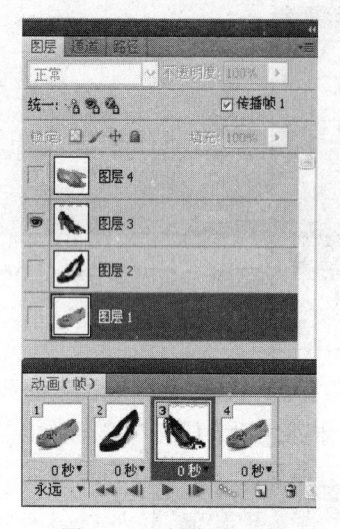

图 3-119 制作第三帧

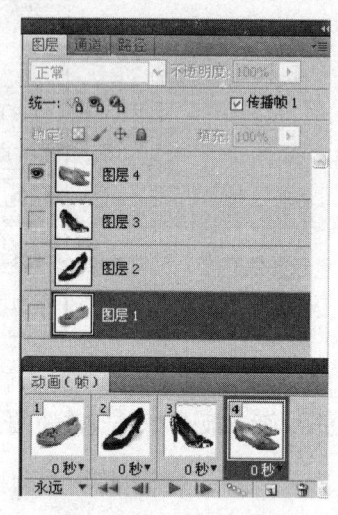

图 3-120 制作第四帧

【温馨提示】
　　动画的四个关键帧已经设置完成了，每帧画面左上角的数字代表帧的顺序，这里一共是 4 帧。下面显示的是时间，表示该帧显示到下一帧的时间间隔，点击三角符号可以调整间隔时间。动画调板最下面一行，第一个选项表示循环播放的次数，一般我们设置为"永远"。后面的按钮分别为"快退到第一帧""快退""播放/暂停""快进""淡入""复制当前帧""删除"。

8）设置动画每帧播放的间隔时间为"0.2 秒"（图 3-121），设置循环播放次数为"永远"（图 3-122）。

图 3-121　设置播放间隔时间　　　　　图 3-122　设置循环播放次数

9）单击播放按钮▶，可以看到动画的播放效果。单击暂停按钮■，停止动画的播放。

10）最后我们来保存这个 GIF 动画。首先，我们先对图像进行优化，执行菜单栏中【文件】－【存储为 Web 和设备所用格式】命令（图 3-123），弹出优化结果，完成优化后，单击存储按钮，将文件保存至目标位置即可。

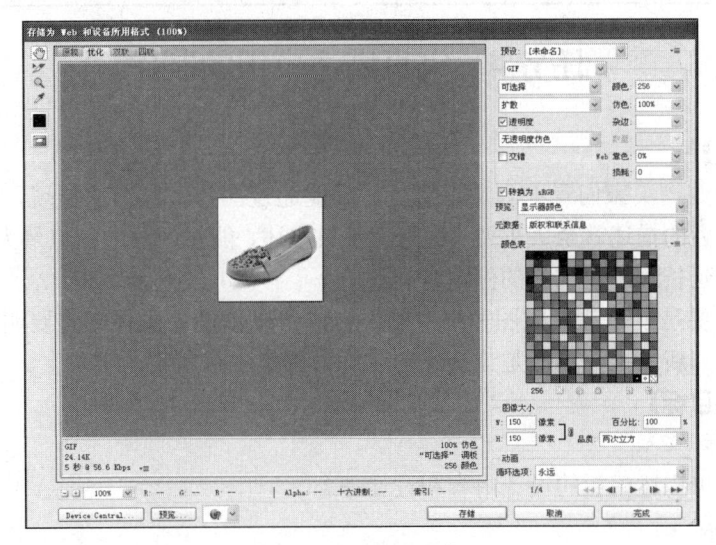

图 3-123　保存文件

【任务小结】

本项目通过制作一个女鞋店的动态店标的案例，讲述了如何利用 Photoshop 来制作 GIF 动画。重点在于插入帧、删除帧、调整图层的可见性、设置间隔时间、保存格式。经过这次的练习，希望学生能够举一反三，做出更加优秀的作品。

【任务实训】

3-3　制作一款网络饰品店的动态店标

实训目标

利用我们所学的知识，根据所提供的素材，让我们动手制作一款网络饰品店的动态店标。

实训步骤及要求

1）新建一个文档，尺寸为宽 100 像素，高 100 像素，分辨率为 72 像素/英寸，色彩模式为 RGB 颜色，背景内容为透明。

2）将所提供的素材拖拽至文件，调整大小。

3）书写文字，并描边。

4）调出动画调板，制作 5 帧，根据图层设置隐藏。并设置动画每帧播放的间隔时间为"0.5 秒"。

5）播放动画，看效果是否满意，最后保存文件。

实训成果及考核

通过学生自主动手制作，熟练 Photoshop 中动画的制作，掌握图层的使用。学生以单人操作的形式完成整个操作过程，由教师进行评比打分（见表 3-3）。

表 3-3 考核表格

学生姓名	文档大小是否正确	图片大小是否合理	动画是否正确播放	教师打分
……	……	……	……	……

任务 4　宝贝描述模板的制作

【任务描述】

由于在网上购物买家们看不到实际宝贝，只能通过图片，细节来展现，所以做到对商品详尽而又有吸引力的描述就至关重要。优秀的宝贝描述，能将产品的卖点最大化的展示，最为直接的表现就是延长客户对宝贝的停留时间。

描述模板主要是展示宝贝大图和细节的平台，所以体现的主体一定要明确，这个模板不宜放太多的广告和新品推荐，而是让买家把注意力都集中在所售的宝贝上。

【任务学习目标】

1．知识目标
- 熟悉宝贝描述模板的设计内容和设计理念

2．技能目标
- 学会用切片工具
- 掌握宝贝描述模板的制作方法

3．态度目标
- 能够在小组合作中积极与他人沟通，相互帮助，共同完成学习任务
- 充分发挥学生的想象力与创造力，提高学生的审美意识

【任务实践】

制作女装店宝贝描述模板

宝贝描述模板一般包含宝贝展示、宝贝描述、买家必读、联系我们、邮资说明等部分。

接下来，我们以女性服装店为例子，一起动手来制作一个宝贝描述模板。

1）运行 Photoshop CS5 软件，新建一个文档，尺寸为宽 710 像素，高 1000 像素，分辨率为 72 像素/英寸，色彩模式为 RGB 颜色，背景内容为白色。（图 3-124）

图 3-124　新建文件

2）按快捷键 Ctrl+O 打开文件"图 4.1.1.jpg"，放置在新建的文档中（图 3-125）。
3）选择工具箱中文字工具输入文字"宝贝描述""宝贝展示""买家须知""邮资说明"。
4）按快捷键 Ctrl+O 打开文件"图 4.1.2.jpg"，放置在文字的前面。然后选中移动工具，按键盘中 Alt 键复制图层，拖动至下一列文字前面。依次做出下面的效果（图 3-126）。

图 3-125　放置图片　　　　　　　　图 3-126　输入文字、放置图标

5）按快捷键 Ctrl+O 打开文件"图 4.1.3.jpg"，放置在文件的正下方。按快捷键 Ctrl+O 打开文件"图 4.1.4.jpg"，复制图层并放置在每段文字的后面（图 3-127）。

6）这时，宝贝描述模板基础设计已经完成了。下面将设计好的图片进行切片。

7）单击工具箱中的切片工具，我们要根据文字和图片进行切片，注意要保持图像的完整性（图3-128）。绘制时，可拖动四周的调整框来逐步完善切片。

图3-127　放置图片　　　　　　　　　　图3-128　进行切片

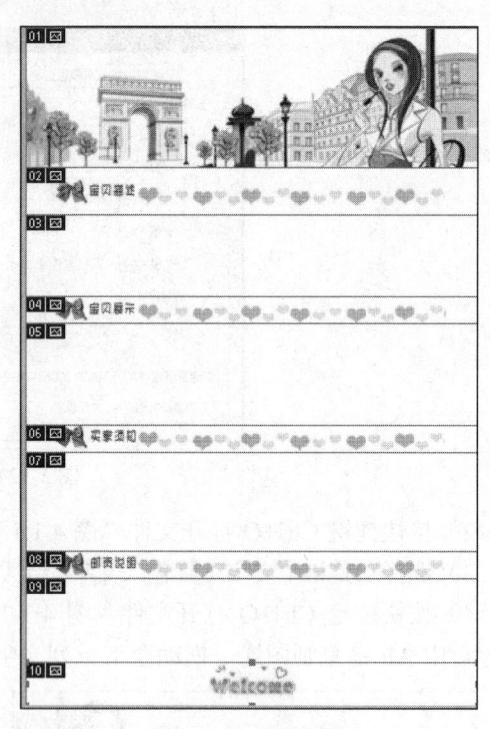

8）执行【文件】-【存储为Web和设备所用格式】命令，弹出图像优化对话框（图3-129），点击存储，选择HTML和图像格式（图3-130）。存储后效果如下（图3-131）。

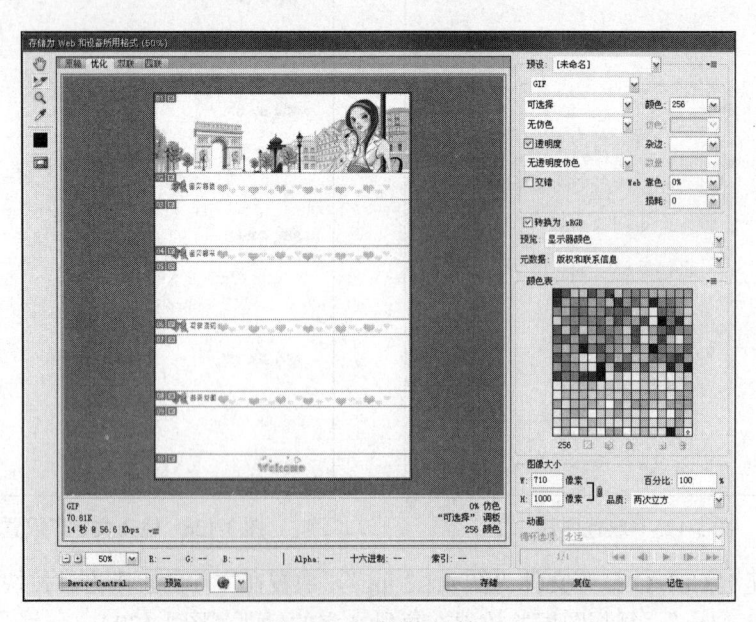

图3-129　存储对话框

图 3-130　存储格式　　　　　　　　　图 3-131　存储后效果

9）这样，我们就能使用 Dreamweaver 进行网页编辑，插入代码进行网店的宝贝描述网页编辑了。

【任务小结】

本项目通过制作女装网店的宝贝描述模板例子，讲述了切片工具的使用、宝贝描述模板的制作一般过程和保存的注意事项。在制作中我们更应该注重切片工具的使用，这样在后期制作网页时，就不会出现图像部分元素重复的现象。

【任务实训】

3-4　制作宝贝描述模板

实训目标

利用我们所学的知识，根据所提供的素材，让我们动手制作一个淘宝店铺的宝贝描述模板。

实训步骤及要求

1）新建一个文档，尺寸为宽 710 像素，高 1200 像素，分辨率为 72 像素/英寸，色彩模式为 RGB 颜色，背景内容为白色。

2）在背景层添加从浅蓝色（R:210、G:240、B:209）到白色（R:255、G:255、B:255）的线性渐变。放置素材 1，调整位置使其与背景恰当融合。

3）将其他素材放置在合适的位置，并调整大小。

4）输入文字"宝贝描述""宝贝展示""买家须知""欢迎光临"，并改变文字颜色。

5）利用切片工具进行切片处理。

6）将切好的图片存储为 HTML 和图像格式。

实训成果及考核

通过学生自主动手制作，熟练 Photoshop 中切片工具的应用，掌握切片后的存储方法。学生以单人操作的形式完成整个操作过程，由教师进行评比打分（见表 3-4）。

表 3-4　考核表格

学生姓名	文档大小是否正确	图片大小过渡是否合理	切片是否正确	保存格式是否正确	教师打分
……	……	……	……	……	……

【知识拓展】

想设计一个优秀的网店，不止是需要软件技巧，更加需要提高自身的审美意识，这样才不至于落入俗套的设计，自身的发展也会越走越好。

适当的色彩能够抒发情感，激发出人们的兴趣。赏心悦目的色彩搭配也是吸引买家驻足的很好方法。下面，就和大家分享一些网店色彩搭配的经验技巧。

红色：喜庆的色彩。具有刺激效果，给人热情，活力的感觉。常常用于婚庆用品店铺、民族风情、及各种节日装扮等。

橙色、黄色、粉色、紫色：具有轻快、可爱、浪漫、神秘、温馨、时尚的感觉。常常用于日韩服饰、饰品店铺、家居行业等。

绿色、蓝色：显得凉爽、清新、宁静、健康、安全。和淡白搭配，产生优雅、舒适的气氛。常常用于护肤品、日用品店铺等。

黑色、灰色：具有深沉、神秘、寂静的感觉。常常用于男士时装、科技数码产品等。

白色：具有整洁、明快、高贵的感觉。常常用于高端产品等。

项目四　网店开设

【案例引入】

小秦是河南省理工学校电子商务专业 2007 届的学生，由于学校离市区较远，到市区买日用品和衣服之类的很麻烦，每到双休日前一天，小秦都先上网浏览找好东西，第二天直接去买。2008 年 2 月的一天她无意中在淘宝网上看中了一款喜欢的衣服，而且当时网上标价只有 120 元，只有商场平时价格的三分之一，她就抱着试试看的态度把钱汇了过去。过了几天，她真的收到了想买的衣服，当时觉得好开心。"网上购物成功后，我忽然萌生了一种想法，觉得任何事情你不尝试就不知道结果。"小秦说。

在体验了一段网上购物的快乐时光后，小秦发现网上购物很是便捷。"学校离市区远，买东西不方便，我觉得其他学生也会接受便捷的网上购物，我有一些饰品货源，于是我萌生了在网上开店的念头。"

想到便做，从购买电脑、数码相机和扫描仪等硬件设备开始，小秦在淘宝开起饰品小店。

由于是刚刚开店，在网上没有一点信誉度，货物挂在网上根本无人问津。好不容易挨了一个月，一位附近学校的学生终于发来信息，购买其中的一件饰品。随着时间的推移，她的店在网上慢慢地有了知名度，生意也好了起来，而且不再局限于附近的学校。现在，小秦的店铺营业额已可以做到八千元了，利润也有三千元。

现在小秦已经毕业，网店规模也扩大了，经营品种也丰富起来。与同龄人相比，虽然她很忙碌，但是过得很充实。

思考：你在网上买过东西么？你知道网上哪些东西卖的比较好？你有兴趣去网上开店么？你知道开店前要做哪些准备么？

任务1　淘宝探索

【任务描述】

选好网络开店平台是进行网上开店的第一步，本任务主要以目前国内知名度较高的淘宝来介绍网络平台这种模式的特点。

【任务学习目标】

1. 知识目标
- 了解目前最大的 C2C 网上交易平台
- 分析和比较淘宝的特点、优点
- 了解淘宝上开店的优势

2. 技能目标
- 学会分析不同网络平台的特点
- 选择适合自己开店的网络平台

3. 态度目标
- 锻炼学生的分析思考能力
- 加强学生对网购购物模式的了解和认识

【任务实践】

自己开店做老板，是许多人的梦想，随着网络技术的发展，网上开店给人们提供了一个实现梦想的契机。网上开店没有复杂的程序，不需要昂贵的店面租金，也无需仓库，同时上手容易，利润也客观。对于希望开店创业又难以投入太多资金的人来说，开网店无疑是较好的选择。

商业流通领域著名的"三原则"认为：开店成功的关键第一是选址，第二是选址，第三还是选址。网上开店也需要选址——选择一个好的网上开店平台。最近几年，国内这类提供网上开店服务的网站蓬勃发展。

任务 1.1　国内最大的 C2C 模式购物平台：淘宝网

1. 淘宝网的发展

淘宝网（www.taobao.com）由阿里巴巴公司（中国）网络技术有限公司创立，创立之初就实施三年的免费政策，短短几年淘宝网迅速成长为国内 C2C 交易市场的排头兵，创造了互联网电子商务企业的发展奇迹。对于横空出世的淘宝网，eBay 总裁惠特曼曾预言它只能活 18 个月。然而时至今日，淘宝网反超了 eBay 易趣。2011 年上半年淘宝网的注册用户规模已超过 eBay 易趣，其成交额上的优势将持续扩大。阿里巴巴公司凭借成功的营销策略，依托其在 B2B 市场的经验和服务能力，用亿元倾力打造淘宝。他希望以灵活的符合中国人交易习惯的方式操作网上交易，旨在真正为中国人上网购物及交易提供一个优秀的电子商务平台。目前，我国网民的大部分网购商品首选购物网站是淘宝网。淘宝网用户市场份额达 84.6%，处于绝对领先地位。

从用户对购物网站的忠诚度看，淘宝网用户忠诚度最高，半年前使用淘宝网的用户半年后还有 94.6%的用户继续使用。可见淘宝无论在市场份额还是客户忠诚度上都拥有绝对的优势。淘宝网目前已经成为中国领先亚洲最大的个人电子商务交易平台。根据中国网络发展研究中心报告显示，以成交金额衡量，淘宝在整个中国 17 亿美元的在线拍卖领域获得了 72%的市场分额，而 eBay 易趣只有 27%。淘宝网改变了中国电子商务的格局。

2. 淘宝网发展火热的原因

1）庞大用户群体。中国是世界上人口最多的国家。中国网民每年以 8000 万左右的速度增加，到 2013 年初，中国网民数量达到了 6 亿人，到 2013 年底网民数量突破 6.5 亿。中国拥有庞大的潜在网上购物的群体，大学生和上班族是淘宝网的主要消费人群。

2）淘宝网经营成本低。经营风险低，只要你稍稍懂电脑，再加上人勤快，就能开店。只要你用心学，努力学一定可以把网店做好。机会只留给有胆识，有想法，有自信的人。坚持就是胜利，希望就在前方。

3）淘宝网支付宝，口号"因为信任，所以简单"。支付宝的推出，使得交易更加方便，安全，快捷，实现安全支付。支付宝的第三方凭证，让人们能放心购买。支付宝目前已经与国内工商银行、农业银行、建设银行、招商银行、上海浦发银行等各大商业银行以及中国邮政、VISA 国际组织等各大机构建立了深入的战略合作，是金融机构在电子支付领域最为信任的合作伙伴，也是"网购一族"最喜欢使用的一种支付手段。支付宝作为现今最为流行的网络支付平台，是喜欢网络购物的朋友最为信赖的交易方式之一。

3. 淘宝网营销战略

（1）淘宝网电子商务模式

商务模式策略：淘宝网所提供的是用户对用户的交易模式，其特点类似于现实商务世界中的跳蚤市场。其构成要素，除了买卖双方外，还包括淘宝网所提供的交易平台，也即类似于现实中的跳蚤市场场地提供者和管理员。在这个 C2C 模式中，淘宝网扮演着举足轻重的作用。首先，网络是一个虚拟却又庞大的区域。如果没有一个像淘宝网这样知名的（依托在阿里巴巴），让交易双方信任的电子商务平台来联系买家与卖家，那买卖双方是很难完成交易的。其次，淘宝网还担负着对交易过程和买卖双方信用的监督和管理职能，最大限度地防止网络欺骗的产生。再次，淘宝网为买卖双方提供技术支持服务。现在，淘宝网能够为卖家建立网上的个人店铺，发布商品信息。帮助买家快速地查找所需商品，实现电子支付。正是由于有了这样的技术支持，C2C 的模式才能够短时间内迅速为广大普通用户所接受。因此，在这个电子商务模式中，淘宝网是一个至关重要的角色。它的成功与否直接影响着这个商务模式的运作。由此可见，买家、卖家、成熟的电子商务平台三者之间互依互存，不可分割。它们共同组成了目前中国 C2C 这种电子商务模式的基本要素。

（2）支付宝的优势和服务

支付宝公司从 2004 年建立开始，始终以"信任"作为产品和服务的核心。不仅从产品上确保用户在线支付的安全，同时让用户通过支付宝在网络间建立起相互的信任，为建立纯净的互联网环境迈出了非常有意义的一步。支付宝交易是互联网发展过程中一个创举，也是电子商务发展的一个里程碑。支付宝品牌以安全、诚信赢得了用户和业界的一致好评。

（3）淘宝网与国内知名物流的紧密合作

淘宝网与申通、宅急送、圆通、天天等国内知名物流公司紧密合作。物流系统的加入将更坚固网络交易的安全性，进一步防止了欺诈行为，提高支付宝的运作效率。

（4）特色的聊天工具阿里旺旺

首先，让买家购物更方便、更贴心。交易提醒让您随时了解交易状态。直接搜索商品，快速进入淘宝网，免去登录麻烦。其次，为了保障买家消费权益，万一发生交易纠纷，聊天记录可作为证据来解决纠纷。另外还可以直接向好友支付款项，方便更快捷。再次，让买家享受更多优惠。帮买家成为淘宝 VIP 会员，购物更便宜。购物折扣区，享受更多优惠。最后，可以与买家的好友亲密无间。第一时间关注好友的日志、照片、分享等淘江湖动态，随时与好友分享心情和购物心得。

4. 淘宝网网络营销策略分析

（1）市场定位：稳、准

淘宝网比起网络大卖家 eBay 易趣，是属于市场的后入者，在市场位置中扮演的是市场竞争者的角色，虽然"志在九鼎而不问鼎"，从不把这种想法表露出来，也不夸口自己的雄心，而是以平和的心态，努力把市场做好。

（2）体验营销策略

免费就是硬道理。众所周知，淘宝是中国第一家免费的 C2C 网站。从其 2003 年 7 月正式上线，淘宝就做出了"三年免费"的承诺，免费是投入的一种表现方式，免费是保护当前网上交易双方利益的措施，也是体现公平竞争规则的现实选择。

（3）品牌娱乐策略

据2011年4月针对北京、上海、广州、深圳、杭州、南京、武汉等大型经济发达城市的调查结果显示，淘宝网的品牌知名度已经达到96%，并成为了41%消费者首选的购物网站。在品牌形象方面，淘宝网在年轻、时尚、有乐趣、新奇、进取等指标上遥遥领先竞争对手。

（4）广告攻势

淘宝网的推广，最初就完全依靠口口相传，这种方式给淘宝网的进一步发展打开了坚实的基础，接下来淘宝网采用"农村包围城市"的策略。按当时的情况来说，淘宝网是没有办法在门户网站做广告的，那时候国家加紧了对短信的规范力度，使得一批靠短信业务赖以为生的中小型网站和个人网站失去了利润来源。在此情况下，淘宝网就针对这些中小型网站和个人网站做了大规模的推广。

1)"强迫式广告"。在一段时间里，只要用户打开一些网站，马上就会弹出淘宝网的页面，次数十分繁多，甚至有些让人反感。但仔细想想，也正是这些另人头疼的广告频繁出现，才让大家记住了这个网站。虽然无赖，却也为淘宝网赚了一些知名度。"强迫式"广告的攻势在一定程度上还是很有效的。不管怎样，淘宝网的广告策略成功了。

2)"地毯式广告"。淘宝网也尝试了一些一般同类网站采用的广告推广形式，例如在平面媒体、电视媒体以及户外媒体投放广告，甚至在公交车的拉手上也都可以看到淘宝网的广告等。肯花大力气在不同媒体上上投放广告，进行地毯式的覆盖，猛烈轰炸，使得淘宝网得以快速地、大规模地推广。

任务1.2 网上开店需要具备的前提

不是所有的人都适合网上开店，不是所有商品都适合网上销售。在网上开店之前就应该分析自己是不是具备网上开店的条件。那么网上开店要什么条件呢？

1. 开网店应该选择适宜的商品

要在网上开店，首先就要有适宜通过网络销售的商品。并非所有适宜网上销售的商品都适合个人开店销售。网上开店销售的商品一般具备下面的条件：

1）体积较小，主要是方便运输，降低运输的成本。
2）附加值较高，价值低甚至低于运费的单件商品是不适合网上销售的。
3）具备独特性或时尚性，价格较合理。
4）通过网站了解就可以激起浏览者的购买欲。如果这件商品必须要亲自见到才可以达到购买所需要的信任，那么就不适合在网上开店销售。

根据以上的条件，目前适宜在网上开店销售的商品主要包括首饰、数码产品、电脑硬件、手机及配件、保健品、成人用品、服饰、化妆品、工艺品、体育与旅游用品等等。

2. 开网店要结合个人能力

要开一个盈利的网店，需要经营者有良好的个人能力。主要包括以下方面：

1）良好的市场判断能力，可以选择出适销对路的商品。
2）良好的价格分析能力，既要进到价格更低的商品，又要将商品标出一个适宜的出售价格。
3）良好的网络推广能力，可以通过各种方式让更多的浏览者进入自己的网店而不是坐等顾客上门。
4）敏锐的市场观察力，可以随时把握市场的变化，据此调整自己的经营商品与经营方式。

5）热情的服务意识，可以通过良好的售后服务建立起自己的忠实客户群体。

3. 适宜开网店的人群

目前在网上开店的人群主要有以下几类：

1）在校学生：在校学生主要是指大学生。因为学业压力较小，可以有时间进行商品的采购，进行网上的交易。

2）自由职业者：网上开店因为手续简单、投资较少、容易操作成为许多自由职业者的选择。

3）网下开店经营者：许多有实体店面的经营者在网上也开店，将生意渠道扩展到网上，增加一个销售渠道。

4）收藏爱好者：收藏者的收藏品往往都是一些市场上不容易看到的，开一个网店进行销售，通常效果不错。

5）拥有特别进货渠道的经营者：一些有特别进货渠道的人在网上开店效果都不错。因为进货渠道特别，比如海关罚没品、国外带回来的商品。这些商品通常价格比较低，或者在国内不常见，可以取得不错的收入。

【任务小结】

网上开店必须选好一个好的网络平台。目前淘宝是被大众熟知并有很高知名度的一个C2C交易平台。网上理论上可以销售所有商品，但是结合目前我国物流公司的发展状况，有些商品不适合在网上销售。只有选择好对的商品和正确的网络平台，才能为开店成功打下坚实的基础。

【任务实训】

4-1 第三方网络平台的选择

实训目标：

了解不同的网络平台的特点及实际运用情况。

实训步骤和要求：

1）利用网络了解国内人气最高的网上交易平台——淘宝网。

2）写出一份选定C2C网上交易平台理由和依据的书面说明。

实训成果及考核：

学生学会分析淘宝网的销售特点，学会分析淘宝上热卖的宝贝类型。要求每个学生提交一份总结，学生之间互评，教师进行打分。考核表如表4-1所示。

表 4-1 考核表格

学生名字	淘宝网特点	热卖商品	学生选择的平台和原因	教师打分
……	……	……	……	……

任务2 网上银行的申请与淘宝网的实名认证

【任务描述】

学会开通网上银行以及了解网上银行的功能和特点，每个银行具体开通过程可能不完全相同,本书主要以建行为例进行介绍网上银行的申请流程和过程,以及个人如何完成淘宝网的实名认证。

【任务学习目标】

1. 知识目标
- 了解网上银行的发展和特点
- 掌握网上银行的申请过程
- 学会在淘宝上进行实名认证

2. 能力目标
- 会使用网银进行相关支付与转账等基本操作
- 能够独立的完成淘宝网的实名认证

3. 态度目标
- 对网上银行的功能有更深一步的认识
- 学会使用网银解决实际的问题,对银行的功能有更全面的认识
- 知道实名认证是在淘宝上开店的基础

【任务实践】

淘宝网上每天都有成千上万的交易发生,为了顺利在淘宝网上开店,为了解决网上买卖双方达成交易后的支付问题,开通网上银行是必需的。阿里巴巴公司与各大银行合作大力推行网上支付,交易双方只要凭信用卡开通网上银行业务,就可以与支付宝无缝连接,将资金从网上银行账户转账到支付宝账户,顺利地利用支付宝完成交易。你知道如何开通网银么?开通网银后又如何通过实名认证呢?

任务 2.1 网上银行简介

网上银行(Internetbank or E-bank),包含两个层次的含义:一个是机构概念,指通过信息网络开办业务的银行;另一个是业务概念,指银行通过信息网络提供的金融服务,包括传统银行业务和因信息技术的应用带来的新兴业务。在日常生活和工作中,我们提及网上银行,更多是第二层次的概念,即网上银行服务的概念。网上银行业务不仅仅是传统银行产品简单向网上的转移,其他服务方式和内涵也发生了一定的变化,而且由于信息技术的应用,又产生了全新的业务品种。

网上银行又称网络银行、在线银行,是指银行利用网络技术,通过网络向客户提供开户、查询、对账、行内转账、跨行转账、信贷、网上证券、投资理财等传统服务项目,使客户可以足不出户就能够安全便捷地管理活期和定期存款、支票、信用卡及个人投资等。可以说,网上银行是在网上的虚拟银行柜台。

网上银行又被称为"3A 银行",因为它不受时间、空间限制,能够在任何时间(Anytime)、任何地点(Anywhere)、以任何方式(Anyway)为客户提供金融服务。

任务 2.2 网上银行的特点

1. 全面实现无纸化交易

以前使用的票据和单据大部分被电子支票、电子汇票和电子收据所代替;原有的纸币被电子货币,即电子现金、电子钱包、电子信用卡所代替;原有纸质文件的邮寄变为通过数据通

信网络进行传送。

2. 服务方便、快捷、高效、可靠

通过网络银行，用户可以享受到方便、快捷、高效、可靠的全方位服务。可以在任何有需要的时候使用网络银行服务，不受时间、地域的限制，即实现 3A 服务（Anywhere, Anyhow, Anytime）。

3. 经营成本低廉

由于网络银行采用了虚拟现实信息处理技术，网络银行可以让银行在保证原有的业务量不降低的前提下，减少营业点的数量。

4. 简单易用

网上 E-mail 通信方式也非常灵活方便，便于客户与银行之间以及银行内部的沟通。

任务 2.3　网上银行的服务功能

商业银行提供的基本网上银行服务包括：在线查询账户余额、交易记录，下载数据、转账和网上支付等。

1. 网上投资

由于金融服务市场发达，可以投资的金融产品种类众多，国内的网上银行一般提供包括股票、期权、共同基金投资和 CDS 买卖等多种金融产品服务。

2. 网上购物

商业银行的网上银行设立的网上购物协助服务，大大方便了客户网上购物，为客户在相同的服务品种上提供了优质的金融服务和相关的信息服务，加强了商业银行在传统竞争领域的竞争优势。

3. 个人理财助理

个人理财助理是国内网上银行重点发展的一个服务品种。各大银行将传统银行业务中的理财助理转移到网上进行，通过网络为客户提供理财的各种解决方案，提供咨询建议，或者提供金融服务技术的援助，从而极大地扩大了商业银行的服务范围，并降低了相关的服务成本。

4. 企业银行

企业银行服务是网上银行服务中最重要的部分之一。其服务品种比个人客户的服务品种更多，也更为复杂，对相关技术的要求也更高，所以能够为企业提供网上银行服务是商业银行实力的象征之一。一般中小网上银行或纯网上银行只能部分提供，甚至完全不提供这方面的服务。

企业银行服务一般提供账户余额查询、交易记录查询、总账户与分账户管理、转账、在线支付各种费用、透支保护、储蓄账户与支票账户资金自动划拨、商业信用卡等服务。此外，还包括投资服务等。部分网上银行还为企业提供网上贷款业务。

5. 其他金融服务

除了银行服务外，大商业银行的网上银行均通过自身或与其他金融服务网站联合的方式，为客户提供多种金融服务产品，如保险、抵押和按揭等，以扩大网上银行的服务范围。

任务 2.4　网上银行个人认证介质

1. 密码

密码是每一个网上银行必备有认证介质，记得要使用安全好记的密码。但是密码非常容易被木马盗取或被他人偷窥。

特点：安全系数 30%，便捷系数 100%。

2. 文件数字证书

文件数字证书是存放在电脑中的数字证书，每次交易时都需用到，如果顾客的电脑没有安装数字证书是无法完成付款的；已安装文件数字证书的用户只需输密码即可。

未安装文件数字证书的用户安装证书需要验证大量的信息，相对比较安全。

但是文件数字证书不可移动，对经常换电脑使用的用户来说不方便（支付宝等虚拟的？一般验证手机，而网上银行一般要去银行办理）；而且文件数字证书有可能被盗取（虽然不易，但是能），所以不是绝对安全的。

特点：安全系数 70%，便捷系数 100%（家庭用户），30%（网吧用户）。

提供商：招商银行、中国农业银行

3. 动态口令卡

动态口令卡是一种类似游戏的密保卡样子的卡，如图 4-1。

卡面上有一个表格，表格内有几十个数字。当进行网上交易时，银行会随机询问你某行某列的数字，如果能正确地输入对应格内的数字便可以成功交易，反之不能。

电子银行口令卡正面　　　　电子银行口令卡背面（刮开后的示意图）

图 4-1　中国工商银行动态口令卡

动态口令卡可以随身携带，轻便，不需驱动，使用方便。但是如果木马长期在你的电脑中，可以渐渐地获取你的口令卡上的很多数字，当获知的数字达到一定数量时，你的资金便不再安全，而且如果在外使用，也容易被人拍照。

特点：安全系数 50%，便捷系数 80%

提供商：中国工商银行、中国农业银行

4. 动态手机口令

当你尝试进行网上交易时，银行会向你的手机发送短信，如果你能正确地输入收到的短信则可以成功付款，反之不能。

不需安装驱动，只需随身带手机即可，不怕偷窥，不怕木马。相对安全。

但是必须随身带手机，手机不能停机（手机停机，无法付款；无法付款，就会一直停机。就像给证明就给开箱，不开箱没有证件就无法证明一样了），不能没电，不能丢失。而且有时通信运营商服务质量低导致短信迟迟没到，影响效率。

特点：安全系数 80%~90%，便捷系数 80%（手机随身，话费充足，信号良好）。
提供商：招商银行、中国工商银行、光大银行、邮政储蓄银行

5. 移动口令牌

类似梦幻西游的将军令，一定时间换一次号码。付款时只需按移动口令牌上的键，这时就会出现当前的代码。一分钟内在网上银行付款时可以用凭这个编码付款。如果无法获得该编码，则无法成功付款。

不需要驱动，不需要安装，只要随身带就行，不怕偷窥，不怕木马。口令牌的编码一旦使用过就立即失效，不用担心我付款时输的编码被人看到后在一分钟内再付款。

特点：安全系数 80%~90%，便捷系数 80%。
提供商：中国银行

6. 移动数字证书

移动数字证书，工行叫 U 盾，农行叫 K 宝，建行叫网银盾，光大银行叫阳光网盾，在支付宝中的叫支付盾，如图 4-2。

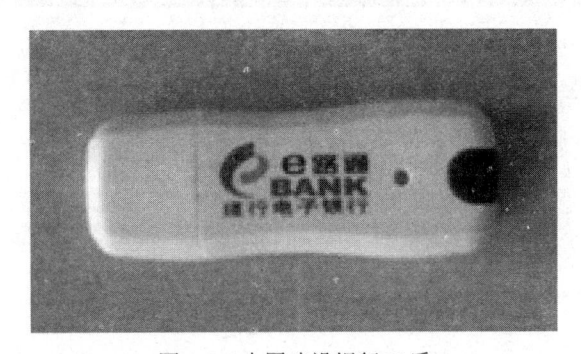

图 4-2　中国建设银行 U 盾

它存放着你个人的数字证书，并不可读取。同样，银行也记录着你的数字证书。当你尝试进行网上交易时，银行会向你发送由时间字串，地址字串，交易信息字串，防重放攻击字串组合在一起进行加密后得到的字串 A。你的 U 盾将根据你的个人证书对字串 A 进行不可逆运算得到字串 B，并将字串 B 发送给银行，银行端也同时进行该不可逆运算。如果银行运算结果和你的运算结果一致便认为你合法，交易便可以完成，如果不一致便认为你不合法，交易便会失败。

特点：安全系数 95%，便捷系数 50%（持有需要驱动的移动数字证书的网吧用户）。
提供商：中国工商银行、中国农业银行、中国建设银行、招商银行、光大银行和民生银行

从目前情况来看，现行网上银行一般都是密码+后五种中的一种。

从安全角度，移动数字证书最安全因为只要不丢失是万无一失的；手机动态口令、移动口令牌二种也很安全，但是最好不要被偷窥。

从便捷角度，家庭用户使用文件数字证书最方便，付款只需密码即可，而且也比较安全。网吧用户使用免驱移动数字证书（暂时没有银行提供，招行虽然免驱但是要安客户端）、动态口令牌、手机动态口令、动态口令卡方便。

从经济角度，文件数字证书、动态口令卡、动态手机口令不需费用或很低。而移动数字证书（一般 30 元至 70 元不等，看具体牌子）、动态口令牌（一般 66 元左右）费用较高。

任务 2.5　网上银行的开通

各个银行开通网银的流程大致一样，但是具体步骤可能不同，我们以建行的网银开通为例，来介绍如何开通网银。

已持有建行龙卡的客户可通过下面两种方式开通建行个人网上银行：方式一：登录建行信息服务网站 www.ccb.cn 直接开通建行个人网上银行服务；方式二：到建行营业网点签约建行个人网上银行。选择任何一种方式开通建行个人网上银行服务后，都可以进行网上缴纳公务员考试报名费。两种方式的网上银行服务开通详细流程如下：

1. 网上申请方式

1）登录建行服务网站 www.ccb.com，单击"网上银行服务"，如图 4-3。

图 4-3　中国建设银行首页

2）点击页面左边蓝色字体的"马上开通网上银行"，根据自己的业务需要选择其中的一种开通，如图 4-4。

图 4-4　网上银行开通指南

3）根据页面提示，阅读《中国建设银行网上银行服务协议》，填写《中国建设银行网上银行个人申请表》。需要注意的是，您所填写的信息必须真实，填写的账号信息，必须是用户本人在建行开立的实名留密账户，否则无法注册成功，如图4-5、图4-6。

图4-5　网上银行开通协议

图4-6　开通网银相关信息填写

4）用户信息填写完成后，确认无误，请点击"确定"按钮。

5）页面提示申请成功，如下图，该页面在4秒钟内跳转至登录页面。这时您已经开通了建行网上银行，可以进行相关的功能使用了，如图4-7。

2. 直接到建行网点签约个人网上银行

1）携带本人建行账户、开户证件到任一建行营业网点，如实填写《中国建设银行电子银行服务个人客户申请表》并交给网点营业人员。

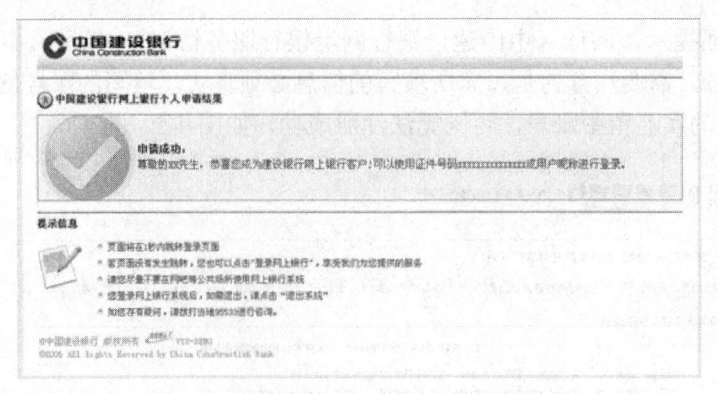

图 4-7 开通网银信息提交

2）建行营业人员为你办理完签约手续后退回一联，在银行打印栏内打印出你要签约的账户，由你签字确认。

3）你需要在 7 天内登录建行网站 www.ccb.com，单击"个人网上登录"，如图 4-8。

图 4-8 个人网银的登录首页

4）输入客户姓名，设置网银交易密码后提交如图 4-9，图 4-10。

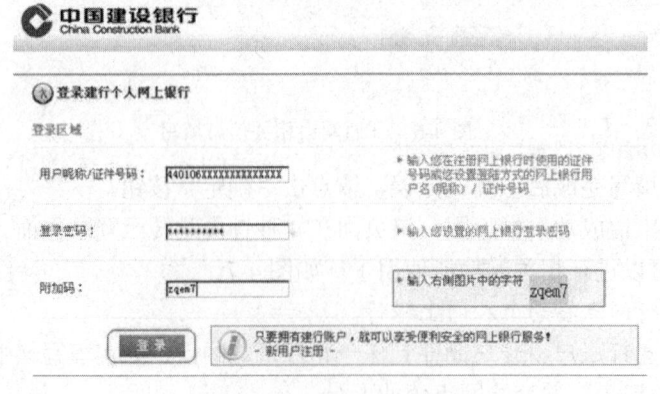

图 4-9 填写相关信息

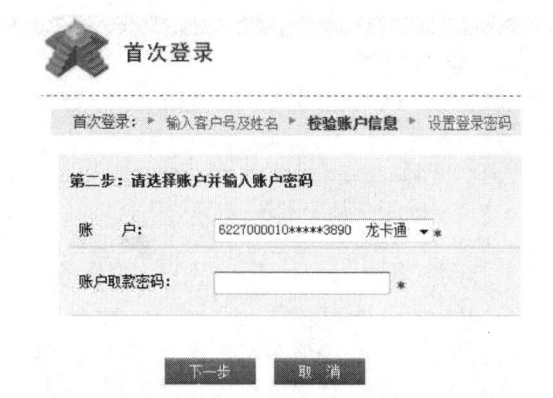

图 4-10 输入账号密码

5）进入证书下载页面，下载证书，如图 4-11。

图 4-11 提示银行证书下载

6）按照提示下载证书，直到提示证书安装成功，如图 4-12，图 4-13。

图 4-12 生成证书

图 4-13　证书下载成功

任务 2.6　淘宝注册会员与实名认证

1. 淘宝会员的注册

对于很多第一次接触淘宝的新手，不知道怎么注册淘宝账号是正常的。那么究竟新手该如何在淘宝网上注册会员账号呢？下面就介绍新手如何注册淘宝账号。

第一步，进入淘宝官网 www.taobao.com。点击左上角的"免费注册"，如图 4-14。

图 4-14　淘宝网首页

第二步，依据图 4-15 填写自己的相关账户信息。
第三步，验证账户信息，短信获取校验码，输入手机号码，如图 4-16。
第四步，验证账户信息，输入校验码，最后激活账户即可。

图 4-15 注册账户名

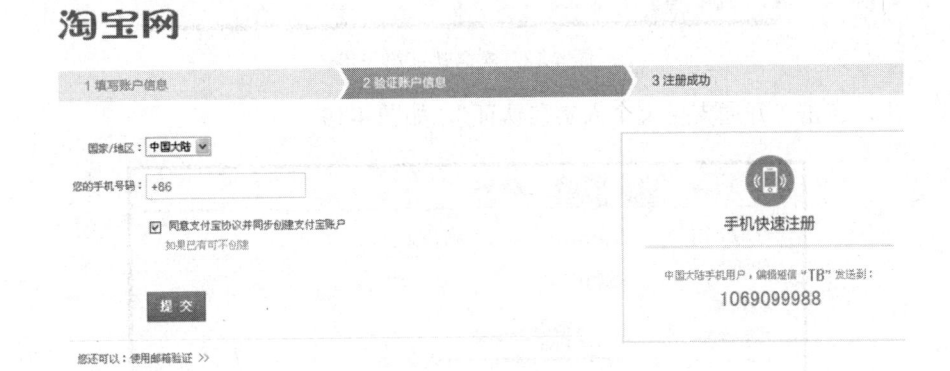

图 4-16 验证手机号

2. 实名认证

若需要在淘宝上开设店铺出售商品、享受 VIP 会员特权，都需要先进行实名认证。申请实名认证流程如下：

第一步，进入"卖家中心"，点击"我要开店"或"免费开店"。在"开店认证"处点击"开始认证"，如图 4-17、图 4-18。

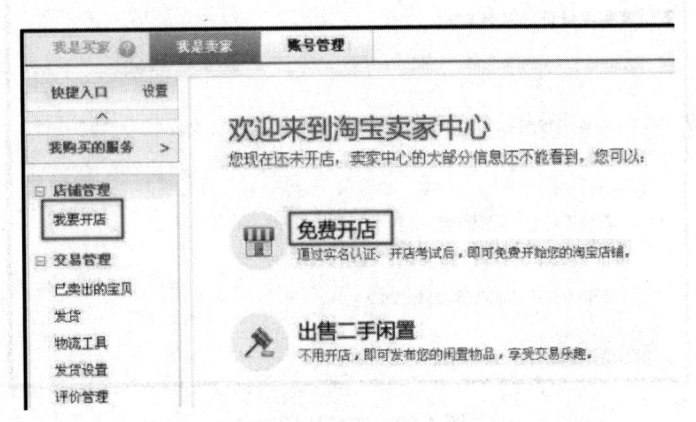

图 4-17 卖家中心后台

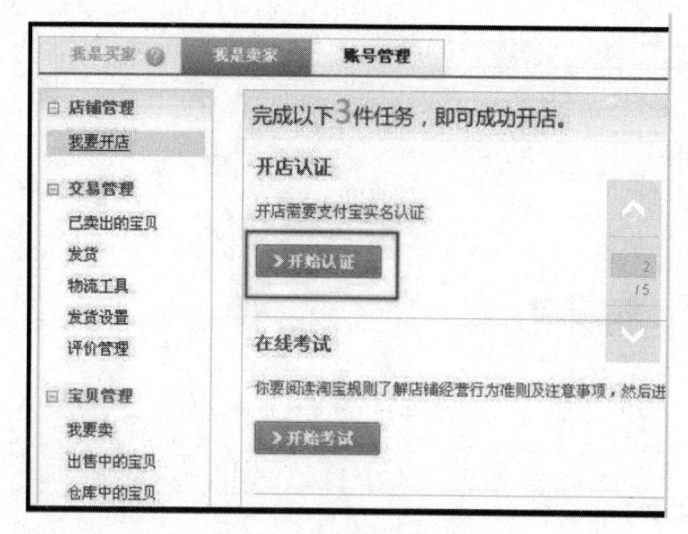

图 4-18　实名认证第一步

第二步，点击"开通支付宝个人实名认证"，如图 4-19。

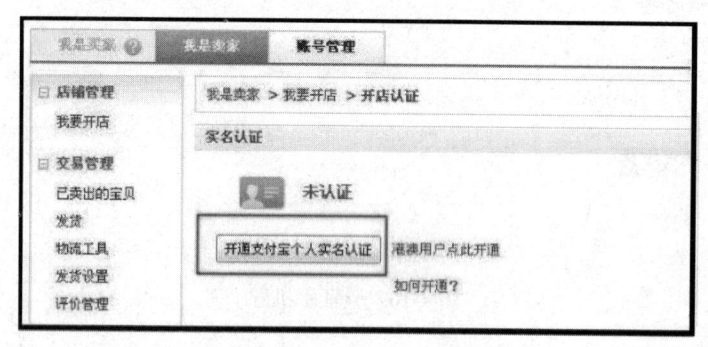

图 4-19　支付宝实名认证

第三步，确认你是否已经满 18 周岁，并同意《支付宝实名认证服务协议》，如图 4-20。

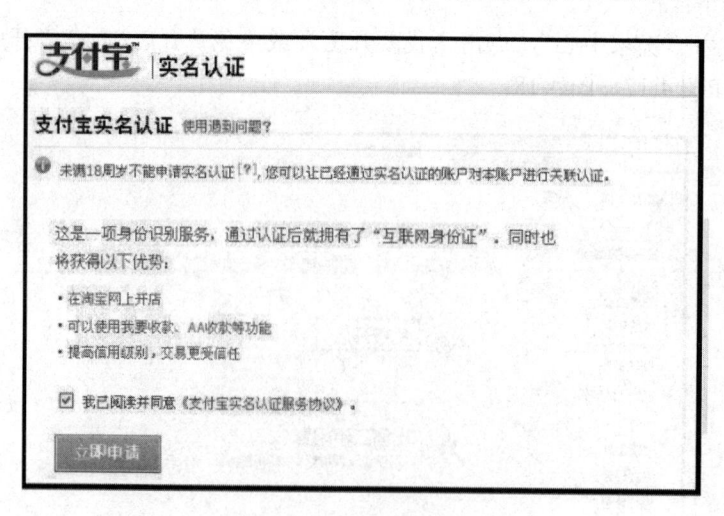

图 4-20　实名认证协议

第四步，个人实名认证有两种认证方式。
方式一　快捷认证（含卡通）。
方式二　通过确认银行汇款金额来进行认证，具体步骤如图 4-21 至图 4-29。

图 4-21　实名认证选择

图 4-22　同意认证相关协议

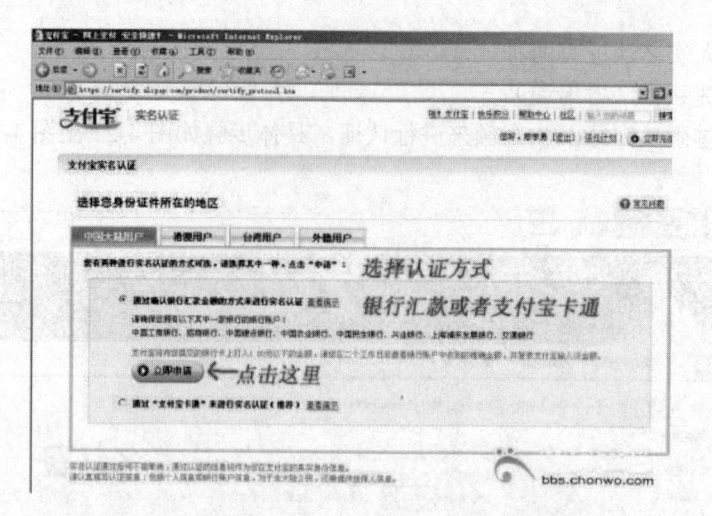

图 4-23　申请实名认证

图 4-24　选择认证方式

图 4-25　上传自己的照片和身份证相关信息

项目四　网店开设

图 4-26　选择银行相关信息

图 4-27　确认个人信息及银行信息

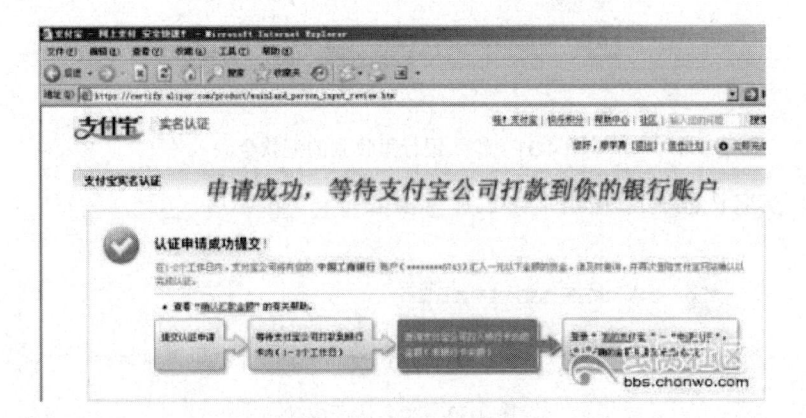

图 4-28　认证申请提交成功

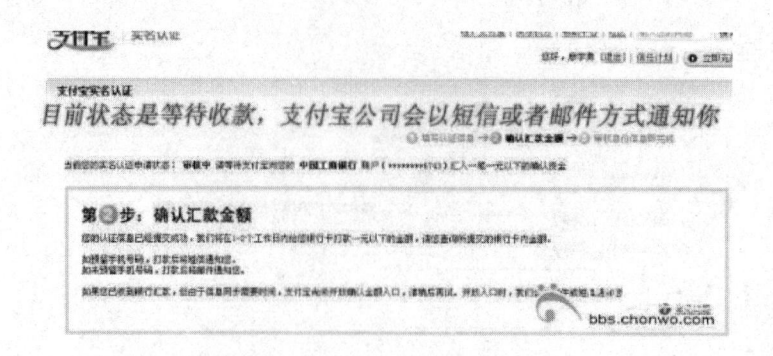

图 4-29　成功申请，等待汇款

第五步，申请提交后，需要在 2 个工作日去银行查收支付宝汇入自己银行的金额，然后再去淘宝网上继续相关操作，具体如图 4-30、图 4-31。

图 4-30　确认汇款金额

图 4-31　输入银行里收到的汇款金额

第六步，实名认证成功，如图 4-32。

图 4-32　实名认证成功

【任务小结】
　　开通网上银行是在淘宝网上进行实名认证的第一步。网上银行改变了传统银行的局限，使得网上交易更加方便快捷。为了更加保证交易的安全性，我们需要采用一定的安全措施来保证个人银行信息不会泄露，资金不回丢失。淘宝网的实名认证是为了更好的保护消费者的权益和利益，一旦发生纠纷有据可查。实名认证就好比开实体店需要备案一样，是开店所必须的一个步骤。

【任务实训】
4-2　网上银行的开通及淘宝网的个人实名认证
实训目标
能够独立申请并开通网上银行、完成淘宝网的实名认证。
实训步骤和要求
1）开通网上银行，并会使用网上银行进行查询、转账、支付等功能。
2）注册淘宝账号，掌握注册账号的方法。
3）进行实名认证。
实训成果及考核
　　要求学生开通网银并利用网银互相转账，实名认证后将自己的账号发给教师进行登记，同学直接互相评比完成结果。考核表如表4-2所示。

表4-2　考核表格

姓名	淘宝账号	是否实名认证	认证是否通过	教师打分
……	……	……	……	……

任务3　淘宝店铺装修

【任务描述】
　　一个装修完美的店铺就如同个人的美好形象，可以给顾客留下很深的第一印象。只有吸引顾客的眼光才能吸引顾客去浏览商品从而激发购买欲望，促成购买的实际活动。所以做好店铺装修是吸引顾客浏览店铺前提。

【任务学习目标】
　1．知识目标
　● 了解店铺装修的必要性
　● 掌握店铺店名、店招和公告设计的要点和原则
　● 掌握如何进行店铺宝贝分类
　2．能力目标
　● 学生学会给店铺设计一个新颖独特的店名
　● 自己设计并制作店招，学会店铺的基本装修

- 会依据店铺销售类别进行店铺的商品分类

3．态度目标
- 提高学生店铺审美的能力
- 提高学生技能操作能力
- 通过完美的装修页面可以增强对店铺推广的信心

【任务实践】

完成了前面几个任务，你是不是已经迫不及待地想开店了呢？别急，俗话说得好"心急吃不了热豆腐"，要开店必须成功发布10件宝贝。在宝贝发布的过程中，有许多的工作要做，因为在网上顾客是看不到实物的，只能通过你的网店看到相关商品介绍。你的网店就好比市场中的实体店，必须让顾客第一眼看到的时候能够被吸引住，那么我们的店铺要怎么做才能吸引顾客呢？我们又该怎么装修我们的店铺呢？只有我们把自己的店铺装修好以后，才能牢牢地抓住顾客的眼球，为销售商品做好准备。

任务 3.1　店铺装修的必要性

所谓三分长相七分打扮，店铺的页面就像是附着了店主灵魂的销售员，店铺的美化如同实体店的装修一样，让买家从视觉上和心理上感觉到店主对店铺的用心，并且能够最大限度的提升店铺的形象，有利于店铺品牌的形成，提高游览量，增加顾客在你的店铺停留时间。漂亮恰当的店铺装修，给顾客带来美感，顾客浏览网页时不易疲劳，自然顾客会细心察看你的网页。好的商品在诱人的装饰品的衬托下，会使人更加不愿意拒绝，有利于促进交易。

任务 3.2　设置店名、公告和店标

（1）登录淘宝后台点击卖家中心，如图 4-33。

图 4-33　卖家中心首页

（2）点击左边的店铺基本设置，打开页面如图 4-34。

（3）点击上传图标，打开电脑上自己做好的店标即可。

淘宝店标、店名、店铺公告及个人介绍设置规范要求如下：

1）未经淘宝许可，店标、店名、店铺公告及"个人介绍"页面禁止使用含有"淘宝网特许""淘宝授权""专卖"等含义的字词。

图 4-34 店铺基本设置内容

2）店标、店名、店铺公告及"个人介绍"页面禁止使用淘宝网或其他网站信用评价的文字和图标。

3）未经许可，严禁使用"淘宝网"专用文字和图形作为店铺宣传的文字和图形。

4）店标、店名、店铺公告及"个人介绍"页面中禁止使用带有种族歧视、仇恨、性和淫秽信息的语言。

5）店标、店名、店铺公告及"个人介绍"页面禁止使用不良言辞。例如，令人反感的词汇的多数字母或字（即 f**或 s**）。

6）店名、店标不得使用下列文字、图形：
- 同中华人民共和国的国家名称、国旗、国徽、军旗、勋章相同或者近似的。
- 同外国的国家名称、国旗、国徽、军旗相同或者近似的。
- 同政府间国际组织的旗帜、徽记、名称相同或者近似的。
- 同"红十字""红新月"的标志、名称相同或者近似的。
- 同第三方标志相同或者近似的，如：中国邮政、中国电信、中国移动、中国联通、中国网通和中国铁通等；如用户或店铺不具有相关资质或未参加淘宝相关活动，不允许使用与特定资质或活动相关的特定含义的词汇，例如：台湾馆、香港街、淘宝商城、消费者保障计划、先行赔付等；夸大宣传并带有欺骗性的；有害于社会主义道德风尚或者有其他不良影响的。

任务 3.3　美化宝贝分类

对于一个淘宝网店来讲，淘宝店宝贝分类是相当于店内商品的目录指示牌、导航员，因此，设置好淘宝店铺宝贝分类很重要，这样有助于顾客进入你的淘宝店后一目了然地去看是否有自己想要的商品。

（1）进入淘宝后台点击卖家中心的宝贝分类管理，如图 4-35。

（2）打开宝贝分类管理页面，进行相关设置，如图 4-36。

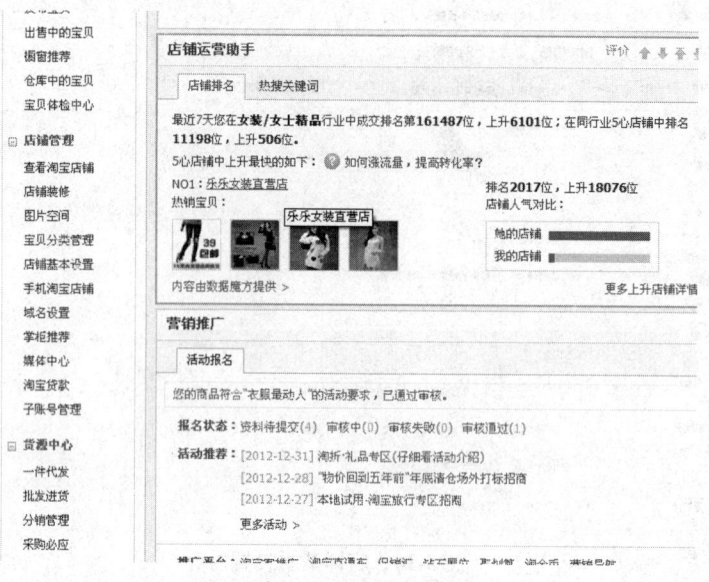

图 4-35 卖家中心装修分类

图 4-36 设置宝贝分类

宝贝分类也就是店铺左侧店铺类目，可以是文字或者图片形式，因为图片比文字有"更直观更醒目"的特殊效果，所以设计精美的图片分类，用图文结合的方式会让您的店铺货品分类井井有条，并且使店铺增色不少。

（3）制作漂亮的宝贝分类图片。

大家可以利用相关作图工具将要做好的图片保存到自己的图片空间，然后再进行上传，具体步骤如下：

1）点击女靴分类后，点击图片网址，打开空间图片，找到秋冬潮靴这个图片插入完成即可，如图 4-37。

2）完成后整体效果如图 4-38。

图 4-37 选择宝贝分类图片

图 4-38 美化后的宝贝分类

任务 3.4　淘宝店铺整体页面的装修

（1）登录淘宝后台，点击左边的"店铺装修"，打开后页面如图 4-39。

图 4-39　店铺装修店招更换

点击右上角的编辑按钮，出现下图页面，点击浏览可以更换本地电脑上的店招，如图 4-40。

图 4-40　更换店招

（2）店铺其他相关内容设置。在店铺的左边和下面都有增加页面的内容设置，打开即可编辑相关内容，如图 4-41、图 4-42。

图 4-41　增加新模块

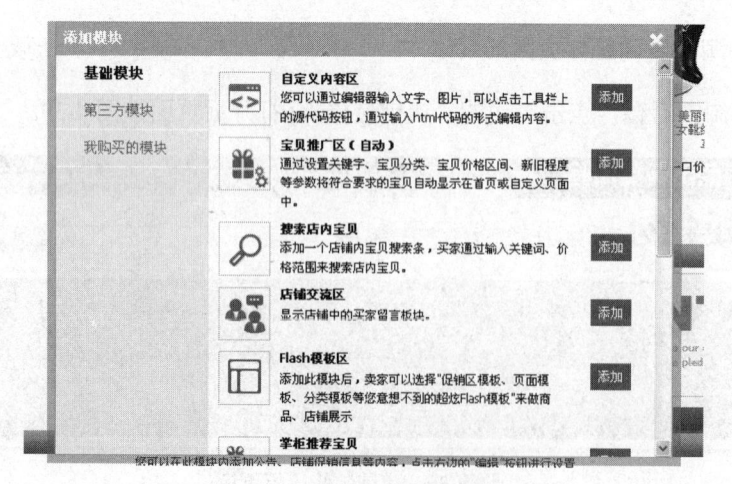

图 4-42　新模块可编辑的内容

点击编辑，出现如图 4-43 的空白区域。在这里可以输入文字促销内容，也可以输入设计好的 html 代码。

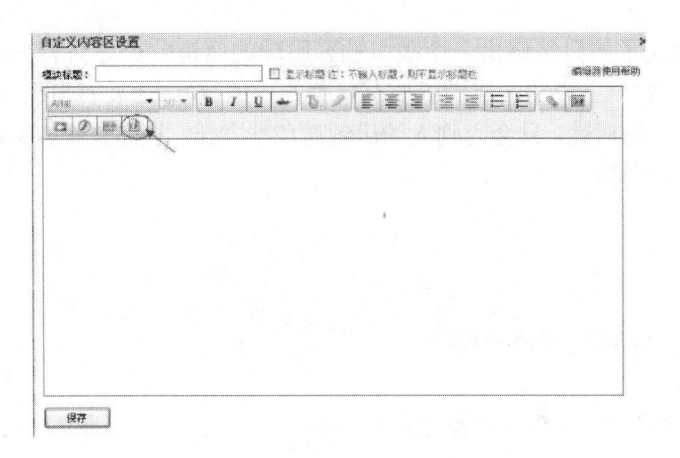

图 4-43　自由插入内容

任务 3.5　淘宝店铺装修的要点

（1）我们看一样东西第一印象很重要，所以我们的店铺要怎样在第一时间内抓住客户的眼球，这就谈到一个"视觉享受"的问题。所以我们淘宝店铺装修的时候整体上要坚持一个原则：清新，唯美，和谐，人性化。

（2）让客户无障碍地浏览店铺网页。就是说要让客户能在最短的时间内打开你的店铺网页，这就需要对图片的优化处理，图片容量太大，会影响网速。有时候客户本来想打开但却因为太慢"啪"的一下就关闭了。这里还有一点要提出来，店铺的背景音乐。一方面它会影响网速，另一方面还有一个弊端，很多有背景音乐的没有设置让客户自己能关闭的按钮。这是很不好的，很多人喜欢上班淘宝购物，你想上班的时候突然从你的店铺蹦出音乐，是多么尴尬的事情。这里不是说大家都不要用，关键是要用的好，没把握最好不要用，会适得其反。

（3）左边的店铺分类不是越多越好，包括两个方面：文字不是越多越好，类目不是越多越好，最好图文并茂，采用展开式。

（4）要研究买家的习惯，最好一些新品、畅销品、特价等摆在前面，让这些信息第一时间传递给客户。

（5）店铺介绍很容易被忽视，这一块也相当重要，它反映的是一个店铺的形象、实力与精神面貌，也要精心制作。

（6）掌柜推荐一定要好好利用，宝贝一定要经过自己认真选择，选择一些有代表性、时尚、新颖、热销的，交易过的（个人觉得比较重要）。有研究表明这里的店铺成交率比较高。

（7）宝贝图片要精美，这点大家都知道，看自己店铺经营什么，该放细节图就要放细节图，不要放细节图的就不要画蛇添足。最好要居中排列整齐。

（8）宝贝描述要尽量详细，这个不能偷懒。标题有时候要创造点吸引力，比如畅销，热销等，制造文字感染力，不过千万不要违规。

（9）结合一些节日和事件策划一些专题。

（10）大家都是通过单个产品搜索进你的店铺的单个产品页面，所以要在模版中植入一些店铺的促销广告来吸引他浏览你整个店铺的商品。

【任务小结】

本任务系统的讲述了如何装修出一个吸引顾客眼球的店铺首页。只有先抓住顾客眼球，才能进一步去浏览商品。一个成功的店铺既要有精美的店铺装修，还要有自己与众不同的特点。如果一味的去模仿别人的店铺，只会为别人的店铺做免费宣传。掌握装修店铺的基本方法和能力，是店铺推广的重要前提。

【任务实训】

4-3　店铺装修

实训目标

学生学会独立进行店铺的装修和设计。

实训步骤和要求

1）学生自己给自己的网店进行商品定位并分类。

2）学生设计店名、店招。

3）装修网店。

实训成果及考核

考核方法：学生给予商品的分类是否全面；学生设计的店名是否新颖独特，店招是否和店名相符合；学生店铺的整体装修格调否统一，有吸引力。考核表如表 4-3 所示。

表 4-3　考核表格

学生姓名	店铺名称	产品类别	店铺装修情况	教师打分
……	……	……	……	……

任务 4　商品的上传与淘助理的使用

【任务描述】

发布大量商品如果一件一件地发布会影响发布的效率和时间，要想快速地发布大量的商品，节省人力，这就需要淘助理这个工具来完成。

【任务学习目标】

1. 知识目标
- 理解淘助理工具的特点
- 掌握淘助理各项功能的使用要点
- 会给商品进行标题的优化

2. 能力目标
- 熟练发布商品，会使用淘助理的各项功能
- 学会发布一口价商品的流程，能够给商品标题进行优化

3．态度目标
- 培养学生掌握多种方法上传商品的技能
- 掌握快速上传大量商品的方法，提高工作的效率

【任务实践】

我们刚建立了自己的网店，要想让买家能够搜到你的店铺，你至少要发布十件商品以上才行。如果你有几百件商品要上传，一个一个的上传会浪费大量的时间和精力，有没有更好的方法让我们一次编辑更多的商品呢？淘助理就为我们解决了这个问题。是一款免费客户端工具软件，它可以使不登录淘宝网就能直接编辑宝贝信息，快捷批量上传宝贝。它也是上传和管理宝贝的一个店铺管理工具。

任务 4.1　上传商品

（1）进入淘宝后台点击，点击"发布宝贝"，打开页面如图 4-44。

图 4-44　发布商品类目选择

在淘宝发布商品时有两种方式，一种是一口价，一种是拍卖价。

一口价是卖家以固定价格出售商品，一般没有讨价还价的余地，买家可以立刻买下自己想要的商品，以最快的速度完成购买过程。

拍卖（拍卖商品标识）是卖家在出售商品时就设置商品起拍价，加价幅度，不同的买家可根据自己实际情况，输入自己想购买此商品的出价金额。

拍卖期结束时，出价最高的买家获得商品。（所有拍卖商品仅支持卖家承担运费。）

我们的商品发布主要以发布一口价商品为例。

（2）设置相关的类目和商品属性。下面以发布女鞋商品为例介绍。现在类目选择中选择女鞋，然后在选择相关的设置，如图 4-45。

（3）同意相关规则发布宝贝。进入编辑宝贝信息的页面，进行商品相关内容设置，如图 4-46。编写完成后选择发布即可，如图 4-47。

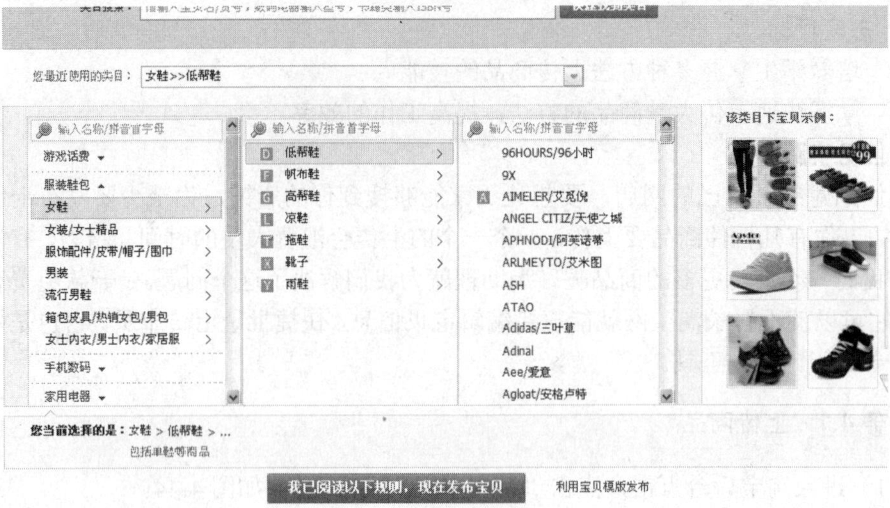

图 4-45　选择产品类目

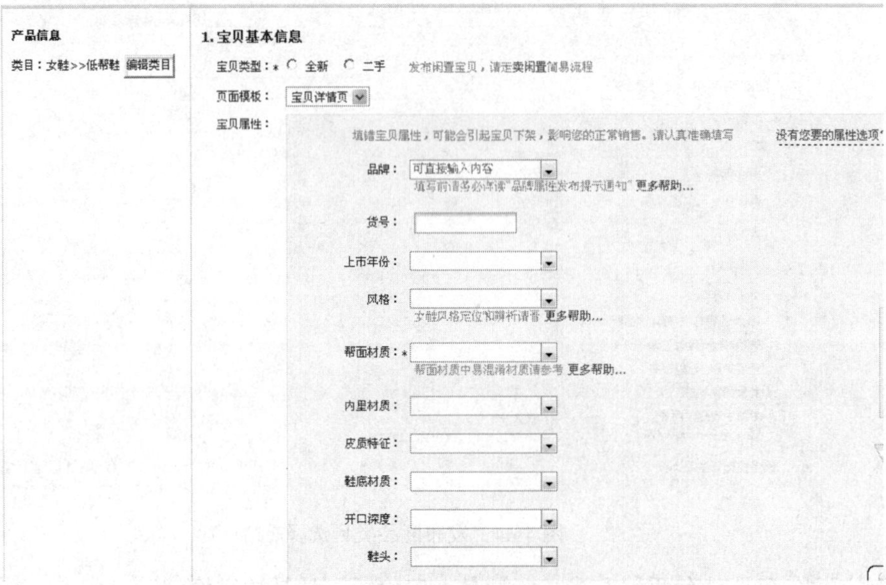

图 4-46　商品相关信息的编辑

这种方式比较适合少量商品的上传于发布。

任务 4.2　淘助理的使用

1．淘助理的功能与特点
1）离线管理，轻松编辑商品信息。
2）快速创建新宝贝，还可以通过模板，让您数秒钟就建立新的宝贝。
3）批量编辑宝贝信息，为您节省宝贵的时间。
4）通过下载，轻松修改已经发布的宝贝。
5）修改后批量上传，无需人工操作。

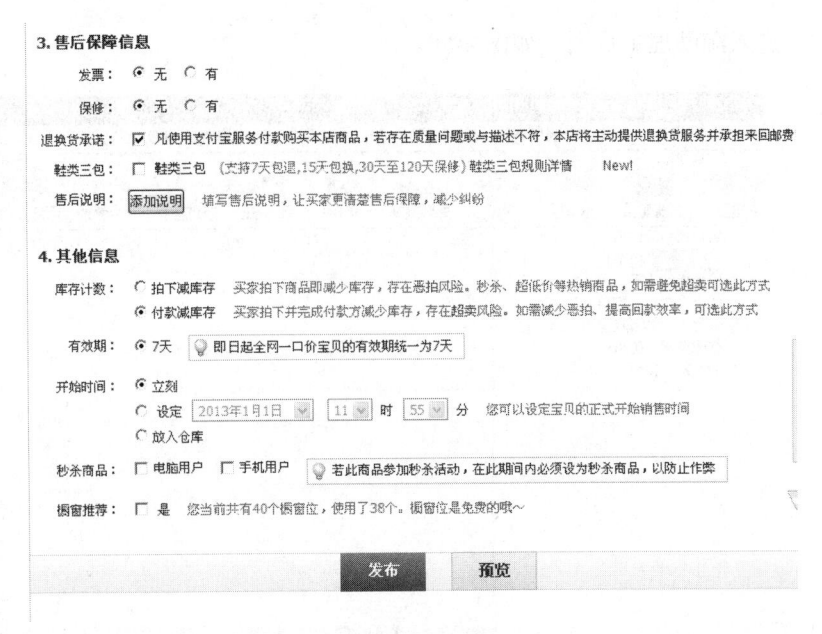

图 4-47　发布编辑好的商品

6）批量打印快递单、发货单，省下大量人工填写工作，还可以自定义打印模板。
7）批量发货，减少手工操作，针对某些快递单还能自动填写运单号。
8）批量好评，减少手工操作，方便您通过好评进行营销。
9）图片搬家，提供简单的操作，将宝贝描述中的图片自动迁移到淘宝图片空间。

2. 淘助理的安装及使用方法

（1）利用搜索引擎查找淘助理软件，进行下载并安装，如图 4-48 所示。

图 4-48　淘助理的下载

（2）登录自己的账号，如图 4-49。

图 4-49　淘助理的登录

(3)进入淘助理主页面,如图4-50。

图4-50　淘助理的主页面

(4)选择新建宝贝,进入发布宝贝页面,如图4-51。

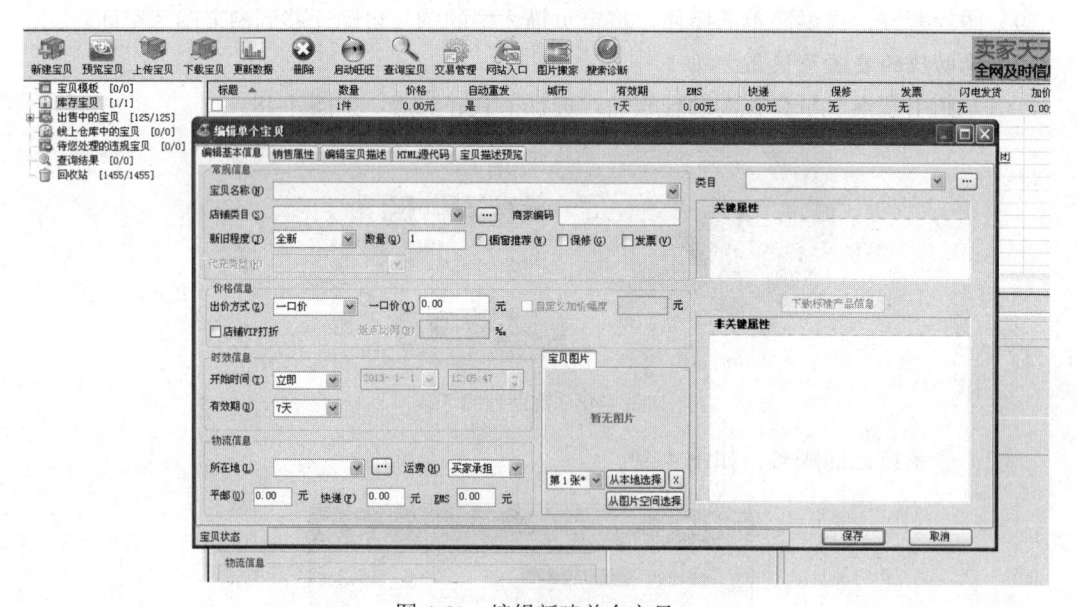

图4-51　编辑新建单个宝贝

将相关内容填写完后保存即可,可以一次编辑很多商品的信息。

(5)编辑完后,全部勾选,点击上传宝贝即可,如图4-52。

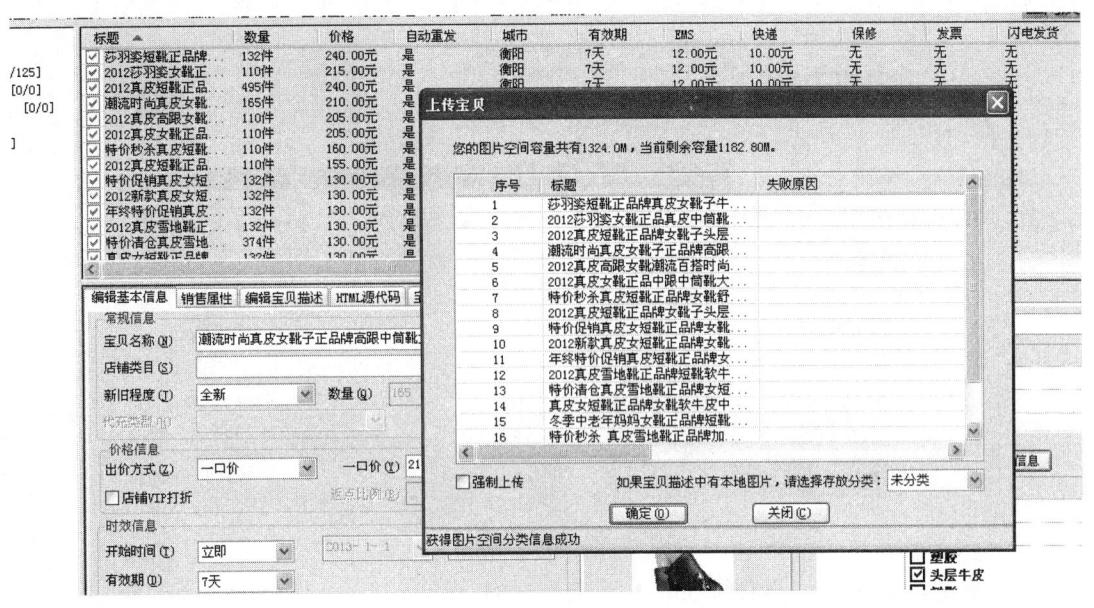

图 4-52　上传多个宝贝

任务 4.3　商品标题优化

在淘宝，要想拿到搜索流量，除了销量、DSR 评分、转化率等因素，SEO 是最关键的事情。就是要让你的宝贝有个适合的宝贝标题，而宝贝标题中，要定下一个或几个和你的宝贝实际情况最贴切的关键词。宝贝标题是客户能以自然搜索方式找到你的宝贝的唯一途径，这个工作是中小卖家一定要坚持做的。

我们都知道，淘宝的宝贝标题就 30 个字，那么如何好好利用这 30 个字对宝贝进行优化呢？可以从以下几个方面来考虑：

1．淘词（如图 4-53）

图 4-53　冬季淘词搜索量

淘词功能的开放，我们提供了一个良好的选词平台，淘词以优惠的价格，开放出了良好的选词工具，而且淘词的内容非常详尽，是我们选词的有力助手。

2．淘宝搜索框

搜索框里面的下拉菜单，都是淘宝系统经过筛选的词，一些比较热搜的词。这些词，是非常值得我们去关注的（如图 4-54）。

图 4-54 搜索框的使用

3. "你是不是想找"（如图 4-55）

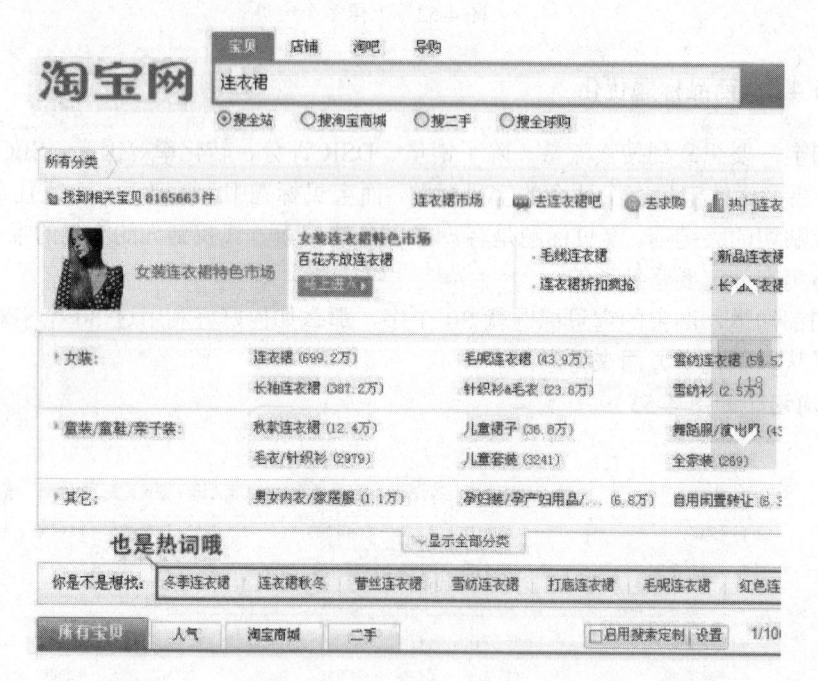

图 4-55 系统推荐的词

这个地方的词，大家平时可能没有怎么关注到，其实这些词也都是比较热门的，并且每个词点进去，还有其他的一些相关词，都是可以拿来让我们备用的。

4. 其他来源

比如直通车的系统推荐词，淘宝定期发布的 top5 万、top20 万词表等，词的来源是非常丰富的，这需要我们平时多花时间和精力去搜集，去整理。

【任务小结】

目前淘宝买家的搜索主要包括关键词搜索和类目搜索。如果产品的类目放错不但买家搜不到你出售的商品,还会被下架甚至扣分。所以我们必须给商品编辑好标题并放置到正确的类目下出售。淘助理软件的使用大大的提高了工作效率,可以让我们快速编辑商品,甚至批量编辑,熟练使用这个软件是我们提高工作效率的方法之一。

【任务实训】

4-4 商品的上传与编辑

实训目标

利用所学知识进行商品的发布和商品的编辑。

实训步骤和要求

1)上传商品。

2)淘助理的使用。

3)编辑商品标题。

实训成果及考核

通过检查学生上传商品是否符合类目要求;学生是否熟练使用淘助理的各项功能;学生编辑的宝贝标题被买家搜到的概率。教师根据完成情况给学生打分。

考核表格如表 4-4 所示。

表 4-4 考核表格

姓名	淘助理使用	商品的编辑	宝贝浏览量	教师打分
……	……	……	……	……

任务 5 商品销售技巧与物流的设置

【任务描述】

销售是一门学问,顾客的购买心理千差万别,怎么样跟顾客进行有效的沟通,促成购买呢?在发货过程中不同地区的运费也是不一样的,这也是需要特别设置的。

【任务学习目标】

1. 知识目标
- 熟悉网店客服工作流程
- 掌握用旺旺和买家沟通的技巧
- 掌握运费模版的设置

2. 能力目标
- 会与顾客进行有效的沟通并处理各种问题
- 了解提升顾客回头率的一些方法
- 自己会进行运费模版的设置

3. 态度目标
- 学生掌握与顾客沟通的技巧,提高语言表达能力
- 提高学生对我国物流公司发展状况和发货费用的了解

【任务实践】

网络购物和现实不同，买家只能看到商品图片，看不到实物。怎么样刺激顾客购买，除了商品图片本身有吸引力之外，销售人员本身的沟通能力也是很大的一方面。如果你是客服人员，买家很喜欢你的商品，但是买家觉得价格太贵，而你有没有权利来降价，你该怎么做呢？你该如何在不降价的情况下，将商品卖出去呢？

任务 5.1　旺旺沟通技巧

通过第一步的辛勤劳动以后，接下来的工作就是销售客服与顾客的交谈过程。虽然说这可能是一些很简单的对话或者咨询，但是这些简单的对话或者咨询往往在销售中起着决定性的作用。通过网络销售产品，与客户沟通是一个很有技巧的工作。

阿里旺旺是淘宝网旗下的一款即时通讯软件，它集成了即时文字、语音、视频沟通，以及交易提醒、快捷通道、最新商讯等功能，与淘宝网无缝结合，成为网上交易的必备工具。

1. 沟通中多用感叹词

平时我们与朋友或客户面对面交谈的时候可以通过微笑、动作、语气等方式了解对方的心理状态变化，很容易知道对方是生气、高兴还是说笑。但是在网络沟通的过程中，由于我们无法看到对方的表情和动作，只能靠文字表达，如果我们仍然按照平常说话的方式在网上交谈的话，可能会得到一些不可预期的效果。下面来举个比较简单的例子：

顾客："你好，请问这件衣服有红色吗？"

客服："没有"

顾客："那请问这件衣服可以便宜点吗？"

客服："这个是最低价格，已经不能便宜了。"

就上面一段简短的对话来看，假如遇到心情舒畅或者不计较的顾客看了心里没什么感觉，或许会勉强的因为价格相对较低、特别喜欢这件商品等原因"被逼"决定购买该商品，但类似这样的沟通方式能完成二次销售的不多；相反，如果遇到一些心情不好，对语言比较执着的客户就会感觉心里很不舒服。因为这样的回答和服务会给人一种"僵硬"的感觉，也就是说你没有用"心"沟通。所以有的顾客可能更愿意选择其他地方购买，即使其他地方的价格比这边高一点。那么，我们应该如何解决这个问题呢？最简单的方法，我们可以多使用一些感叹词。例如"哟""啊""呀""呢""啦""嗯"等词语，另外，在淘宝使用的最多的一个词语"亲"也是我们必不可少的称呼。

下面我们尝试把客服的回话加上感叹词语，对比下跟原来的回答有什么不同：

"亲，这个是最低价格，已经不能便宜了哦！"

虽然这样回答的还不是最好的，但是与原来的回复相比之下，已经增加了感情色彩。即使顾客不能面对面地与销售人员沟通，只要我们能适当的运用这种方式与用户沟通，很容易就会让顾客觉得这个客服是有礼貌的。而且很容易把距离拉近，只要把双方的距离拉近，我们要做什么都容易。当然，其实这种方法也属于催眠式销售的一种沟通方式。

2. 沟通中多使用表情

在与客户沟通过程中，不管使用的是 QQ、MSN、TM、旺旺还是其他网上沟通工具，都有一个聊天表情库，我们可以在交谈的过程中适当的使用聊天表情以增加客户对销售人员的好感。但我们需要注意，不能随便发一些与聊天主题不匹配或者不雅观的表情，更不能泛滥的发布表情,如果每个回复都使用表情,对方反而会感觉我们没有用心对待,甚至还会影响销售人员在顾客心目中的形象。

3. 沟通中多使用"刺激法"

我们在销售过程中,很多时候我们都会遇到想购买,但是还没有决定在什么地方购买的客户。这样的客户都是我们的潜在客户,所以我们是绝对不能放过的,那么我们应该如何"刺激"这样的客户在我们店铺消费呢?碰到这类客户如果我们能够适当地"刺激"一下就很容易成交。例如我们了解到客户是真正想要但还处于考虑阶段的话,我们可以尝试跟客户说"该种商品已经剩下最后两件了哦!"或者"该商品正在促销阶段,现在购买有小礼品赠送。"等话语。这个时候大部分客户心里都会有错乱的感觉,而且很可能就决定立刻购买。但我们在使用这种方式的时候,必须注意要在适当的时候使用,使用的不适当或者使用频繁反而会让客户烦厌。还有的客户可能只是闲逛和咨询,对待这样的客户我们可以先从了解客户意向的话题开始,不要一味的灌输商品的好处或者店铺的好处。只要了解用户的实际意向,我们就可以推荐一下相关商品,从侧面或者正面回应顾客的需求,利用顾客自己的需求来刺激顾客的购买欲。

淘宝旺旺是我们在淘宝的即时通讯工具。旺旺同样具有强大的推广作用。我们在使用旺旺时有以下销售技巧:

1) 旺旺的在线状态。一般旺旺的在线状态分为"我有空""隐身""忙碌""不在计算机旁""听电话中""外出就餐""稍后……",我们可以不用这些在线状态,自己来多设置几个在线状态。设置为你店铺的推广信息,比如你店铺商品的折扣信息、店铺促销活动信息、新款到货信息等,让这些信息滚动显示,从而达到推广的作用。把在线状态设置为店铺的推广信息,要经常更新,陈旧过时的推广信息不会被别人关注的。

2) 旺旺群发。旺旺群发要慎重,不要随意乱发广告,被别人投诉就不好了。我们可以把愿意接受广告的淘友和买家组织到一个旺旺组里,群发给这个组里的淘友和买家。群发时注意内容的长短,称呼、问候要适当、要美言几句。

3) 自动回复。我们不在电脑跟前的时候,一定要设置旺旺的自动回复功能。说明一下店铺掌柜不在的原因,表示出掌柜对买家的尊重和礼貌。如果你离开的时间过长,就需要说明一下你回来的时间,不要让买家空等。在自动回复中,我们可以委婉的推广一下你的商品。比如"欢迎光临美丽伊足时尚女鞋女装,掌柜发货中,稍后就回来,有事请留言,掌柜会在第一时间给您回复。本店有新款商品上架热卖促销中,折扣多多,满意多多。请先随便逛逛吧!"

4) 快捷短语。快捷短语是淘宝旺旺上的一个快捷回复的功能。我们可以在快捷短语中编辑一些店铺商品的推广信息,在跟买家淘友聊天的适当时候发出去。省去了我们打字的麻烦,又快速地推广了信息。在使用旺旺和买家沟通时可以充分利用这个功能。推广的信息要长短适中,不要废话太多,便于买家的阅读和理解。在使用快捷短语的时候,我们不要过于频繁的使用。免得让人家以为在跟一部机器在说话,不受到尊重也很不礼貌。建议快捷短语和旺旺的表情结合使用,让买家更容易接受。

5) 旺旺头像。旺旺的头像也是很有讲究的。选择一张具有亲和力的图片来做为我们的旺旺头像。一般头像要和自己销售的产品相关。旺旺头像同时还要使买家很容易地识别你的店铺、店铺商品和掌柜。比如一家卖饰品的,可以用流行饰品的照片来作为头像,让人一看就知道是经营流行饰品的,同时也展现了店铺的商品,起到了宣传推广的作用。头像的图片最好是做成动态的,用你店铺内的商品照片来做。动画要适当不要闪动太快,让人看着迷糊还显得杂乱。

不管我们使用哪种方法,我们还必须知道"顾客永远不喜欢被命令,也不喜欢被灌输"这个道理。所以我们在跟买家沟通的时候需要注意这些技巧。只有充分了解消费者的需求,才能最终促使消费者购买。

4. 坚守诚信

现在网络购物越来越被更多人接受,但是由于网络上商品众多,难免有些人投机倒把,有的卖的不是次品就是假货,甚至出现一些钓鱼网站导致顾客的资金丢失。网络购物虽然方便快捷,但是唯一的缺点是看不到实物,导致很多买家在买到了次品或不满意服务的时候不像实际生活购物那样可以随时找到销售商。但是,我们还得相信只有诚信才能将网店长期地经营下去,只有真正的把顾客当做上帝,顾客才能像上帝一样给你带来更多的利润。

5. 做个专业的卖家,给顾客准确的介绍

不是所有的顾客对你的产品都是了解和熟悉的。当有的顾客对你的产品不理解的时候,在咨询过程中,我们就要了解自己产品的专业知识,这样才能更好的为顾客解答,帮助顾客找到适合他们的产品。不能一问三不知,这样会让顾客感觉没有信任感,谁也不会在这样的店里买东西的。

任务 5.2 学会选择合适的赠品

赠品促销应用效果的好坏关键在赠品的选择上,一个贴切、得当的赠品,会对商品销售起到积极的促进作用,而选择不适合的赠品只能是赔了夫人又折兵,你的成本上去了,利润减少了,但客户却不领情!

赠品设计中有一个基本的原则,那就是尽量送与商品有关联的赠品,譬如买牙膏送小塑料杯;买西服送滚毛的滚刷等。这样能够使消费者在使用这些赠品时随时产生对品牌的联想。假如赠品没有关联,结果东西送了,人家在用时也早就忘了你,等于白送!

所以必须要从商品的特征、功用和品牌的属性、内涵等多方面进行斟酌,找出与商品本身、品牌诉求有关联性的赠品来赠。同时更要注重赠品带给消费者的价值感和实用性,只有这样,才能够使赠品赠的有效,赠的有"理"。

所以我们如果想利用赠品来吸引顾客的购买,在选择赠品时需要注意以下几点:

首先,不要选择次品、劣质品作为赠品,这样做只会适得其反,影响店铺的美誉度。

其次,选择适当的能够吸引消费者的产品或服务(买电解水机送迷你饮水机),这些东西选购麻烦,在外面单独购买价格也比较高,送这样的东西顾客喜欢,而对卖家来说也是增加了少量成本。建议出售衣物的店可以赠送一些小佩饰之类的东东,化妆品店可赠送化妆的小工具等等。

再次,注意赠品的时间性,如冬季不能赠送只在夏季才能用的物品。

最后,注意赠品的预算,赠品要在能接受的预算内,不可过度赠送赠品而造成亏损。

任务 5.3 节日促销

每到各种节日,大家的购物欲望就开始高涨,精明的卖家当然不会错过这样的节日购物高峰期,在这关键时刻重新装点店面,营造出更棒的促销节日气氛,让节日促销活动早早地上线,抢占市场先机。那么我们该如何进行节日促销活动呢?

(1)网店做促销需要有一个准确的定位,而且主题要鲜明首先要明确用什么样的主题为主导来进行宣传和促销，如何能在最大程度上配合我们的商品进行一系列的活动。比如卖服装类的，可以添加一些节日服饰搭配进行促销；如果是卖鞋子类的，也可以以端午节为主题进行爆款促销，推荐有节日氛围的款式；如果是做食品类的，就可以更多地做一些不同商品的搭配套餐……

（2）制定网店促销的最佳方案

确定了鲜明的主题后，还需要有一个好的实施方案，这样才能把活动的最终目的或是说主旨传达到每个消费者心里，把消费者的积极性充分调动起来。参与促销活动的人员一定要对方案细节了解熟悉。

对于活动的各个环节一定要详细地进行叙述，让买家在节日的气氛中更能感受到我们卖家的体贴。对于活动的细节，个人认为越仔细越好，以免在买家进行购买的时候出现误会或者是纠纷，减少矛盾的产生。

（3）网店促销活动的时间要制定好，宜早不宜迟

争取在对手没有开始前，这样可以先抢到商机，好的策划也离不开好的时机。

（4）网店的促销氛围要营造好

在网店内要打出促销的广告，而且网店装修也要恰到好处，适时的装修可以更加刺激买家的购买欲望。网店是我们向买家展示的第一窗口，一个网店的装修风格直接影响到是否吸引买家的眼球。如何让买家及时地收到你的促销信息，怎样才能吸引买家从而引起买家购买的欲望，着实是需要在促销装修上下一番功夫。

（5）制定销售目标及激励方案

促销折扣要明显，也不要弄得太复杂，让买家最直接地感觉到商品的价格明显降低了，这样的促销方案才能达到很好的成功。有很多商家会将原价提高然后再进行打折，实际上买家买到的不一定是最优惠的价格。既然是促销，卖家就要将折扣进行到底，给买家实实在在的优惠，在买家购物的同时可以感受到卖家的真诚！

任务 5.4　选择合适的快递公司

由于目前国内的快递公司较多，而且各个公司之间能够派送的范围和地点也不相同，因此要想在快递上进行成本的节省，根据商品和消费者具体位置不同并选择价格合适的快递公司才是最为重要的。下面列出我们常用的一些快递公司。

1. 申通快递

申通快递品牌初创于 1993 年，公司致力于民族品牌的建设和发展，不断完善终端网络、中转运输网络和信息网络三网一体的立体运行体系，立足于传统快递业务，全面进入电子商务物流领域，以专业的服务和严格的质量管理来推动中国物流和快递行业的发展，成为对国民经济和人们生活最具影响力的民营快递企业之一，申通官网如图 4-56 所示。

申通网址：www.sto.cn

申通的收费标准：一般地区首重 15 元，续重 5 元，偏远地区首重 20 元，续重 10 元。

2. 中通快递

中通速递服务有限公司创建于 2002 年 5 月 8 日，是一家集物流与快递于一体，综合实力位居国内物流快递企业前列的大型集团公司，注册商标"中通""ZTO"。总部位于上海市青浦区华志路 1685 号，中通官网如图 4-57 所示。

图 4-56　申通官网

图 4-57　中通官网

中通网址：www.zto.cn

中通的收费标准：一般地区首重 12 元，续重 5 元，偏远地区首重 18 元，续重 10 元。

3. 圆通速递

上海圆通速递（物流）有限公司，成立于 2000 年 5 月 28 日，是一家集速递、电子商务于一体的国内大型知名快递品牌企业。圆通服务产品包括同城当天件、区域当天件、跨省时效件、航空次晨达、航空次日达。增值服务包括到付、代收货款、签单返还，圆通官网如图 4-58 所示。

圆通网址：www.yto.net.cn

圆通收费标准：一般地区首重 12 元，续重 5 元，偏远地区首重 18 元，续重 10 元。

图 4-58　圆通官网

4. 顺丰快递

顺丰速运（集团）有限公司（以下简称顺丰）于 1993 年成立，总部设在深圳，是一家主要经营国内、国际快递及相关业务的服务性企业。

自成立以来，顺丰始终专注于服务质量的提升，不断满足市场的需求，在大中华地区（包括港、澳、台地区）建立了庞大的信息采集、市场开发、物流配送、快件收派等业务机构。建立服务客户的全国性网络，同时，也积极拓展国际件服务，目前已开通新加坡、韩国、马来西亚、日本及美国业务，顺丰官网如图 4-59 所示。

图 4-59　顺风官网

目前来说，顺丰是国内运送速递是最快的快递公司。

顺丰网址：www.sf-express.com

顺丰的收费标准：一般地区首重 20 元，续重 5 元，偏远地区首重 25 元，续重 10 元。

5. 宅急送快递

创建于 1994 年 1 月 18 日，上海宅急送商标源于陈平总裁的构想：猴子使人想到灵敏快捷一个跟头十万八千里的孙悟空。宅急送公司服务网络由 300 余家分公司、营业所、营业厅以及数百家合作公司构成，覆盖全国 2000 多个城镇和地区，快运网络安全、快速、高效。公司率先搭建了"宅急送物流信息网络平台"，开单、查询、结账等业务可轻松在网上完成，宅急送官网如图 4-60 所示。

图 4-60　宅急送官网

宅急送网址：www.zjs.com.cn

由于宅急送覆盖的网店比较多，对于各种贵重或大体积的货物是比较合适的选择，其计费方式比较复杂。

6. 韵达快递

韵达快递是国内知名的民营快递品牌企业，十余年来，始终秉承"为客户创造价值；为社会创造"财富的宗旨，锐意进取，不断创新。现拥有员工五万余名，并在全国建设了七十余个转运中心和近万个服务站点，服务范围覆盖国内 34 个省（区、市）。韵达快递为客户提供快递、物流及电子商务等一系列门到门服务，为大客户订制物流解决方案，并形成了到付、贵重物品、同城区域当天件、国内次晨达件、国内次日达件、代收货款等特色服务，韵达官网如图 4-61 所示。

图 4-61　韵达官网

韵达网址：www.yundaex.com

收费标准：一般地区首重 12 元，续重 5 元，偏远地区首重 15 元，续重 8 元。

这是目前比较常用的快递公司，还有很多其他的快递公司都是很不错的，可以根据实际运送的物品选择合适的快递公司。

任务 5.5　运费模版的设置

顾客在购买商品时，买一件需要付一个的运费，买两件不可能再付一个运费，这就需要我们设置运费模版。运费模版可以为商家节省很多的时间和精力。运费模版的设置有两种格式。具体如下：

1. 全国地区一个价的模版设置

首先进入淘宝后台管理，如图 4-62。

图 4-62　卖家中心后台

然后，选择左边的"物流工具"，打开页面如图 4-63。

图 4-63　物流工具的设置

然后选择运费模版，选择“新增运费模版”打开后进行相关设置，如图 4-64。

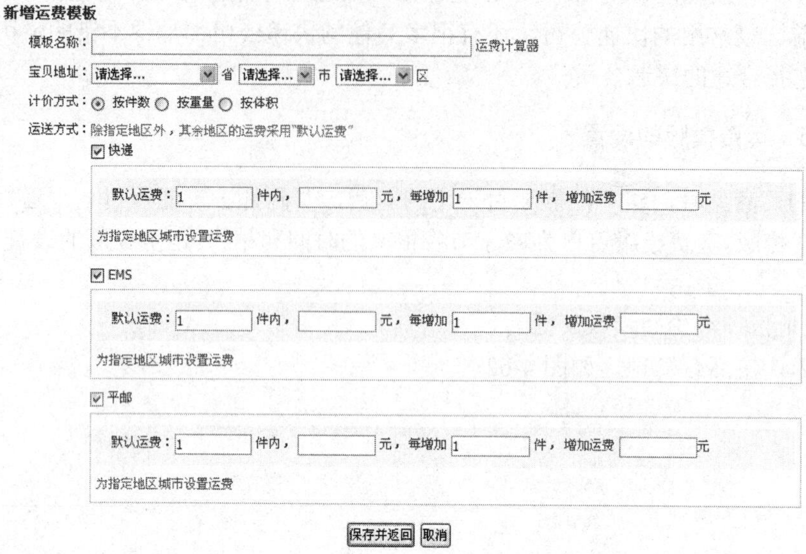

图 4-64 设置运费模版

设置为你要设置的价格即可，设置好后保存，结果如图 4-65。

服装运费模板					最后编辑时间：2013-01-02 21:52 复制模板 | 修改 | 删除
运送方式	运送到	首件(个)	运费(元)	续件(个)	运费(元)
平邮	全国	1	20.00	1	5.00
快递	全国	1	12.00	1	2.00
EMS	全国	1	25.00	1	5.00

图 4-65 设置好的运费模版

2. 根据地区不同设置模版

首先还是进入淘宝后台选择运费模版设置，在进行模版添加的时候要选择不同的地区设置，如图 4-66。

给指定地区设置不同的运费，设置结果如图 4-67。

运费模版设置好后，顾客在购买时如果购买了多件只需付设置好的续重费用即可，不用重复快递首重费用，方便了顾客的购买，减少了购买的时间。

3. 如何发货

当有顾客购买我们的产品，我们已经将产品交给快递公司。这时候我们需要在店铺里选择发货，因为你是否将产品交给快递公司顾客并看不到，只有你将物流单号录入到店铺的发货系统里时，顾客才可以肯定你确实已经发货了。具体发货步骤如下：

第一步：登录淘宝后台我是卖家。如果有还没有发货的订单，会显示待发货订单，如图 4-68。

图 4-66　不同地区运费的设置

图 4-67　不同地区运费模版的设置

图 4-68　卖家中心店铺提醒待发货订单

第二步：点击待发货订单，会显示等待发货订单的具体详情，如图 4-69。

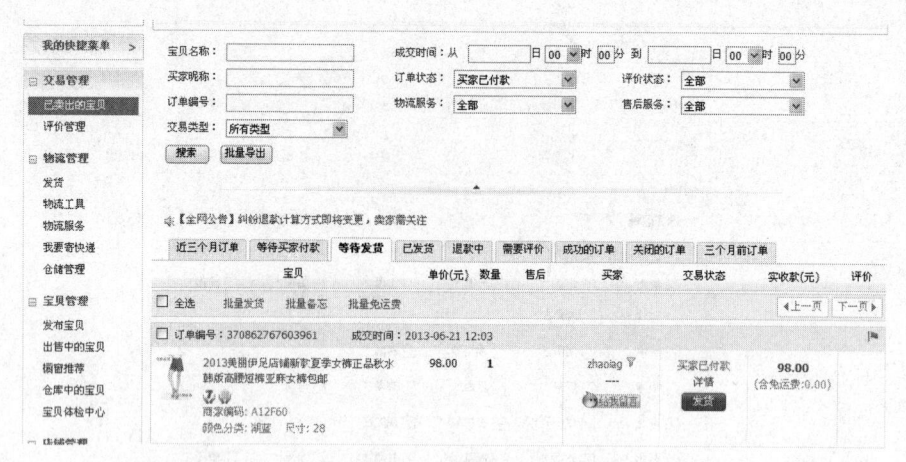

图 4-69　待发货订单

第三步：点击待发货订单，核对地址，并选择发货的快递公司和单号，如图 4-70、图 4-71。

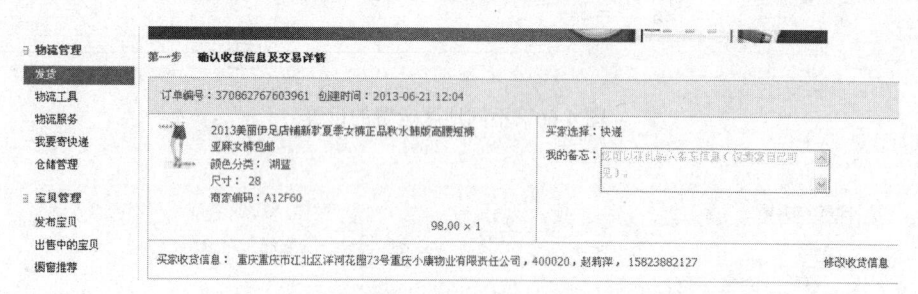

图 4-70　核对收件人地址

图 4-71　选择快递公司输入物流单号

第四步：点击确认即可，发货完成后，会出现发货完成的页面，如图 4-72。

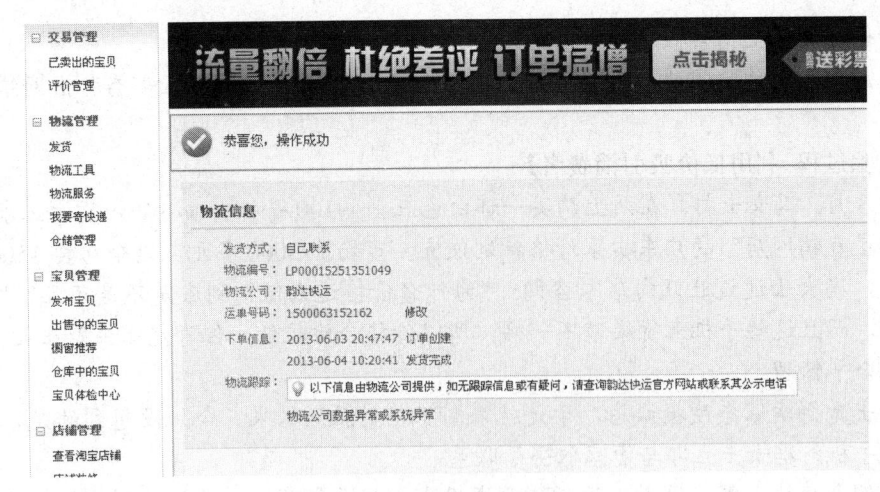

图 4-72　发货完成页面

【任务小结】

与顾客沟通非常重要，卖家的几句言语可能会决定顾客是否购买产品，所以必须掌握销售的一些沟通技巧。发货是交易完成的最后一个步骤，关系着交易是否成功。设置好运费模版，给买家和卖家都带来了方便。如何设置模版以及运费要结合当地的物流实际情况来决定。一个店铺的发货效率直接影响顾客的购买感受和评价，作为卖家必须选择一个合适高效的物流公司，以此来保障商品的长期经营和发货。

【任务实训】

4-5　销售沟通与运费模版的设置

实训目标

利用所学知识会和顾客进行有效的沟通以及能够完成运费模版的设置。

实训步骤和要求

1）使用阿里旺旺与顾客沟通。

2）节日促销方法设计。

3）快递公司选择。

4）运费模版的设置。

实训成果及考核

根据学生和顾客的沟通情况，教师给学生打分，学生之间互评。考核和内容如表 4-5 所示。

表 4-5　考核表格

学生姓名	店铺名称	顾客点击率	顾客购买率	运费设置	教师打分
……	……	……	……	……	……

【知识拓展】

2013 年 5 月 18 日，一个由 6 男 5 女共 11 名嫌疑人组成的犯罪团伙被杭州警方押解归案，该团伙涉嫌在淘宝上销售假手机并实施诈骗。

此次成功抓获诈骗团伙也打响了阿里巴巴集团今 4 月开始联合五部委打击网络恶势力的第一枪!

【行骗过程 利用低价吸引消费者】

今年3月,冯女士打算在网上购买一部白色三星 i9100 手机。细心的她货比三家,发现店名为"三星直销网店"的广东卖家价格特别便宜,市场价 3000 多元,这个店卖 1500 元。

于是,冯女士通过旺旺向店家咨询:"为什么价格这么低?到底是不是正品?""因为店里要冲钻,而且这些手机来货渠道不一样,所以价格会比较低,但肯定保证是正品。"卖家答复倒是很合乎情理。

冯女士觉得卖家态度挺诚恳,于是就果断下单付款。结果,令她没想到的是,自己买到了一个假手机。冯女士立即与卖家取得了联系。

卖家倒也爽快,答应冯女士退货。要求冯女士把手机寄回,承诺收到手机后马上退款。冯女士寄出手机,两天后看到快递单已被对方签收,但此时再联系卖家,卖家就消失了。无奈之下,冯女士向淘宝投诉。淘宝网根据冯女士提供的单据判断其投诉成立,为避免消费者蒙受损失,淘宝网为冯女士作出了先行赔付。

【主动排查 捣毁诈骗团伙】

通过处理会员售后,淘宝网发现多个卖家利用平台发布低价手机进行诈骗的行为,相关投诉也有不断增加的趋势。此类案件的高发,不仅影响了淘宝网正常的经营交易活动,而且也给广大消费者造成不同程度的损失。为及时遏制该类案件的蔓延,进一步打击网络犯罪,净化网络交易市场,今年4月,淘宝网为此成立专门的安全团队,并主动与杭州余杭警方取得联系,余杭警方立即组成专案组开始全面侦查。

经过一个多月的调查,余杭警方发现该团伙落脚在广东深圳华强北通讯市场一带,摸清了该犯罪团伙脉络后,余杭警方主动出击,于5月13日赶赴深圳,在深圳警方的大力协助下,于次日下午行动,一举抓获诈骗团伙老大侯某在内的 11 人。

【阿里集团主动防控保障消费者权益】

从今年年初开始阿里巴巴集团就已经全面开展打击网络交易假冒伪劣,恶意欺诈的长期专项行动。并于4月23日宣布与公安、质监、版署、知识产权局、工商等政府相关行政执法部门共同建立"打击假冒伪劣、保护知识产权、共创电子商务健康环境"的深度合作机制。

从 2010 年起,通过淘宝网上的线索以及对涉嫌售假卖家进行抽查和鉴定,在从相关渠道获得充分证据后,阿里巴巴集团与行政执法部门有效合作,将知识产权保护发展到线下实体,延伸到输出假货的大型假货集散地直至生产基地,连带端掉了不少其他品牌的制假链条,协助阿迪达斯、杰克琼斯、WENGER、以纯等品牌打击假货。

2011 年,淘宝网积极响应公安部"亮剑"行动号召,主动向公安机关提供售假线索 400 多条。其中,联合杭州警方"猎影行动",抓获各类违法人员 80 多名,摧毁犯罪团伙 11 个。仅 2012 年,阿里巴巴就向警方提供线索共涉及 72 个品牌商品信息,涉案总金额 1.7 亿元,抓获嫌疑人总人数 324 人,团伙数 43 个。

项目五　微博营销

【案例导入】

　　42 篇微博，一道"笔误门"，2 天内让金山软件（03888.HK）在港股暴跌达到 13.88%（2011 年 5 月 25 日下跌 2.24%，5 月 26 日又重挫 11.9%），创下 52 周来新低，一天之内蒸发逾 6 亿港元市值。由于各大网媒的疯狂爆炒和十几万网民热情参与，360 董事长周鸿祎借微博炮轰金山的举动也已被网友喻为"中国微博营销第一案"。

　　5 月 25 日、26 日、27 日，360 安全卫士董事长周鸿祎在新浪、搜狐、网易、腾讯等四大门户微博上，每天密集发布数十篇博文，向公众披露 360 与金山的恩怨和杀毒行业互相攻击的黑幕。周鸿祎用调侃的文字、大量详实数据，指出金山网盾破坏 360 产品的细节，最终导致 360 被迫放弃其兼容。很快，金山安全负责人也加入战团，在针锋相对回应周的同时，也承认了金山在 AVC 评测上存在"宣传上的失误"，同时还称金山已于 25 日修复了金山网盾的"技术漏洞"。

　　而此前，对 360 指出金山网盾存在的高危漏洞，金山曾以高调否认来回应。由于金山毒霸将所获 AVC"倒数第一"的成绩宣传成"全球第一"，打假名人王海刚刚将北京金山软件有限公司和销售商连邦公司起诉到法院，并以涉嫌虚假宣传为由双倍索赔。随后，金山公司回应称系工作人员笔误。此事迅速被微博网友热炒为"史上最牛笔误"，又称金山"笔误门"。

　　金山与 360 口水事件的戏剧化发展，加上各大微博纷纷重点推荐由周鸿祎发起的这一微博大战，吸引了十几万网民驻足"观战"，以至于有网民留言称"班也没心思上了，就跟看戏似的，早早搬个小板凳等着直播"。

　　截至 27 日 16 时，周鸿祎在新浪微博上已拥有 52186 个粉丝，在腾讯微博拥有 31055 个，48 小时内均翻了好几番，周鸿祎微博见图 5-1。

图 5-1　周鸿祎微博

思考一下：金山为什么损失那么严重？

（摘自：百度文库）

任务1　认识微博

【任务描述】

认识微博是了解微博的第一步，主要是认识它在网络营销中的特征和作用，进而认识如何利用微博进行工作和职业活动。

【任务学习目标】

1. 知识目标
- 理解微博的定义
- 认知微博的特点
- 理解微博营销的作用

2. 能力目标
- 能将微博用于工作和生活
- 能将微博进行营销宣传

【任务实践】

任务1.1　什么是微博营销

以微博这种网络交流平台为渠道，通过微博的形式进行推广，以提升品牌、口碑、美誉度等为目的的活动，就叫微博推广。

微博营销是刚刚推出的一个网络营销方式，因为随着微博的火热，催生了相关的营销方式，就是微博营销。微博营销以微博作为营销平台，每一个听众（粉丝）都是潜在营销对象，每个企业都可以在新浪，网易等等注册一个微博，然后利用更新自己的微型博客向网友传播企业、产品的信息，树立良好的企业形象和产品形象。每天更新的内容就可以跟大家交流，或者有大家所感兴趣的话题，这样就可以达到营销的目的，这样的方式就是新兴推出的微博营销。

可能有的朋友不太了解微博这种产品，微博，是一个基于用户关系的信息分享、传播以及获取平台，用户可以通过EB、WAP以及各种客户端组件个人社区，以140字左右的文字更新信息，并实现即时分享。最早也是最著名的微博是美国的twitter，根据相关公开数据，截至2010年1月份，该产品在全球已经拥有7500万注册用户。2009年8月份中国最大的门户网站新浪网推出"新浪微博"内测版，成为门户网站中第一家提供微博服务的网站，微博正式进入中文上网主流人群视野，新浪CEO曹国伟称，截止2012年12月31日，新浪微博的注册用户增长73%，至5.03亿。

微博的内容由简单的语言组成，对用户的技术要求门槛很低，而且在语言的编排组织上没有博客的要求高，只需要反映自己的心情，不需要长篇大论，更新起来也方便，字数有所限制。微博开通的多种API使大量的用户可以通过手机、网络等方式来即时更新自己的个人信息。

目前主流微博平台有新浪微博、腾讯微博、搜狐微博和网易微博等。

分组活动：每个小组分别写出自己的微博。

任务 1.2　微博营销的特点和作用

1. 微博营销特点

微博营销的特点与微博这一平台密切相关，微博是手机短信、社交网站、博客和 IM 等四大产品优点的集合者。不管是内容展现，还是信息发布；是传播速度，还是影响深度，微博营销都体现出无可比拟的优越性。

（1）多媒体、全方位展现信息

现在很多的微博平台已经实现了从文字到图片，从动画到视频的全方位展示，这种多媒体、全方位的信息展示可以实现潜在消费者与品牌之间的深度关联，同时能够让单一枯燥的信息立刻鲜活起来，使得信息更加具有说服力和影响力。

（2）超便捷发布信息

一条微博最多也就 140 个字，大大降低了发布信息的门槛。人们只需要一句话的简单构思，不到一分钟就能写一条微博，比长篇大论的博客平台要便捷很多。毕竟构思一篇好博文，需要花费很多的时间与精力。同时微博发布信息的主体无须经过繁复的行政审批，从而节约了大量的时间成本和金钱成本。移动互联网的发展让微博的信息发布变得更加随时随地，用户不管是在地铁、上班的路上，还是实在等待电梯的过程中，都能够做到接触、发布微博信息。可以说移动互联网为微博的普及起到了重大的作用。

（3）高速度地传播信息

信息的高速传播关键在于微博所具有的开放性关系链。这一关系链能让一条信息得到高速传播。一条关注度较高的微博在互联网及移动互联网上发布之后，在极短的时间内就可以通过互动性的转发抵达微博世界的每一个角落，短时间内达到最多的围观人数。

（4）更广泛地影响消费者

微博能与粉丝实现迅速的沟通，及时获得用户反馈。同时通过人际关系为基础的关系链传播，信息通过粉丝关注的形式进行病毒式的传播，不管是传播的广度还是影响的深度都非常好。与此同时，聚合了大量忠实粉丝的名人明星能够使话题的传播量呈现出几何式增长的态势。

2. 微博营销的作用

微博营销的作用如下：

（1）提高亲和力，或使公司形象拟人化

对于一些想改变自身公众形象的公司，非常适合用微博来操作。如果将公司形象拟人化，将极大提升亲和力，拉近与用户之间的关系，很容易实现这一效果。

例如，微博刚火时，广东省肇庆市公安局尝试开通了中国第一个公安微博，此举在社会上引起了巨大的反响。古代有句民间顺口溜，叫"衙门八字朝南开，有理无钱莫进来"，衙门自古给人一种高高在上、遥不可攀的形象。受此影响，到了现代，人们对于公安局等政府部门，还是有点敬而远之。而广东肇庆通过公安微博，极大地改变了公安部门在老百姓心目中的形象，拉近了与警民之间的距离。人们发现，原来公安干警并不是那么的神秘，也有可爱温情的一面。

（2）拉近与用户之间的距离，获得反馈与建议

做公司和做产品是一样的，任何时候都不能与用户拉距离，任何时候都不能忽略用户的感受与声音。而通过微博这个平台，将会更好地拉近与用户之间的距离，将会更直接地获取

用户的反馈与建议。

例如，美国的总统是奥巴马，他也是美国历史上的第一位黑人总统。而在他成功背后，微博功不可没。在美国大选期间，奥巴马通过 Twitter（美国微博站点）获得了 15 万粉丝的支持，而他的竞争对手希拉里仅有 6000 多名。其成功之处在于通过微博拉近了与选民之间的距离。在竞选期间，奥巴马的团队每天会在微博上与关注他们的粉丝互动，对用户的信息进行反馈，甚至还会主动关注别人。试想一下，一个平日高高在上的大人物却用微博与这些平头小老百姓聊天互动，人民能不投他一票吗？而希拉里却没有悟透这个道理，只是把微博当成了发布信息的平台，从来不关注别人，也不回复别人的信息，更不会与用户互动。她没有重视选民，选民也就没有重视她。应该说微博在这里只是起到了一个桥梁的作用，因为奥巴马已经有知名度了，只是缺少与粉丝交流的平台。

（3）对产品与品牌进行监控

比如说如果微博上很多用户都在批评我们的产品或是公司，那就要注意了。我们要及时发现问题、解决问题。而有了微博之后，可以通过这个平台更好地进行监控。我们可以直接通过微博平台搜索内容的方式来了解客户在谈论哪些与我们有关的话题、对我们的产品是否认可。

（4）引发或辅助其他营销手段

在这里纠正一个认知上的错误，很多人认为微博有病毒营销的功能，这点不对。因为微博在此方面的传播效果，远不如开心网的转帖效果好。在开心网，一个普通人的转贴，也能达到几万、几十万。甚至被转载至站外，在整个互联网上传播。但是在微博中，即使是名人的言论，也不容易达到上万的转载量。而且由于微博内容最多只有几句话，所以也很难像文章那样，在互联网上被大量转载与传播。但是微博的作用也越来越凸显，可以通过微博来辅助事件营销、病毒营销、网络公关等，效果非常不错。

例如，后宫优雅，自称富家女，天天在微博中发一些所谓的明星私事，结果一举成为新浪人气榜第二名的人物，在网上引起了不小的轰动。但是，后宫优雅只能算半个成功案例。因为前期她确实成功地炒红了自己，但是炒的太假、太明显。还没开始给自己的产品打广告，就已经让人识破，原来是网络游戏公司为了推广一款新游戏而为之的。而且后宫优雅也不能算纯粹的微博营销，因为她玩的还是老套路，走的还是其他网络红人走烂了的路线，只不过借助微博这个新平台，做了一把事件营销。

【任务实训】

5-1 申请微博和学会发微博

实训目标

利用我们所学的知识，每个同学最少申请 4 个微博。

实训步骤和要求

1）在新浪、搜狐、腾讯和网易网站上申请微博。

2）就一个热点问题每个同学发一条微博。

3）就自己的网店用微博宣传。

实训成果及考核

通过实际操作，熟练掌握微博的申请流程，微博申请后，要发微博。学生以单人操作的形式完成整个操作过程，由教师进行评比打分（见表 5-1）。

表 5-1 考核表格

学生姓名	是否申请微博	是否发微博	是否用微博网店宣传	教师打分
……	……	……	……	……

任务 2　如何增加粉丝

【任务描述】

微博营销最重要的一个前提就是需要有足够的粉丝，通过增加微博粉丝我们来进行产品宣传，从而来提高我们对市场的洞察力。

【任务学习目标】

1．知识目标
- 增加微博粉丝的作用
- 了解微博粉丝的特点

2．能力目标
- 学会增加微博粉丝
- 对微博粉丝进行优劣判断

【任务实践】

任务 2.1　如何增加粉丝

微博营销最重要的一个前提就是需要有足够的粉丝，下面来分享下如何增加粉丝？

对于互联网人来说，玩微博肯定和普通网民不一样，我们有更多的资源，更多的工具，能够使微博在短期内达到一个不错的效果。但是作为普通网民，应该如何快速有效的提升自己的微博关注度和转发率呢？

先说几个必要条件：

1）一定要勤劳，懒人是玩不起博客的，微博也一样。就像很多人可以写小说却写不了微小说一个道理，区区 140 多个字却真真的见功夫，一定要做到字斟句酌才可以。所以勤劳是必须的。

2）要有执行力，给大家介绍一些实用的方法，但是能不能出效果，关键就看你的执行力了。所谓执行力，就是你能不能持之以恒的把一件事情做到底，做到出效果。如果是三天打鱼两天晒网，那你也不适合做博客，更不用说微博了。

下面来具体讲一下微博（在网上好多人叫它"围脖"）应该如何打造高人气。

第一步：给你的微博定位。

和做博客一样，先给你的微博做一个定位，如果你只是想发布一些个人琐事，比如说"起床了""我在刷牙"之类的生活片段，那你就直接别写博文了。应为除非你是郭德纲、黄健翔、美女、超模等名人，否则没有人会来关注你几点起床的。我说的定位，就是微博的方向，是做健康类的还是生活窍门类的？是音乐还是电影？

我的建议是，先去看一下微博上热门转载、热点话题、热门标签的排名，看一下到底哪类微博最受人欢迎，然后结合自己的兴趣爱好做出选择。同时，在选择的时候也要注意，并不一定越热门的话题越好，比如笑话类的微博很受欢迎，但是微博上起码有几百个笑话类的微博，其中已经做出规模的就有十几个，哪里还有你的容身之所？所以眼观六路耳听八方，切合自身条件，找到最适合自己的定位。

切记，定位是基础。定位如果做得好，可以很好的化解竞争对手的压力，可以切合自己的兴趣或资源优势，同时也更能收到用户的积极反馈，必定使后面的推广事半功倍。

第二步：不要着急去找粉丝，先充实自己。

微博的相互关注就跟人与人做朋友是一个道理，讲究一个互惠原则。你能够带给别人想要的东西，别人才会关注你。往往好多刚开微博的人拿着条微博链接就找人互粉。里面就写了一条微博："我开微博啦,希望和大家交朋友!"这种做法不科学，别人为什么要和你交朋友呢？换句话说，别人关注你做什么呢？交了朋友以后你能给别人什么呢？

所以，一定要先充实自己的内容，然后再去求关注，求互粉，这样成功的几率会高很多。而如果你的内容真的很好，则很可能吸引几千甚至几万的人关注你。收到意想不到的结果。

第三步：充实完内容，还要把微博的资料补充完整。

什么资料呢？比如你微博名称下的简介，一定要写得有趣，如果你能写得让别人欲罢不能，看了就想关注你，那就是最好了。再比如你的标签，一定要注意标签的填写，很多人都是通过标签找粉丝的，比如你是做摄影微博的，那你就写上"摄影""PS"之类的标签，吸引目标粉丝。

第四步：补齐资料后，再建一个QQ群。

你可能会疑惑，建QQ群做什么呢？其实微博虽然传播效率非常惊人，但其自身也有很多局限的。而最显著的局限就是你的粉丝可能无法实时接收到你的信息，因为他可能不在线，或者虽然在线但是关注了太多人，结果你的信息并没能有效传递给他。这时候QQ群的优势就显示出来了。

有了QQ群以后，你每得到一个粉丝，就给他发一条私信，欢迎他入群，私信一定要经过包装，要有吸引力，比如："兄弟，我这里有个微博交流超级群，里面有很多活跃用户，你要是也一样活跃，就进去和大家互相关注一下吧。"我相信他肯定愿意去的，因为这条信息是"互惠"的。它的最大特点就是聚集了非常多粉丝过万的草根微博，那就是建QQ群的一大卖点，借此会吸引了不少微博名人和高粉丝微博博主到群里来。

等群里人多起来了，你每发一条微博，都可以在自己的群里发布一下，碍于群主的面子，很多人都会给你转发的。这样，QQ群就成了你后期的一个永备发动机。有人会说到别人群里也一样有人帮你转发，那得看你善不善于经营了。

第五步：建立好QQ群后，开始正式推广。

其实这里的推广就和大家平时了解的手段差不多了，我就不做过多介绍。你可以先加入一些QQ互粉微群，主动去关注，也可以加入一些互粉QQ群，这样速度更快。基本上半个月时间做到1500粉丝是比较轻松的。这时你的QQ群想必也初具规模了，你的微博也就可以进入正常的发展轨迹了。

第六步：如何增加转发。

进入正轨后，现在博主需要操心一下你的转发量了，因为转发可以为你带来更多的曝光机会以及粉丝。除了在自己的 QQ 群里发布微博链接引导转发外，增加转发其实还有个笨法子。你可以在一条微博发布之后，把你的微博链接和内容简介一个个的发给你的粉丝量比较大的粉丝们。只要你的微博内容优秀，这样做的效果是很明显的。

第七步：保持更新频率，保证更新量，进一步提高粉丝数。

当粉丝量超过 2000 以后，你的微博就已经超过了临界点，互粉的效果就微乎其微了。后面的成果就要靠你的内容和你的勤奋去打天下了。当你上了草根微博（微博粉丝过 8000 可上）排行榜后，你的微博就真正进入正轨了。

任务 2.2　微博营销操作要点

（1）微博营销的关键是人气。对于没有任何人气，没有任何知名度和影响力的公司，做微博营销是不太适合的，至少要先把人气积累足。

（2）微博不是广告发布器。很多人做微博营销，就是拉一大堆粉丝，然后上去发发广告。这是极错误的认知。千万不要只把微博当成广告发布器，这完全是在浪费时间和精力。

（3）主动寻找用户。对于一些特定的产品，微博也可以帮助其实现精准营销。

比如国外有一家名为 Pfizer 的药品公司，就是主动在微博上搜索"郁闷""抑郁"等关键词，来找到潜在的抑郁症患者。然后不断向他们提供关于抑郁症方面的信息，在帮助他们的同时，也营销了自己的抗抑郁药。但是这里注意，找到用户后，不是加完了就一味的发广告，而是先与其互动，免费的给他们提供有价值的信息及免费的指导。所谓舍得舍得，有舍才有得。只是一味想着赚用户的钱，却不想如何给用户带来实惠，帮用户解决问题，那也必将被用户抛弃。

（4）全员上阵。如果您的团队或是公司人很多，那鼓励他们都开通微博，多在微博中讨论公司中的生活、工作、企业文化等。向大众展现一个真实、温情、朝气蓬勃的公司形象。

（5）研究国外的应用。毕竟微博是舶来品，国外在此方面的应用，比我们早了好几年。所以多多地关注和研究国外的应用，会有很多新的发现和收获。

（6）不要只记流水账。微博本身就是通过语言、文字与用户互动，从而达到营销的目的。所以文字上一定不能只是记流水账。内容要情感化，要有激情。要提供有价值、有趣的信息。比如说配合秒杀活动、打折信息等。而且这些信息一定要真实，透明。

（7）尊重用户，不与用户争辩。千万不要在微博上与人争论和吵架，这是很不明智的。除非你不想要自己的品牌形象了。

（8）不要单方面发布。对于在微博这种 WEB2.0 的平台做营销，一定不能只是单方面的发布信息，一定要学会与用户互动。这样才能获得用户的信任与好感，同时也只有这样才能真正让用户参与到公司的活动中去，并提供有价值的反馈与建议。

【知识拓展】

介绍几个知名微博营销网站，你只需注册一下即可，发布一定金额的任务就能叫微博博主帮你做广告，就是转发你的微博。你的微博可以发布一些你店里的网址，比如店内促销信息，效果还是不错的。

1. 猪八戒（http://www.zhubajie.com/）

威客网，猪八戒第一。猪八戒威客网是威客、雇主最安全的威客平台！百万威客人才，为你提供设计、文案、编程、策划、翻译等威客服务。你自由定价，哪怕 500 元，也有几十上百个创意让你百里挑一！在这里哪怕您只会简单的论坛发帖，也会使您有可观的收入。此站本人强力推荐。

2. 时间财富（http://www.680.com/weibo/）

中国威客网是中国威客模式（WitKey）的专业网站，也是威客行业领先的威客网。威客中国提供的悬赏项目（任务）包括 LOGO 设计、Flash 制作、网站建设、程序设计、起名服务、广告语、翻译、方案策划、劳务服务等。

3. 微播中国（http://www.weibcn.com/）

微播中国（www.weibcn.com）聚百万网络水手的网络推手平台，公司定位于中高端网络推广服务，为雇主提供微博营销、企业微博托管、发帖推广、文案写作、问答推广、创意设计，为网络推手提供网络兼职、网络赚钱、注册网站。创意营销平台首选微播中国网！

4. 微发动（http://www.weifadong.com/）

微发动网是一群真诚、团结、阳光、向上、创新、与时俱进的年轻人打造的中国最诚信、最专业、发射威力最强的微博网络营销平台，是社会化营销的体现。微发动致力于帮助需要推广宣传的广告主们（企事业单位或个人）将自己的业务及项目通过微博裂变式传播推广，以最快的速度传播给每一个人。用户可以通过微发动平台找到感兴趣的广告，用转发、分享等方式在自己的微博/SNS 宣传。

5. 威客 V5 网（http://www.vike5.com/?u=3765）

威客网，微博，发贴，悬赏，威客力量一个都不能少。V5 提供推广、设计、编程、翻译、起名等优质威客服务，让雇主的付出获得最好效益，让威客服务实现最大价值！

【任务实训】

5-2　增加微博粉丝

实训目标

利用我们所学的知识，每个同学至少增加 100 个微博粉丝。

实训步骤和要求

1）更新微博内容，要吸引人。

2）更改微博标签和加热门话题。

3）微博上发布图文并茂信息。

实训成果及考核

通过实际操作，熟练掌握增加微博粉丝的方法，学会发吸引人的微博。学生以单人操作下形式完成整个操作过程，由教师进行评比打分（见表 5-2）。

表 5-2　考核表格

学生姓名	增加微博粉丝	更新微博内容	修改微博标签	教师打分
……	……	……	……	……

项目六　软文营销

【案例导入】

百岁爷软文营销案例

现在的年轻人啊，为什么不让自己的父母成为百岁爷，你们还有良心吗？

在淘宝网上，80%的购物群体是年轻人，他们只顾着购买包包、鞋子、化妆品、数不清的零食坚果。可是你知道年长的人需要什么吗？你何时为老人家想过买些什么呢？不，你们都疏忽了，麻痹了，忘却了，那可是生你、养你、一辈子惦念你的父母！

昨日去一家茶楼喝茶，遇见一个朋友。喝茶嘛，自然聊起了茶叶，我首先感叹道："现在的年轻人都觉得喝茶与自己无关，去淘宝购物不是衣服，就是鞋子；不是美容化妆产品，就是瘦身减肥药，每次购物都是几百上千，却全然不知父母的感受。上一辈的人，大多历经坎坷，都是吃苦受罪的一辈，现在科技发达了，生活好了。我们的网络时代遗忘了他们，现在他们的孩子也在遗忘他们！做父母的实在艰辛啊！做孩子的真的没有良心了吗？"

朋友听完，赶紧反驳道，听得出来，也算是对年轻人的讽刺和劝解吧。朋友说："其实他们个个还都承认自己是孝男孝女的，他们也承认自己是深深地爱着父母的！可是就像你说的当父母需要喝茶的时候，他们遗忘了，他们忘记了到底该由谁来为自己的父母埋单！"

其实我觉得父母有自己的退休金，他们并不需要钱，也不仅仅需要儿女物质上的给予，不是这么简单的事儿。他们需要的还有儿女们在精神上的祝福，言语上的关怀！看着茶桌上摆放了一罐百岁爷白茶，在昏暗灯光的照射下显得格外醒目。最后，我们达成了共识：做儿女的应当提着百岁爷白茶，走到爸妈跟前，深情地、感恩地、充满爱意地告诉二老："爸啊，妈啊，儿女平时忙于工作、急于赚钱、疏于孝道，今日特意提上百岁爷白茶来看望你们，祝老爸老妈长命百岁！早日成为东方卫视明日寿星达人！"

（摘自：百度文库）

思考一下：作者写这篇文章的目的是什么？

任务1　什么是软文营销

【任务描述】

软文营销是网络营销中比较常见的一种营销方式，如何利用软文对公司的产品或服务进行介绍，如何通过写一些技巧、实战性的文章，吸引读者的注意。

【任务学习目标】

1. 知识目标
- 掌握软文营销的定义
- 理解软文营销的特点

2. 能力目标
- 学会写软文
- 学会在不同类型门户网站上发表软文

【任务实践】

任务1.1　什么是软文营销

所谓软文营销，就是指通过特定的概念诉求，以摆事实讲道理的方式使消费者走进企业设定的"思维圈"，以强有力的针对性心理攻击迅速实现产品销售的文字模式和口头传播。比如：新闻，第三方评论，访谈，采访，口碑。软文是基于特定产品的概念诉求与问题分析。对消费者进行针对性心理引导的一种文字模式，从本质上来说，它是企业软文渗透的商业策略在广告形式上的实现，通过借助文字表达与舆论传播使读者认同某种概念、观点和分析思路，从而达到企业品牌宣传、产品销售的目的。

在传统媒体行业，软文之所以备受推崇，第一大原因就是各种媒体抢占眼球竞争激烈，人们对电视、报纸的硬广告关注度下降，广告的实际效果不再明显，第二大原因就是媒体对软文的收费比硬广告要低得多，在资金不是很雄厚的情况下软文的投入产出比较科学合理。所以企业从各个角度出发更愿意以软文试水，以便使市场快速启动。

软文推广与软文营销有什么关系呢？它们之间有什么不同呢？

软文推广，顾名思义，以"推"为主。推什么呢？一般是以推企业与个体为主。推企业则主要包括提升企业知名度、推企业产品、推企业网站、推企业文化活动等；推个人的话，主要包括推企业家、推新人（影视歌星文艺）、推网络红人等。除此之外，我们也可以通过软文来推广如地方政府的优惠政策、非盈利机构的公益活动等。这就是一般意义上的软文网站推广。

软文营销可以说是软文推广的升级版。软文推广注重的是执行，软文营销注重的是策略。比如一时兴起写一篇软文，这叫软文推广，而软文推广往往是直接在文章中推广产品。而仅仅临时写一篇软文，绝对不叫软文营销。软文营销往往是经过周密的策略，用一系列的文章打组合拳，这些文章环环相扣，由浅入深，一步步达到目标。而且做软文营销时，具体的文章内容中不一定要直接推广产品，可能是先普及某一种概念，或是为后面的计划做铺垫。

案例：脑白金的软文营销

说到脑白金，可谓家喻户晓。脑白金是珠海巨人集团旗下的一个保健品品牌，史玉柱以区区50万元人民币，在短短的3年时间里就使其年销售额超过10亿，令业界称奇。骄人业绩背后，软营销功不可没。

下面让我们来了解脑白金的软文营销是怎么做的。

脑白金入市之初，首先被投放市场的是新闻性软文，如"人类可以长生不老吗？""两颗生物原子弹"等。一篇接一篇，持续轰炸，形成了一轮又一轮的脑白金冲击波。在读者眼里，这些文章的权威性、真实性不容质疑。没有直接的商品宣传，脑白金的悬念和神秘色彩就被制造出来了，人们禁不住要问："脑白金究竟是什么？"消费者的猜测和彼此之间的交流使"脑白金"的概念在大街小巷迅速流传起来，人们对脑白金形成了一种期盼心理，想要一探究竟。

紧接着跟进的是系列科普性（功效）软文。如"一天不大便等于抽三包烟""人体内有只'钟'""夏天贪睡的张学良""宇航员如何睡觉""人不睡觉只能活五天""女子四十，是花还是豆腐渣?"等,这些文章主要从睡眠不足和肠道不好两方面阐述,并指导人们如何克服这种危害,将脑白金的功效巧妙地融入软文中。每一篇似乎都在谈科普,并没有做广告,读者读来轻松,由不得不信。这种投入短短两个月就获得了意想不到的效果。

下面我们就来看一下其中非常经典的一篇《两颗生物"原子弹"》是如何写的。

两颗生物"原子弹"

本世纪末生命科学的两大突破,如同两颗原子弹引起世界性轩然大波和忧虑:如果复制几百个小希特勒岂不是人类的灾难?如果人人都能活到150岁,且从外表分不出老中青的话,人类的生活岂不乱套?

一、"克隆"在苏格兰引爆

苏格兰的一个村庄,住着一位53岁的生物科学家,他就是维尔穆博士。这位绅士温文尔雅,慢声细语。年薪仅6万美元,他培育一个名叫"多利"的绵羊,为此他本人获得的专利费也不会超过2.5万美元。但这头绵羊和脑白金体的研究成果一样,形成世界性的冲击波。

从总统至百姓无不关注培育出"多利"的克隆技术,克林顿总统下令成立委员会研究其后果,规定90天内提交报告,并迫不急待地在他的白宫椭圆形办公室发布总统令。德国规定,谁研究克隆人,坐牢5年,罚款2万马克。法国农业部长发表讲话:遗传科学如果生产出6条腿的鸡,农业部长可就无法干了。

"多利"刚公诸于世,《华盛顿邮报》即发表《苏格兰科学家克隆出羊》,美国最权威的《新闻周刊》连续发表《小羊羔,谁将你造成出来?》、《今日的羊,明日的牧羊人》等。

美国广播公司晚间新闻发布民意测验:87%的美国人说应当禁止克隆人,93%的人不愿意被克隆,50%的人不赞成这项成果。

二、"脑白金体"在美利坚引爆

脑白金体是人脑中央的一个器官,中国古人称之为"天目",印度2000年前就称之为"第三只眼"。近年来美国科学家们发现,它是人体衰老的根源,是人体的生命时钟。这项发现如同强大的冲击波,震撼着西方国家。《纽约时报》报道:"2000年前中国秦始皇的梦想,今天在美国实现了。"《华尔街日报》发表《一场革命》,《新闻周刊》居然以《脑白金热潮》为标题,于8月7日、11月6日封面报道,阐述补充脑白金的奇迹:阻止老化、改善睡眠、倒拨生命时钟。

在美国政府FDA认定脑白金无任何副作用后,脑白金的价格在美国加州迅速被炒到白金的1026倍。不过,在大规模生产的今天,每天饮用脑白金仅需花费1美元,在中国也不过是7元人民币。

美国西北大学教授格利塔在电视新闻中感叹:"美国人为它疯狂了!"

脑白金体的冲击波迅速波及全球。日本《朝日新闻》、NHK电视大肆报道。台湾人从美国疯狂采购脑白金产品,香港政府不得不出面公告:奉劝市民饮用脑白金要有节制。

中国内地也不例外,1998年4月5日中央电视台《新闻联播》播放《人类有望活到150岁》,详细介绍脑白金体的科技成就,《参考消息》等各大媒体也都相继报道。中国部分城市已出现饮用脑白金的热潮。

在美国,不少人撰文表示对脑白金体成果的担忧。如果人人都活到150岁,从外表分不出成年人的年龄,会出现许多社会问题。世界老化研究会议主席华特博士在其科学专著中指出,饮用脑白金明显提高中老年人的性欲。于是评论家们担心，性犯罪必将上升。

三、什么是克隆

克隆是"clone"的音译，含义是无性繁殖。在传统的两性繁衍中，父体和母体的遗体物质在后代体内各占一半，因此后代绝对不是父母的复制品。克隆即无性繁殖，后代是与前代完全相同的复制品。

复制 200 个爱因斯坦和 500 个卓别林，是件大快人心的事。但如果复制 100 个希特勒，实在令人担忧。50 多年前纳粹医生约瑟夫曾为了复制希特勒研制克隆技术，幸好没能成功。"克隆"对伦理道德的冲击更大：如果复制一个你，让你领回家，你太太和女儿应该如何称呼"他"。

世界级大药厂发现了克隆的巨大商机。美国商业部预测"2000 年克隆生物技术产品的一场规模将超过 500 亿美元"。克隆技术将主要用来制造保健品。国外许多媒体认为美国商业部的预测太保守，如同 50 年代美国商业部预测："2000 年，全球的计算机数量将高达 80 台。"

四、什么是脑白金体

人脑占人体重量不足 3%，却消耗人体 40% 养分，其消耗的能量可使 60 瓦电灯连续不断地发光。大脑是人体的司令部，大脑最中央的脑白金体是司令部里的总司令，它分泌的物质为脑白金，通过分泌脑白金的多少主宰着人体的衰老程度。随着年龄的增长，分泌量日益下降，于是衰老加速。

30 岁时脑白金的分泌量快速下降，人体开始老化；45 岁时分泌量以更快的速度下降，于是更年期来临；60 岁～70 岁时脑白金体已被钙化成了脑沙，于是人就老态龙钟了。

如果想尝尝年轻时的感觉，喝脑白金的确能让人过把瘾。

美国三大畅销书之一的科学专著《脑白金的奇迹》根据实验证明：成年人每天喝脑白金，可使妇女拥有年轻时的外表，皮肤细嫩而且有光泽，皱纹和色斑也得到消除；可使老人充满活力，反映免疫力的T细胞数量达到其 18 岁时的水平；使肠道的微生态达到年轻时的平衡状态，从而增加每天摄入的营养，减少侵入人体的毒素。

美国《新闻周刊》断言"补充脑白金，可享受婴儿般的睡眠"，于是让许多人产生了误解，以为饮用脑白金主要用于帮助睡眠。其实脑白金不能直接帮助睡眠。夜晚饮用脑白金，约半小时后，人体各系统就进入维修状态，修复白天损坏的细胞，将白天加深一步的衰老"拉"回来。这个过程必须在睡眠状态下进行，于是中枢神经接到人体各系统要求睡眠的"呼吁"，从而进入深睡眠。

脑白金可能是人类保健史上最神奇的东西，它见效最快，补充 1～2 天，就会感到睡得沉、精神好、肠胃舒畅。但它又必须长期使用，饮用几十年后还要每天饮用。

五、焦点问答

据中国香港《明报》、中国《参考消息》及美国几大报刊综合出以下人们最关心的问题及答案：

- 可以克隆人吗？答：可以。
- 可以克隆希特勒吗？答：理论上可以。
- 死人可以克隆吗？答：不。
- 不需男人，女人可以怀有"自己"吗？答：可以。
- 克隆人合法吗？答：法国合法，英国、德国、丹麦不合法。
- 西方国家总统每天补充脑白金吗？答：媒体曾如此报道。

- 饮用脑白金，人可以长生不老吗？答：不，只能老而不衰。
- 如何鉴别真假脑白金？答：无口服液或无国家卫生部批文的全是假冒。
- 成年人可以不补充脑白金吗？答：可以，如果对自己不负责的话。
- 美国 5000 万人为什么因脑白金而疯狂？答：他们想年轻。

（摘自：http://lzcb.gansudaily.com.cn/system/2000/12/12/000301311.shtml）

虽然脑白金产品备受争议，但脑白金的软文营销堪称企业营销策划的经典案例。

（1）以概念推广的形式，宣传产品的多项保健功效。脑白金最初入市，以大脑脑白金体及其分泌的脑白金为主诉求点，宣传衰老与年轻态的概念，引出产品的多项保健功效。其实，脑白金的主要组成成分是 Melatonin（褪黑素），这种食品早在 1995 年就开始在美国流行。由于其能够改善睡眠，因而受到人们的广泛关注。实际上国内也有一些保健品公司为美国公司做产品销售代理。史玉柱的"高明"之处就在于，他把 Melatonin 和具有化积消食通便功能的口服液组合在一起，推出了自己的产品 "脑白金"——既能改善睡眠，又能让人排泄顺畅，达到了 1+1>2 的效果。随着脑白金"年轻态"概念的打造、推广，人们"求美、求新、求年轻"的心理被大大地激发，越来越多的人接受和认可了脑白金。

（2）以知识普及的形式，将脑白金产品信息自然融入其中。保健品营销通常离不开功效诉求，人们购买保健品是因为它具有某种独特的作用，那么，这种作用是如何产生的？为什么会有这种作用？这些无疑是人们心中最大的困惑，要使人们信以为真,最好的办法就是摆事实，讲道理，以理服人。脑白金软营销的巧妙之处就在于，它以知识普及的形式，迎合了人们"求美、求新、求年轻"的心理。在软文写作上，则以极具诱惑力的标题吸引大众眼球，从关注人们健康长寿的角度去阐述，使读者产生试用的冲动。当人们被文章严密的逻辑性、权威性以及所蕴涵的大量信息所折服时，也一步一步地走进了脑白金的营销"圈套"。

脑白金每到一个城市，会先选择当地 2～3 种报纸作为这些软文的主要刊登对象，并且会在两周内，先把新闻性软文全部炒完。

除了时间限制外，文章的刊登方法还非常讲究：

- 软文肯定不会登在广告版，通常会选择健康、体育、国际新闻、社会新闻版（因为这些版面的阅读率高）。
- 选择那样通版是文章，没有广告的版面进行投放（这样读者看起来舒服）。
- 不与其他公司的新闻稿出现在同一版面（以免读者被其转移视线，受到影响）。
- 文章标题要大而醒目，文中的字体字号与报纸整体风格一致（让读者看不出炒作的痕迹）。
- 每篇文章都要配上相关的精美插图（图文并茂，增加可读性）。
- 每篇软文均是单独刊登，不与其他软文同时出现（防止一下投入太多，读者消化不完）。
- 不附热线电话、不加黑框（消除一些广告痕迹）。
- 每篇文章都配上相应的报花，如"焦点新闻""专题报道""热点透视""环球知识""焦点透视"等（让读者以为是正常的新闻报道）。
- 最重要的，也是最画龙点睛的一笔，在炒完一轮软文之后，以报社名义郑重其事地刊登一则启事，内容如下：

启事（样本）

敬告读者：

近段时间，自本报刊登脑白金的科学知识以来，收到大量读者来电，咨询有关脑白金方面的知识，为了能更直接、更全面地回答消费者所提的问题，特增设一部热线：******，希望以后读者打此热线咨询脑白金知识。谢谢！

*****报社
年月**日

此举非常巧妙，真的是画龙点睛，实际上留的是脑白金公司的销售电话，但却让读者认为是报社的电话。在毫无戒心的情况下，源源不断的潜在用户主动送上门，脑白金也因此赚得盆满钵满。

任务1.2 软文营销的特点

从上面的案例中我们看出，脑白金的每一篇软文都没有植入广告（这点和软文推广完全不同），但是这些文章组合在一起，却获得了巨大的成功。下面是软文营销的特点。

1. **本质就是广告**

软文的本质就是广告，这是不可回避的商业本性。所以不管大家的软文营销如何策划和实施，最终一定是要能够达到相应的效果，否则就是失败的。

2. **伪装形式是一切文字资源，使受众"眼软"**

所谓软文，关键点一是"软"，二是"文"。也就是说软文的内容一定是以文字为主，包括各种文字形式，如新闻资讯、经验心得、技巧分享、思想表达等。通过这些文字，使受众"眼软"，只有让用户的眼光停留了、徘徊了，才有机会影响到他们。

特别是语言文字，要照顾到目标受众的阅读能力与理解能力，要浅显易懂、形象生动、贴近生活，让用户读起来有共鸣感。切忌不要把软文当成散文、诗歌来写，像笔者就经常见到这样的软文：文笔非常有功底，辞藻修饰非常华丽，行文优美似散文。问题是我们写的不是文学作品，也不是给文学爱好者看的，这种脱离生活的软文只会曲高和寡，没有回应，自然谈不上带动产品的销售。

像发布在网络上的软文，越通俗越好，要多多运用网络语言，因为网络文化的特点就是草根、快餐。可以上网了解一下网络上流行的小说和文字，写得都非常通俗，甚至被人批评为"中学生作品"。而那些被文学界奉为精品的文章，反而被冷落。

3. **宗旨是制造信任，使受众"心软"**

软文的内容不是瞎写，一定要有目的，而不管什么形式的软文，终极目标一定是相同的，那就是通过这些文字在用户中间制造信任感，通过这些文字打动用户，使受众"心软"。只有用户看完你的文章后相信你了，才会付诸行动，那么怎样做网络推广，怎样做软文营销，下面会给大家介绍。

什么形式的文章最终能打动用户，能使用户产生信任感？答案就是能够对用户起到帮助性的文章。比如通过文章，让用户解决了问题、学到了新知识等。所以软文内容一定要真实、真诚，经得起推敲，内容要实在，要能够帮助用户解决问题。切记不能有虚假信息或是糊弄受众。

4. 关键要求是把产品卖点说的明白透彻，使受众"脑软"

只是让用户相信你了，还不行，还需要在文章中把产品说得明明白白、清楚透彻。否则用户弄不清楚状况，还是达不到最终的目的。所以需要我们深入了解产品特点，并将这些卖点通过文字完美地演绎出来，使受众在了解到这些卖点后，"脑软"。

比如保健品产品中，大都会用到"益肾补气""抗氧化""免疫调节"等字眼，但是这些词汇既不形象，也不生动，而且这些专业术语一般人也很难明白。这样写，很难引起消费者的共鸣，更不会产生效果。但是如果我们用"洗血""洗肺""洗肠""排肠毒"等生动形象的词汇后，产品的功能与卖点马上呈现，让相关症状的人读后跃跃欲试。

5. 着力点是兴趣和利益

用户对什么样的内容最感兴趣？不同的行业、用户群，具体答案不尽相同，但是有一条最本质的规律，那就是不管什么状况，什么行业，什么样的用户，一定对与自身的喜好和利益有关的内容最感兴趣。所以深入研究用户需求，是每一位营销推广人员必须做足的功课。

比如前面提到的脑白金的案例，之所以获得了巨大的成功，很重要的一个原因是，其所有软文都抓住了人类最本质的一个需求，或者是人性的弱点，那就是人都恐惧死亡，都渴望长生不老。面对死亡，没有几个人能够保持内心的平静。所以当人们看到媒体大肆报道一种叫做"脑白金"的物质可以帮助人民延年益寿时，很多人就坐不住了。

小活动：让同学们分组讨论，脑白金的软文营销成功之处在哪些方面？

【任务实训】

6-1 什么是软文营销

实训目标

根据书本知识，每个同学写两篇原创文章，字数不能少于 500 字，文章可以写在微博、博客、QQ 空间或论坛里，产品自选。

实训步骤和要求

1）软文标题要吸引人。
2）不要在软文里边体现对产品广告的字样。
3）整片软文内容要新颖，结构要合理。

实训成果及考核

通过软文写作，熟练掌握写软文的方法，学会写吸引人的软文。每个同学必须上交原创软文，由教师进行评比打分（见表6-1）。

表6-1 考核表格

学生姓名	软文标题是否吸引人	软文内容是否新颖	软文结构是否合理	教师打分
……	……	……	……	……

任务 2　软文营销策略

【任务描述】

如何把一篇软文写好，必须要讲策略，只有策略运用的恰到好处，软文才能够写的准确、到位。才能把布置好的任务彻底完成。

【任务学习目标】

1. 知识目标
- 掌握软文营销策略的方法
- 掌握软文营销的注意事项
2. 能力目标
- 能够写好一篇软文
- 能够掌握写软文的技巧

【任务实践】

任务 2.1　如何做好软文营销

1. 软文营销要与企业营销战略相结合

软文作为一种软性广告，其营销的最终目的在于激发消费者的购买欲望，从而购买公司产品。但是软文应该包含哪些产品及特性，软文应该在什么时候发布，应该在哪些平台上发布，应该发布多少软文等问题都需要在软文网站营销计划中作详细的规划，而这些规划的一个重要依据就是企业的营销战略，要以企业营销战略目标为导向。

企业的营销战略一般包括品牌战略、产品战略、市场战略等，其中几乎每一个战略都有很详细的时间计划和阶段目标计划，这也就为软文营销提供了指导。在企业网站营销战略的框架下，软文在时间和内容主题的控制上就容易做到精准，做到有的放矢，否则既浪费了人力和财力，又很难取得理想的效果。

2. 软文发布的平台要进行系统的规划

发布平台大体可以分成内部平台和外部平台，内部平台主要包括网站、宣传册、内部刊物等，而外部平台则包括论坛、文档共享、行业网站、综合网站等。正如不同类型的软文发挥着不同的作用一样，不同的发布平台也扮演着不同的角色。在软文营销中，内部平台更多地扮演的是塑造企业品牌形象的角色，而外部平台扮演的则是提升企业影响力的角色。因此，针对不同的平台，在内容选择、时间控制、发布频率等方面都要做系统的规划。

3. 对外部环境保持高度警惕，应需而变

这里所讲的外部环境主要包括市场环境和竞争对手两个方面。市场环境需要关注政策的变化，客户需求的变化和市场发展阶段的变化；竞争对手需要关注产品的变化，推广形式及重点的变化。如果想对这些变化有准确的把控，还有赖于对相关数据的有效整合，例如，如果想准确把握用户需求的变化，就要对用户各方面数据进行系统的分析，而这些数据则有可能来源于市场调查、售后反馈、售前沟通信息等，这就需要建立完善的数据整合体系。

4. 软文要保持多样性

为了达到理想的网站推广效果，我们在选择软文推广平台时，一般会选择大量并且类型多样的平台。不同类型的平台对文章的要求有所不同，例如，共享类平台需要近似文档类的软文，而行业类平台则需要理论价值较高的软文。甚至对于同种类型的不同平台，他们对于内容的侧重点都会有所不同，这也就要求我们设计多种类型的软文以满足不同平台的要求。但值得注意的是，不管是什么样类型的软文，都要保证其具有一定的价值，否则只能被别人认为是推广的广告，引起反感。

一般来说，软文的类型主要包括案例类、理论知识类、评论类等，各个类型之间并没有严格的主次之分，只是以其特性适合不同的发布平台，对营销发挥着不同的作用。例如，案例类软文提升用户信任度；理论知识类软文增强用户粘合度；评论类软文塑造企业专业度等。只有整合运用各个类型的软文，才能达到最佳的推广效果。比如新闻软文一定要突出一个"新"字，文章中的内容一定是人们所不知道的、不了解的、不熟悉的，如新鲜的观点、新鲜的事物、新鲜的知识、新鲜的话题等。文章的形式要符合新闻写作规范，发布的媒体及具体的版块也应该是珍贵新闻栏目，千万不要发到广告版。

任务 2.2　如何写好软文

写好软文还有以下几点技巧：

1. 标题要有吸引力

题目要取的比较有吸引力，题目都没吸引力，很多人不会看你的文章，你的软文写的再好也没用。当然也不能只为了赚取别人的眼球刻意的做标题党，如果网友看了标题很吸引人但是看了内容却大呼上当的话，首先对你的网站内容予以否决，更谈不上去看你的什么宣传产品了。

2. 导语要精彩

一篇软文能否吸引住读者，标题和导语要起 60%以上的作用，有时甚至是起决定性的作用。如金龙鱼 1:1:1 调和油上市时，第一篇软文是《健康不再是秘密》，它的导语是这样写的："黄太和李太在一起聊天，黄太神秘兮兮地与李太说："你知道吗？世界营养组织公布说人体膳食脂肪酸的最佳构成比例是 1:1:1，许多人的饮食搭配方式都不正确，营养结构达不到这个最佳标准。"这篇文章之所以收到了较好的传播效果，这段导语发挥了重要作用。因为它通过暗示性的语言拉近了读者的距离，同时恰到好处地带出了全文最重要的"1:1:1"的信息，让读者产生了强烈的阅读欲望。

3. 软文的主题要鲜明

一篇好软文，读后一定要给人留下深刻的印象，而不是一头雾水。海尔曾推出了一篇软文《两包感冒药和一台海尔空调》，光看标题，大家觉得稀奇。然而，读完全文，就会情不自禁地被海尔"急用户之所急，想用户之所思"的诉求打动。

4. 多引述权威语言

好软文要避免自说自话。大多数人都有这样一个心理，就是容易被暗示，尤其是常常容易被权威机构和知名人士的观点说服。但对于自卖自夸的人，常常会很反感，当然也就不会接受他的观点。因此，写作软文要多引用第三方权威观点和语言，不要"王婆卖瓜，自卖自夸"。科龙主推的节能明星冰箱在市场上家喻户晓,主因在于恰到好处地通过权威机构和专家的观点突出了它在业内独一无二的节能优势。

5. 尽可能写成新闻

软文说到底是广告，但一篇好软文必须不能让人轻易地觉察到它就是广告。这就要求将软文应尽可能地写成新闻，这样做还有一个好处就是，比较容易发稿，因为它的公信力较强。软文如何写得像新闻呢？第一，内容要有新闻价值。企业炒作软文的目的虽然是宣传自己，但稿件宜尽量减少宣传味，避免消费者反感。第二，要有最基本的要素，即交代清楚时间、地点、人物、事件、原因、后果，并且要在最显著的段落中写入最需要让读者了解的内容。第三，篇幅不要太长。要力求简洁明了，直切主题，减少套话和空话。第四，事实要求准确。要经得起读者的挑剔，内容不浮夸。总之，写作软文要抓住以上几点，但文无定法，关键在于平时多读、多写、多积累，这样才能够驾轻就熟，写起来风生水起。

当然软文宣传只是一个形式，要想赢得用户良好口碑，一定要先练好内功，在产品和服务上下功夫，内外兼施，才能达到一个比较理想的效果。

任务 2.3　软文营销实施时的注意事项

具体操作实施时，有以下几个关键点，一定要注意。

1. 选好宣传点

要了解产品特性与目标用户需求，结合用户的实际需求与问题，找出最能够对打动用户产生帮助的卖点来作为宣传点。注意，主打卖点不要与其他同类产品雷同，要有差异化，要体现出我们的特色。

软文的内容不一定非要用华丽的辞藻，也不能如答试卷一样公式化，最重要的是要同用户推心置腹说家常话，把要传递的信息绵绵道来植入受众群体，这样创作出来的东西才是最有力的软文营销。千万不要用所谓万金油的方式闭门造车，用一些所谓的模板制造一些毫无实质的内容，或是干脆赤裸裸地进行宣传，通篇都是广告。

2. 选好宣传阵地

如果软文写得很好，但是用户看不到，还是等于没宣传。所以一定要建立足够多的软文发布渠道，而且这些渠道面向的最终用户一定是适合我们的精准用户。

3. 制定计划，执行力最重要

想通过一次软文就能带来很高的销量或者大幅度提高网站点击率是很难实现的。软文不是硬广告，其特点是通过文字潜移默化地影响人们的思想，只有通过长期的营销宣传，才能达到目的。所以在操作时就需要注意阶段性和长期的引导。

另外，只是数量有了，也不行，软文营销要有效果，一定要先制订一个周密而靠谱，非常具有可执行性的计划，并且要坚决贯彻和深入执行，不能像软文推广那样随意而为。

【任务实训】

6-2　软文营销策略

实训目标

根据自己的实际情况和需要，每个同学写二篇软文，字数不能少于 2000 字，并且至少发布到 10 个以上的相关网站，包括资讯站、论坛等。

实训步骤和要求

1）软文的标题和导语要精彩。

2）软文的主题要鲜明。

3）软文写得要有新闻价值。

实训成果及考核

通过软文写作，熟练掌握写软文的技巧，写软文的策略。每个同学必须上交原创软文，由教师进行评比打分（见表 6-2）。

表 6-2　考核表格

学生姓名	软文标题和导语是否精彩	软文主题是否鲜明	软文是否有新闻价值	教师打分
……	……	……	……	……

【知识拓展】

"广告式"体裁的软文，这种体裁软文往往是站在商家的角度，以广告式的语言来写作，这种软文的吸引力一般都比较差。除了"广告式体裁"外，还有"新闻式体裁""访谈式体裁""故事式体裁""感谢信体裁"，相比"广告式"体裁，这些体裁的吸引力相对要高一点，但是由于使用较多，并不能直接刺激读者的眼球。

有什么样的体裁是我们平时用的比较少，但是巧妙运用又会对读者产生极大的吸引力呢？这里以实例的方式介绍"日记式体裁"软文写法，通过这种写法让读者眼睛一亮。

首先交代一下实例软文的写作背景，实例软文写于某年十一国庆节前期，是为某大型家电卖场撰写的促销软文，大型节假日是网站促销的最佳时机，也是发布广告、软文宣传最多的时候，所以写出一篇能够吸引人的创意软文无论对品牌还是对销售都会起着至关重要的作用。

1. 标题的写法

虽然日记式的体裁已经很吸引人，但是标题仍旧很关键，不容忽视。为了让标题更醒目，借助网络的一系列"门"事件热点，先想出了副标题"XX 家电卖场'日记门'事件"，正标题《员工日记"泄密"XX 家电卖场十一动向》，通过"日记门""日记泄密"这些关键词吸引读者对软文的关注。

2. 导语的写法

与新闻式体裁软文写作手法一样，日记式体裁的软文导语也必须对事情的起因、经过做一个概括性的介绍，如撰写的导语："一直以来，XX 家电卖场的实力不可小觑，总能在重大营销活动中引发一种'XX 现象'。就在十一来临之际，从 XX 家电卖场内部'泄漏'了两篇员工日记，字里行间都'泄密'了该卖场的十一动向。"短短几句话，勾起读者继续阅读 XX 家电卖场内部员工日记的兴趣。

3. 正文的写法

正文虽然是摘录两篇日记，但是日记的写法也是至关重要。遵循日记的写作格式自然是必须的，同时更重要的是将日记写的出神入化，写的惊心动魄。

如撰写的第一篇日记题目是《一夜"暴富"千万，我疯了！》

日记主人：采销业务员

时间：9 月 16 日

天气：晴

日记这样写道：

今天是入职 XX 家电卖场 3 年来最难忘的一天，在上午召开的十一营销研讨会上，高层领导们经过多方讨论，决定拿出 10 亿资金备战十一。同时，总经理决定从中拿出数超过亿元采购新品、特价机，过千万元用于赠品采购。作为采购员，突然收到这样一大笔"财富"，我感觉兴奋得快要疯了，同时更感到责任的重大。上亿元的新品和特价机、数千万的赠品将要在十一引爆家电狂欢节，这将会是怎样的一个家电"盛宴"？我将要开始一个疯狂采购"旅程"……

再如撰写的第二篇日记题目为《天天"掉价"，我懵了！》

日记主人：价格管控员

时间：9 月 19 日

天气：晴

日记这样写道：

"又掉价了！"

"真的？这款彩电不是昨天刚调过价吗？"

"没错，比昨天又调低了 1000 元呢！"

今天上午，在我的工作单位 XX 家电卖场，我再次经历了一周以来数款商品多次降价的"惊心动魄"。……

4. 结尾的写法

为了让整篇软文起到一个画龙点睛的作用，在文章最后，我们需要增加一个新闻式体裁软文惯用的编后语。撰写的编后语："XX 家电卖场两名员工的日记清楚地向我们'泄密'了他们十一的大秘密：低价、厂价、底价、裸价！十一，XX 家电卖场即将上演年度家电狂欢节！"

项目七　IM 推广（QQ 推广）

【案例导入】

　　回顾 2010 年的中国网络营销现状，一个突出的现象令网络从业者和网络研究者无不"瞠目结舌"，网友们给这个现象创造了一个富有黑色幽默的名字——"观音哥"：以福建安溪茶农为关键词，以铁观音为产品，在 2010 年下半年的每一天，上百万的 QQ 群网友都承受着"观音哥"每天不定时的"问候"，每次都在群里边发"铁观音""高档、高品质、身份、品味"等美好的词语，发完广告后立刻消失。令无数的 QQ 用户不甚其扰，以致有不少的网友开始痛骂被推广的产品"铁观音"，"誓言"再也不喝铁观音，当然这都是被骚扰后的气话，究竟在这股来势汹涌、怨声载道的 QQ 营销背后，作为被推广方，福建的茶农是否享受到了推广的成果呢？根据相关的调查，在这场 2010 年的 QQ 营销背后，虽然导致了无数网民怨声载道，然而一个不可忽略的事实却是作为被推广方的福建安溪茶农确实从中获得了切切实实的好处：与往年同期相比，销量获得了 200% 的增长，以往非常有限的销售渠道被网络一下放大了好几倍，这让以往未接触过网络的茶农无不感叹和震惊网络推广的威力。对此，得出一个结论：疯狂的 QQ 营销背后，正是因为它所带来的真实效益，才导致营销者可以不顾那些怨骂声，选择继续坚持将营销做得更大，即使铁观音已经到了"过街老鼠，人人喊打"的地步，也要见群就钻，乱发广告。

　　（摘自：推一把论坛）

思考问题：
1. 陈述下你对铁观音这种 QQ 群推广模式的方式有什么看法？
2. 你遇到过在 QQ 群里边乱发广告的现象吗？你去关注所发的广告吗？

任务 1　QQ 推广应用

【任务描述】

　　通过 QQ 推广应用的学习，我们要学会利用 QQ 进行推广、营销，最终是正确地利用 QQ 来完成一定的任务。

【任务学习目标】

1. 知识目标
- 理解 QQ 推广的特点
- 掌握 QQ 设置技巧
- 掌握 QQ 沟通技巧
2. 能力目标
- 给一个任务能够用 QQ 推广
- 熟练运用 QQ 设置技巧和沟通技巧

【任务实践】

任务 1.1　什么是 IM 推广

IM 为 Instant Messaging 的缩写，译为即时通信或实时传讯，是一种基于互联网的即时交流消息的业务，以 IM 工具为平台通过文字、图片等形式进行宣传推广的活动，即称为 IM 推广。常用的 IM 工具包括 MSN、QQ、飞信、YY、淘宝旺旺、UC、呱呱等。其中 QQ 占有率市场最高，平常做 IM 推广时，大部分是以 QQ 推广为主。

QQ 由来知识拓展

1996 年，三个以色列人维斯格、瓦迪和高德芬格聚在一起，决定开发一种使人与人在互联网上能够快速直接交流的软件。他们为新软件取名 ICQ，即"I SEEK YOU（我找你）"的意思。ICQ 支持在 Internet 上聊天、发送消息、传递文件等功能。他们成立了 Mirabilis 公司，向注册用户提供互联网即时通讯服务。ICQ 的使用用户快速增长，6 个月后，ICQ 宣布成为当时世界上用户量最大的即时通讯软件。在第 7 个月的时候，ICQ 的正式用户达到 100 万。1998 年，ICQ 被美国在线以 2.87 亿美元收购，此时其用户数超过 1000 万。1997 年，马化腾开始接触 ICQ 并成为其用户，他发现 ICQ 的英文界面和使用操作难度有碍中国用户的使用，于是马化腾与张志东用了数月时间，开发出符合中国用户习惯的 ICQ 类似产品。腾讯公司将新软件命名为 OICQ（Open ICQ）。您可以使用 OICQ 和其他 OICQ 用户进行交流，信息收发及时方便，功能全面，具有即时信息收发、网络寻呼、聊天室、传输文件、手机短消息服务等功能，对传统的无线寻呼和移动通讯进行增值服务。1999 年 9 月和 2000 年 2 月，美国在线发出两封律师函向腾讯公司交涉，认为 OICQ 的域名 OICQ.com 构成对 ICQ 域名的侵权，有误导用户认为 OICQ 的服务就是 ICQ 的服务之嫌。鉴于美国法律规定被告的名字与原告的名字有超过 2/3 的相似之处，就可以构成侵权。2000 年 4 月，OICQ.com 改名为 tencent.com。此时腾讯公司的用户市场已经打开，市场开始稳定成熟。为避免与 ICQ 间的纠纷，腾讯公司决定全面更换 OICQ 的名称，改称"腾讯 QQ"。其实现在的 ICQ 和 QQ 相比起来 ICQ 显得比较简约朴实是世界性的通讯软件但在中国的用户还比较少而 QQ 界面华丽加入了大量商业元素和 QQ 空间、QQ 游戏等功能，用户主要是中国大陆和东南亚华裔的年青一带，但 QQ 中也加入了些实用的功能：QQ 群、QQ 秘书、QQ 交友，另外它比较适合中国人的使用习惯。

任务 1.2　QQ 推广的特点

QQ 自入市以来，备受人们关注和喜爱，目前已经成为人们生活中比不可少的通讯工具，随后 QQ 推广也被越来越多网络营销人员利用，QQ 推广已经成为网络营销中非常重要的一种方法。QQ 已经成为 IM（即时通讯）推广的重要平台。

1. 高实用性

目前 QQ 已成为网民们必备的聊天工具之一，目前 QQ 同时在线人数已经高达 1 亿，从营销上面讲，用户覆盖率比较大，从而获得有效转化率也提高了不少，QQ 特别适用于网络营销。

2. 精确定位

QQ 群的大力推广会带来不少效益，通过 QQ 群能够精确找到目标，大大缩小了营销范围。通过 QQ 群可以相互了解，进行有针对性的营销，也可以一对一服务，根据不同的人采用不同的营销方法。

因为你要去寻找 QQ 群的话,你只能去查找一些关键词进行搜索。如果你的网站主题明确,那么就可以很好地利用这个方式来进行查找合适的群进行推广了。比如说你做餐饮的,那么,根据你的服务和产品的定位,去寻找适合自己的 QQ 群进行加群推广。

3. 易于操作

对于 QQ 推广只要我们能够了解产品,会打字,懂得通过聊天的方式插入广告信息,那么不久的将来你便能成为一个 QQ 推广高手。

4. 低成本操作

相对于其他网络营销方法,QQ 推广所需成本相对比较低,QQ 群的建立以及 QQ 群推广基本上是不需要花多少钱的,需要的只是人力成本和时间成本,当然这其中也是需要我们掌握技巧的。

5. 持续性

由于 QQ 推广第一步是先与用户建立好友关系,所以我们可以对用户进行长期、持续性的推广。这个优势,是其他营销推广方式所不具备的。比如网络广告,我们根本不可能知道是谁看了广告、他是男是女、叫什么名字,以及看完后有何感受。而在 QQ 上,我们明确地知道用户是谁,可以第一时间获得反馈。

6. 高效率

由于 QQ 推广的精准性与持续性,使得它最终的转化率要高于一般网络推广方法,为我们节省了大量的时间与精力,提高了工作的效率。

任务 1.3　QQ 适合什么样的推广

虽然 QQ 推广的实用性高,但是针对不同的企业和产品,效果肯定会不一样。到底 QQ 适合什么样的推广呢?

1. 针对特定人群推广

对于受众人群集中,且喜欢在 QQ 群中交流的人群,使用 QQ 推广是一个非常不错的选择。比如像地方性网站、行业性网站,这类网站的目标用户特别喜欢在 QQ 群中讨论和交流。再比如像减肥、时尚、IT、汽车等产品,也非常适合于 QQ 推广,因为这类产品的用户也非常热衷于 QQ 群。

2. 针对固定人群推广

有些产品头疼的不是推广,而是如何增加用户的回访率、转化率。比如一些黏性较低的网站,用户可能几个月才登陆一次,而时间一长,就会把该网站淡忘。在这种情况下,就可以通过群提高黏性。先建立网站官方 QQ 群,然后将用户都引导进群里面。这样即使用户一年不登录网站也没关系,因为我们已经将他们牢牢地抓在了手里。只要他们看到群,就会加深对网站的印象。当网站有活动或新信息时,可以通过群来引导用户参与。

3. 低流量指标推广

对于网站推广,流量是考核推广人员的重要指标之一。但是大家注意,如果您的网站流量指标很高,那并不适用于 QQ 推广。因为 QQ 推广很难带来大量的流量,它更适合于一些低流量指标的推广。比如企业网站,对于流量的要求非常低,随便在几个群中推广,就能达到指标要求。

4. 推广有针对性项目

对于一些简单、明确、针对性强的产品和项目，非常适用于 QQ 推广，如一篇文章、一个专题、网络投票、线下活动聚会等。

5. 对现有用户进行维护

如何维护好现有用户？如何提高用户的满意度？这些都是营销人员头疼的问题。而通过 QQ 维护用户效果非常好。比如建立官方 QQ 群，通过群来指导用户使用产品，通过群来与用户加强联络、增进感情等。

6. 对潜在用户的深入挖掘

做营销与销售的都知道，衡量一名销售人员是否优秀，不是看他开发了多少新用户，而是让多少新用户变成了老用户，让多少老用户重复消费。而对于网络营销来说，挖掘老用户最好的工具之一就是 QQ。

任务 1.4 QQ 空间推广

在很多人的概念中，QQ 空间都是年轻人的玩具，闲着的时候装扮 QQ 空间，打扮一下，现在用腾讯来写博客、推广自己的人越来越多了。比如奥运冠军，几乎都在腾讯开博，当然这同时也是腾讯对自己的一种营销方式，腾讯的博客是在 QQ 空间以日志的形式存在的。推广 QQ 空间的需求是非常旺盛的，可以从目前的 QQ 互踩这个现象看出来，在 QQ 群中搜索一下"互踩"，大量的互踩群也说明这一切。当然，网友之间这种相互踩也只是推广 QQ 空间的一种方法。QQ 空间推广的方式有很多种，现举例一些比较常用的方法：

1. QQ 互踩

如上面所说的，这种 QQ 空间互踩纯粹是 QQ 空间主人为了踩空间而相互做的一个空间浏览，这样做的目的主要是在 QQ 空间统计数字上增加一个值而已。如 QQ 空间互踩群，QQ 空间互踩工具，QQ 空间互踩网等等。

2. 通过搜索引擎优化

这种 QQ 空间推广方法非常有效，但今年以前，腾讯的 QQ 空间纯粹是以 Javascript 脚本形式调用，所以搜索引擎很难抓取到 QQ 空间的内容。也就是说不可能像新浪博客这样，你发表一篇博客，过一段时间在百度里面能够搜索出来，搜索引擎无法索引到 QQ 空间的内容，只有腾讯自己的搜索引擎 soso.com 能够搜索。但真正使用 soso.com 的人应该不太多，于是就出现很多网站，可以将你的 QQ 空间内容（日志，相册之类）列出，以便搜索引擎能够索引。有不少的 QQ 空间（QQ 群），利用这些进行 QQ 推广。有一点注意的就是，你的 QQ 空间名称和 QQ 网名尽量不要使用火星文字和一些稀奇古怪的字符，这样搜索引擎很难搜索出来。比如给 QQ 空间起名叫"新疆美女模特"，用户在搜索"新疆美女模特 QQ"的时候，很容易就能找到她的 QQ 空间。

3. 通过 QQ 空间本身进行推广

多去访问别人的 QQ 空间，尽量在自己的留言中留下一些能引起别人注意的内容，引导其他用户回访到自己的 QQ 空间里面，经过试验，这种 QQ 空间推广方法的回访率比较高。

比如我们用 QQ 空间来进行网站推广，如何来操作呢？

（1）要做好主页

主页是用户进入后首先看到的，如果你想给人留下一个好印象，那么主页就要做好。在做主页时要注意三点：一不要太过绚丽，简单也是美，太绚丽的主页往往给人一种不可靠的感觉，一些非主流之类的东西最好不要放到空间上去。二不要太闪，有很多用户喜欢在自己的主页上放各种各样的闪图之类的，这样不仅会让人觉得很刺眼，而且还会降低网页打开的速度。影响自己网站推广的目的了。三是主页排版要整洁，如空间里常用的模块要显示，最新日志、心情说说、个人资料、头像等都要一一显示出来并且排版好。整洁干净的主页是比较受用户青睐的。

（2）空间设置要注意三点

空间设置也要注意三个地方，第一空间名称要注意，不可小看这个空间名称，他就像自己的网站推广名称一样，所以，空间名称要设置的专业一点，能够给人可信的感觉。第二描述要注意，这个可以说是网站的描述部分了，一般而言，很多人都忽略了这个地方，致使它一片空白。其实它可以整个空间显示，这样用户在看到描述后会加深对网站的印象。第三个性签名要注意，设置好的个性签名主要为了你去访问别人空间留言的时候，可以留下自己的网站推广地址或者空间地址。

（3）要撰写日志

很多空间用户都喜欢到处去看别人的日志，一般的伤感日志、爱情日志、搞笑日志特别受用户的喜欢，而且转载率很高。注意日志的撰写方式，一标题要写好，不要想忽悠来访者，别人可比你更聪明。二内容跟标题要一致，如果你觉得标题党在空间里可以混下去，那么你错了，你会发现浏览的人数无几，更别谈转载了。三留下版权，对于空间而言，许多人都会下意识的直接转载，不会去掉版权的，这就是利用 QQ 空间推广的好处。

（4）要利用好空间相册

空间相册应该怎么进行吸引流量呢？QQ 相册，在你加了一个好友的时候，对方为了解你可能会第一时间到空间相册里看看你的生活照，那我们要网站推广就要满足对方的需求。一般美女的空间访问量是相当高的，所以，我们可以在相册里放入一些美女的图片，需要注意的是，不要放一些明星的，用户一看不真实，印象会大打折扣。那我们怎么做网站推广呢？相册里面的相片要打上水印。如果你要推广网站，那么你就应该在每张相的左上角打水印，不要说右下角比较自然，但是很少人会注意那里，相对而言，左上角比较刺眼，字体要大，要让人看得清楚才行。这样的推广效果是很好的。

QQ 空间只要做好，推广起来比较容易。相对来说，QQ 空间的用户的网络意识不是那么的高，一般都是什么好用用什么，所以，咱们要根据其喜好来推广网站，做到一击就中，再击再中的境界。至于这种境界要靠自己来摸索，多借鉴访问量大的空间的经验。

任务 1.5　QQ 设置技巧

要想取得好的营销效果，对 QQ 的设置是必不可少的，那么我们应该怎么来设置 QQ？我们都知道，个人形象对一些活动来说是非常重要的，有可能直接就决定了你的成败，试想，如果你穿着背心拖鞋去某公司应聘，你的成功几率是多大？相反如果我们给人的第一印象是大方、亲和，那肯定成功的几率就高多了。

1. QQ 头像一定要正规

QQ 头像一定要正规，要给人一种可信的感觉，如果你从事某商业活动，就要用自己的头像做 QQ 头像，用自己的实名做网名。这样做的目的就是在别人的第一印象上建立一种信任，而且还可以打造个人品牌和知名度，对以后的其他推广也是相当有益的。

切忌使用那些幼稚、低俗的头像，那样会大大降低别人对我们的正面印象及好感度。

2. 昵称要真实

同 QQ 头像的原理一样，昵称要正规、稳重、有特色，要朗朗上口、便于记忆，且要突出信任感和亲和力。昵称要用实名，原因主要有以下几点：

1）实名本身象征着诚信。

2）实名容易记忆。在目前人人都是网名的时代，我们用真名会显得非常出，让人印象深刻。

3）实名可以积累个人品牌与知名度。很多人的昵称都不是固定不变的，通常都会随着年龄的增长、思想的变化而改变。而每换一个名字，就意味着从头开始。如果要是一开始就用实名的话，也不会带来那么麻烦的工作。

4）也不是所有的人都适合用实名。比如有些人的名字太普通或者是重名的太多。在这种情况下可以起一个貌似真名，而又很有特色的名字，来一直使用。

5）切记不要改名。因为在网络大家只认识名字，一旦名称改变，可能连朋友亲人都不认识了。

3. 资料要丰富

QQ 资料设置得越丰富、越详细，给人的感觉就越真实。如年龄、地区、职业、个人说明等。资料越多越好，但是切记，信息要真实，不能乱写，否则一旦让人发现是假的，将直接对你产生负面影响。尤其是年龄，本身是 40 岁，资料却写 28 岁，这是不可取的做法。

资料的语言要规范，不要用火星文等非主流的文字，这会降低别人对你的评价。

4. 排名要靠前

一个普通的 QQ 号码，最多可以加 500 位好友，但是登录 QQ 时，能够第一眼看到的好友最多只有十几个，也就是说剩下的 400 多人是关注不到他们的。如果相互之间不联系，天长日久就会逐渐淡忘。而那几个一登录就能看到的，即使不联系也会印象深刻，甚至随着时间的推移，记忆深刻、挥之不去。

也就是说，如果我们能排在别人好友列表的前面，那即使一年不联系，也能达到推广的目的，甚至效果会更好。这就叫无声胜有声。那如何增加 QQ 排名呢？

第一，开通会员。会员的排名要高于普通号码，名字还会加红，看起来更醒目。而且 QQ 会员最高可以添加 1000 位好友。

第二，将 QQ 状态设置为"Q 我吧"。QQ 状态有"我在线上""Q 我吧""离开""忙碌""请勿打扰""隐身""离线"7 种，其中"Q 我吧"的优先级最高。如果普通号码将状态设置为"Q 我吧"，排名比会员还要高。不过这种方式唯一的缺点就是收到 QQ 消息时，会直接弹出消息窗口。

第三，在名字前加特殊字符。QQ 排名规则是按照昵称首字母进行排序，A、B、C、D 等。比如张三这个名字，首字母为 Z，那他的名字就会排在非常靠后的位置。除了字母外，特殊字符的优先级要高于普通字母。比如在名字前加个空格，会排在所有名字前面。

任务 1.6　QQ 沟通技巧

QQ 设置属于硬性技巧，再说说软性技巧，软性技巧就是沟通。留下好的印象只是第一步，而 QQ 推广的本质还是在于与用户的互动与交流。具体的话术技巧与传统营销没有太大差异，相关的资料和书籍也很多,大家可以到书店或是互联网上查找。在这里重点给大家介绍八条网络所特有的技巧和注意事项。

1. 语气助词要慎用

QQ 聊天时,大家经常会带一些语气助词,比如哈哈、嘿嘿、呵呵、切、晕、倒、啊等。但是你有没有想过,QQ 另一端的人看了这些词汇后,会有什么感觉?这些词会不会给对方带来不愉快的心理体验或是暗示?曾经了解到发现当你和你的 QQ 好友不停地说"呵呵"时,对方会不高兴的。

如果你有这些词运用的不当的情况,很可能意味着如果以往你在网络上的成交率很低,就是因为聊天时用错了词汇,让对方有想抽你的冲动。

有一位网友总结得非常精辟,她说:"'嘿嘿'太玩笑,'哈哈'太随意,'嘻嘻'太幼稚,'呵呵'太敷衍,'啊'感觉跟神经病一样,'哈'感觉只有女孩才这么干,一大男人要这样估计离人妖不远了!"

2. 图片表情要慎发

表情是大家在聊天中最喜欢用的元素之一,一个恰当的表情能够起到调节关系,缓和气氛的作用。大家在用表情时尽量不要用那些可能会引起别人抵触情绪,让人反感,或是降低自己形象的图片。比如一些过于色情和暴力,或是非常低俗的图片。

3. 称呼称谓莫乱用

中国人非常讲究称谓,所以使用称谓要谨慎,不能乱称呼别人,或是称呼中带有贬低的意思。例如,在称呼别人时,不要用"小"字,如小王、小张、小李、小丽之类的,因为"小"字通常是长辈称呼晚辈,或是上级称呼下级时才使用的。除非对方的名字自带小字,或是主动让你管他叫小×。一般对于不熟识的人,称呼×兄、×大哥、×总等是比较恰当,且不容易出问题的。

4. 聊天速度要适当

在网络上交流,主要通过打字进行,这就涉及聊天速度的问题。在这个问题上,应该本着"就慢不就快"的原则。比如对方一分钟打 20 字,而我们一分钟能打 120 字,这时就要牵就一下对方,按着对方的节奏交流。否则对方就会跟不上我们的思路,使沟通产生障碍。而且从心理体验的角度说,对方有话说不出来,只能看着我们滔滔不绝地打字,感觉会非常痛苦。

除了聊天速度外,还要注意回复速度。回复对方的速度要适中,不能过快,也不能过慢。比如对方很严肃地问了一个他认为很重要的问题,那即使我们知道答案,也不要马上回复。否则对方就有可能会感觉我们对这个问题不够重视,敷衍了事。

5. 字号字体莫乱改

QQ 聊天时,默认的文字是 10 号黑色宋体字。但是有些朋友不喜欢默认字体,于是就乱改一通,比如改成大红大绿、火星文等。但是你在愉悦了自己时,想过别人的感受吗?比如很多人喜欢绿色、黄色,但是这些颜色的字在显示器中会非常刺眼,甚至会伤害到眼睛。再如火星文等个性字体,阅读起来比较吃力,而且还会显得你很幼稚。所以轻易不要修改默认字体,虽然普通,但是却最友好。

6. 沟通时机要找准

通过 QQ 沟通或推广时,时机的选择很重要,千万不要看到在线就留言。比如半夜 12 点,这个时间段只要不是很重要的事,就不要打扰别人。这个点还在线的人,一定有事。即使对方很闲，但是此时人的精力、判断力处于一天当中的低谷，而且这个时间段是人情绪最低落、最容易与人发生矛盾的时候。

7. 注意礼貌要客气

QQ交流只能看到文字，无法看到表情。所以不管你在交流时的内心感受如何，对方都看不到，只能通过文字去感受。所以聊天时要注意语言规范，不能说一些不友好的话，或是让别人误会我们在轻视、侮辱对方，这样才能保持沟通的顺畅。沟通时多用"你好""您""请""谢谢"这样的词汇，它们会产生非常神奇的效果。

8. 弹窗震动莫乱发

交流过程中，不要随便发弹窗（即发送视频邀请）或是震动，这都是非常不礼貌的行为。即使对方没有及时回复消息，也要先耐心等待，因为很可能对方正在忙不方便回复，要表现出自己的耐心。

QQ沟通时的八个注意事项总结起来就一句话：在交流过程中，多考虑对方的感受，多尊重对方。只有我们尊重别人，别人才能尊重我们；只有我们为别人着想，别人才能为我们着想。

【任务实训】

7-1　QQ推广应用

实训目标

根据所学知识，每个同学修改或重新申请一个QQ号，要求设置QQ头像、昵称、资料、排名，另外要和别人进行沟通，在沟通的过程中，要注意：字号、字体、头像、聊天速度和礼貌用语。正确合理设置QQ空间。

实训步骤和要求

1）QQ设置要真实。

2）把沟通记录截图，发到班级群里边。

3）QQ空间设置要新颖，把QQ空间网址发布到班级群里边。

实训成果及考核

通过QQ申请、QQ设置和QQ空间的设置。每个同学必须认真完成，由教师根据上传到群里边的作业进行评比打分（见表7-1）。

表7-1　考核表格

学生姓名	QQ正确设置	QQ沟通技巧	QQ空间是否新颖	教师打分
……	……	……	……	……

任务2　QQ群的应用

【任务描述】

通过QQ群的建立，我们要学会利用QQ群进行任务的推广，会利用QQ群进行营销，在聊天中植入广告，学完后让我们对QQ群有一个全新的认识。

【任务学习目标】

1. 知识目标
- 了解加群注意事项
- 了解建群注意事项
- 掌握 QQ 群推广技巧

2. 能力目标
- 能够加到活跃的群里边
- 熟练掌握在 QQ 群里边的推广技巧

【任务实践】

任务 2.1　加群注意事项

1. 一个 QQ 号能加多少群

很多人总希望无限加群，这是不可能的。一个 QQ 号可以加群的数量，等于可以加的好友数量减去已加好友数量。拿非会员 QQ 号来说，可以加的 QQ 好友数+QQ 群数=500。例如下图 7-1 所示，该非会员 QQ 号可加群数为 500-57=443。

2. 加群验证的词句不能偷懒

很多人追求所谓的效率，连加群的验证信息那么几个字都想偷懒，例如下图 7-2 所示。那种"群主好人，谢谢""谢谢""请加一下""加一下"之类的验证词句，万不可用，很多群主和管理讨厌这些话的。为了更容易使群主和管理员通过，请在验证信息里标明你跟群有关的身份或是行业信息，如下图 7-3 所示。

图 7-1　QQ 好友数

图 7-2　错误的验证信息　　　　图 7-3　正确的验证信息

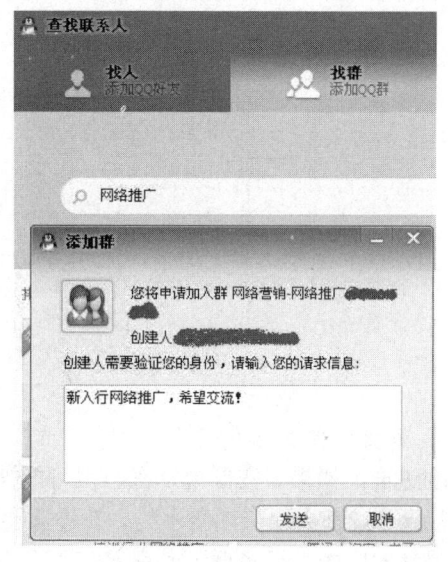

3. 昵称和个签不要带广告性质

大多数群成员都讨厌发广告的，因而，昵称和个签里带广告宣传性质的词句，很容易被群主或是管理员咔嚓掉，例如下图 7-4 所示。加群时，我们可以临时改一下昵称和个签，去掉广告气息，等加群成功后，再改回去。

图 7-4　错误的签名

4. 个人资料不要一片空白或是乱七八糟

很多群都会有意识地控制群成员的质量，因而在审核加群申请的时候，个人资料是一个重要的参考。一片空白的个人资料，会给人造成广告小号的错觉，例如下图 7-5 所示；而个人资料用火星文等乱七八糟的内容，会让人觉得是非主流。这些都很容易导致群主或是管理员拒绝加群。

图 7-5　错误的个人资料

5. 新进群要注意发言

刚进群，如果不按群规发言，很可能被踢的，那加群工作就白费了，例如下图 7-6 所示。很多活跃群，都会踢长期潜水的，新进群要注意稍微发言，不要发违反群规的话题，更不要刚进群就狂发广告。很多群不允许发广告，但混熟了，偶尔发发也是可以的。

图7-6 群公告

6. 加群不要滥

广告效果在精准，而不在滥发，滥发只能招致群成员举报，被踢出群甚至被腾讯锁定或封号。找群要找对行类，加群要加有影响力的活跃群，例如下图7-7所示。

图7-7 找有影响力的活跃群

7. 注意每天加群数量和频率

腾讯为了用户账户安全等原因，用户每天加群加好友等操作，都是有次数限制的，也有频率限制。超过了限制，不但操作无效徒费力，甚至还有可能被封禁IP和锁定账号，例如下图7-8所示。每个QQ号每天加群操作不要超过20次，最好控制在10到15次左右，频率也不要高于10分钟每次。同一IP也不要频繁进行加群操作，一个IP每天不要超过20个QQ号进行加群操作。

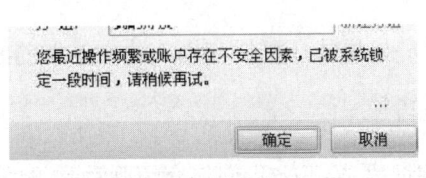

图7-8 锁定账号

8. 多渠道获取 QQ 群

腾讯 QQ 客户端找群很方便,但分类和群介绍信息受制于腾讯,很多无法找到,我们可以到百度等搜索引擎上找找,例如下图 7-9 所示。

图 7-9 百度 QQ 群

任务 2.2 建群注意事项

别人的群总没自己的好,毕竟在别人地盘,要受别人管制,非常麻烦。而自己的群是"我的地盘我做主",想怎么推广就怎么推广。而且作为群主,在群里拥有绝对的权威性,群内的成员也对群主的印象最深。即使不发广告,也会产品非常好的营销效果。从实际看,加 10 个群都没有一个自建的群要好。当然,不是建群就一定有效果,肯定需要掌握一些技巧。

1. 尽量多建高级群

如何多建高级群呢?一个普通的 QQ 号码只能建一个普通群,群的上限是 100 人。而 QQ 会员,最多可以见 4 个高级群(上限 200 人)和 1 个超级群(上限 500 人)。所以建议大家在条件允许的情况下开通 QQ 会员。

2. 群的主题要鲜明

建群的目的是为了将目标用户圈起来,甚至吸引用户主动加入。所以要想达到这个效果,就需要群主主题鲜明,主题越鲜明吸引到的用户就越精确。比如销售男装,那群的主题一定要围绕"男装"关键词展开,越精准越好。

3. 群名要有针对性

对于自建的群,可以在群名称前加一个针对性的标志性词汇。

4. 男女比例要适当

"男女搭配、干活不累",这是多少老前辈通过实践验证出来的一条真理。群也是如此,如果一个群内男女比例适当,那群内的气氛会非常好,会充满凝聚力,群员凝聚力强会让推广工作事半功倍。

5. 保持群的活跃度

只有群气氛活跃,成员才会喜欢群,产生群的归属感。会员有了归属感,才会听从群主的号令。所以大家千万不要做那种建群不管群的事。

6. 提升群排名

同 QQ 昵称排名原理一样,如果能让群排在别人建立的群前面,也会起到事半功倍的效果。

任务 2.3 QQ 群推广技巧

如何在群里进行广告推销呢?接下来我们将介绍几种常见的推广方式:

1）擒贼先擒王。加入一个群后，最好先和群主搞好关系，这一点很重要，让群主把你设置为管理员，让更多的人加入，大家一起讨论，交流。搞定了群主，在群里面的活动就更好的开展了。

2）广告频率应该本着"少而精"的原则，可以考虑每天在群里发些相关信息。当然这个并不代表是纯广告，否则会引起反感甚至被退群。而是需要将你的"广告"写得吸引人或者看不出是广告，这样带来的效果将是可观的。这种广告文字也叫做"软文"，要做到"润物细无声"。

3）有求必答。专业的技术群中，总有人会提出相关的问题，你可以把自己知道的知识说说，这样赢得别人的信任，然后把他们介绍到相关站点上。你也可以留下答案的链接，让别人上站点去找。但是前提是你所做的必须赢得别人的可信，不要随便一个问题就把别人引入你的站点，弄得答不对问，这样就不行了！

4）一对一行动可以找群中聊得不错的，单独出来聊，聊的过程中就可以将一些与你站点相关的东西，还可以试问"你知道 XX 吗？这个论坛不错哦，上面的资料蛮全面的！"然后，对方如果感兴趣问："真的吗？地址是什么？"你就可以发链接过去了。

5）巧用群公告。群公告是群内最显眼、广告效果最好的位置。但是群公告只有管理员才可以操作，普通群员如何利用这块宝地呢？方法肯定有。群公告除了能显示公告信息外，还可以显示群内的最新图片，而我们就可以利用这个特点来进行推广，我们可以在做图软件中制作一个图片，然后上传到群里边，所制作的图片自然而然就跑到群公告栏里边。

任务 2.4　如何查找目标群

下面我们将以化妆品网络推广为例，找群的方式主要分为三种：

第一种：百度上关键词搜索法。比如化妆品网络推广，各地化妆品网络推广群都会呈现，复制群号保存到表格里面，同时在线加群。

第二种：在 qun.qq.com 上查找"化妆品网络推广群"字样，同时会出现很多化妆品网络交流群，可直接查找后添加。

第三种：自己建立化妆品网络推广群，放在论坛、博客或其他百度贴吧里让别人来查找加入。

【任务实训】

7-2　QQ 群的应用

实训目标

根据所学知识，围绕我们要从事的行业、职业或是工作，建立一个 200 人的高级群。在 30 天内，通过各种宣传手段，将 QQ 群内的人员组满，并维护好这个群的活跃度，增加凝聚力。

实训步骤和要求

1）建立一个 200 人的高级群。
2）合理利用 QQ 群的推广技巧将群内的人员组满。
3）经常在群里边发表一些热门话题，增加群的活跃度。

实训成果及考核

建立一个 200 人的 QQ 群。每个同学必须认真完成，由教师根据上传到群里边的作业进行评比打分（见表 7-2）。

表 7-2 考核表格

学生姓名	QQ 群的建立	群是否满员	群是否活跃	教师打分
……	……	……	……	……

【拓展阅读】

转载上万，如何造就？

"谁的群多？帮忙转一下，一个山东打工者，20 岁，叫李涛，请速回聊城，山东聊城第三人民医院。家中失火，父母双亡，妹妹伤得很严重，想见他最后一面。舅舅：15163599145——爱心接力。这个不转对不起自己的良心！助人有报！"这么一条消息出现在了各大群里，这也不是第一次看到这样的信息，一直都有这样的信息在 QQ 群里转来转去。而仔细思考后，发现将这个电话号码在百度里面搜索，可以找到相关网页约 4000 多篇，可见这个信息的转载量有多高，在 QQ 群里转发上万次绝对不是高估。其中也会发现"山东聊城第三人民医院"字样，这是不是可以成为变相的软广告呢？

分析：

我们来分析下这短短 100 多个字隐藏什么玄机，能有四千的转载量呢？"谁的群多？帮忙转一下，一个山东打工者，20 岁，叫李涛，请速回聊城，山东聊城第三人民医院。"描述了一个人和一家医院（软广告）。"家中失火，父母双亡，妹妹伤得很严重，想见他最后一面。"家中失火，父母双亡给人一个很悲凉的画面，谁看到都会感到痛心。还好妹妹还在人世间，但伤得很严重，想见上面所说的主人公李涛。"舅舅：15163599145——爱心接力。"一般大家都是不愿意把自己的私人信息，特别是电话公布于众，而在这舅舅把电话公布出来，让大家觉得这个信息是真实可靠的。其实这个电话打过去永远是关机状态，但不是停机状态，要是停机的话，就太假了。

"这个不转对不起自己的良心！助人有报！"这句话的分量不轻不重，有的营销人在表达让人转发，不是让人真心的去转发，而是以威胁的口语去恐吓你转发，"如不转发你的某个家人几天内会有恶报"。或许有人怕被诅咒而去转发，但转发到别的群里后，大家都在骂。更为关键是一看就像是有人在恶搞，只要还有一点头脑的都不会去转发。甚至就算转发了，如果是销售产品服务的，是否会在这些转发中产生转化率将是另一个问号。而在这则信息里只是说不转对不起自己的良心，助人有报。先是教育大家要有良心，然后是提供给大家一个帮助别人的机会，你只需轻点一下鼠标你就做了一件善事，所以很多人就去做了。一个可以让网民主动去传播的故事，一定是一个真实有可能存在的话题，也给网民更多理由去主动传播。同时广告成为这个故事里不可或缺的一部分，这也就是转载上万的真正秘诀。

项目八 淘宝客推广

【案例导入】

程万云是一个"淘客"。如果你只知道网店不知道"淘客",那就 OUT 啦。"网赚族"里正流行这一新行当,坐在家里点点鼠标,帮助淘宝卖家推广商品,任何人经过你的链接,进入卖家店铺完成购买,就可得到由卖家支付的佣金。

各行各业都有高手,经过大扫荡,记者终于找到了这个史上最牛"淘宝客",在中国大学生"明日网商"挑战赛中,他把其他选手远远抛在后头。这个大三的学生,利用课余时间做"淘客",最高月入过万。

程万云是哈尔滨工程大学大三学生,1986 年出生。

程万云高考全县第一名,是通过国家助学贷款才上的大学。"上完大一,我觉得我不适合这个专业,我更喜欢互联网,于是我就开始研究网络。"

"刚开始想到在网上赚钱,是希望自己平时生活不用太拮据。"程万云对互联网非常感兴趣,但是什么都不懂,于是他直接到百度上搜索"互联网怎么赚钱?"腼腆的程万云说,网上聊天他会滔滔不绝说得很精彩,可让他在大庭广众之下讲话,他会脸红心跳。

一直研究着网络赚钱,程万云在网络上看到了"淘宝客"这个新名词,为此还悉心研究了一个月,"做淘宝客最主要的就是让更多的人看到你的链接,并吸引别人点进去,买东西就是顺水推舟的事情了。"

"网上发帖子不要钱,于是我就到各大论坛里去发,比如如何鉴别真假货,如何选择卖家等,最后把真货卖家店铺链接放到文章后面,结果反响很好,出乎意料,我第一个月就赚了 4500 元!"程万云说。为了学习网络营销,他花了 1200 元进入一个 QQ 群,里面都是网赚精英。

"群里有高手开店年收入 30 万以上,也有人专门做国外网站的导购,两三个月就赚了 6 万欧元,我其实在里面算是很嫩的,连发言的份都没有,但学到了很多经验。"

第 2 个月,程万云花了 55 元做了一个网站——"淘宝皇冠 100 强"。"这也是抓住消费者心理的方式。"他说,现在也有很多网赚的团队,他们平时就在网上找商机,看到某个项目有一定的现金流动,他们就会仔细研究,然后从中盈利。"外行人可能觉得不可思议,但是我觉得这很正常。"

"我知道很多人都不愿意把自己的网赚经验告诉别人,我原先也不愿意与人分享,但是在这个群里我学会了与大家分享。"程万云特别崇拜 QQ 群里教课的那个网络高手老师,他告诉大家世界上免费的东西是最贵的,要想获得回报,必须先要付出。"现在有几十万人收藏了我的网站,而且习惯性在网上购物前打开我的网站看一看。"

思考一下:你知道什么是淘宝客么?淘宝客是怎么进行推广的?

任务 1　认识淘宝客

【任务描述】

理解淘宝客是是掌握淘宝客推广的第一步，主要是认识它在网络营销中的特征和作用，进而认识淘宝客如何进行推广和影响。

【任务学习目标】

1. 知识目标
- 理解淘宝客的定义
- 理解淘宝客的任务
- 掌握淘宝客的工作过程

2. 能力目标
- 能学会使用淘宝客进行推广
- 能将淘宝客的作用发挥到最大

【任务实践】

任务 1.1　淘宝客是什么

2009 年 1 月 12 日起，国内网络营销平台"淘客推广平台"正式更名为淘宝客，意味着大淘宝战略实施后，原淘客推广平台与淘宝交易平台的进一步整合的完成！

2010 年 3 月 19 日消息，基于淘宝客的"淘宝联盟"已悄然成型，淘宝网针对中小站长以及网络合作伙伴推出这一平台。所有用户都可以自由申请加入淘宝联盟，当通过注册申请后，即可成为一名"淘宝客"。

淘宝客的推广是一种按成交计费的推广模式，淘宝客只要从淘宝客推广专区获取商品代码，任何买家（包括您自己）经过您的推广（链接、个人网站，博客或者社区发的帖子）进入淘宝卖家店铺完成购买后，就可得到由卖家支付的佣金。

淘宝客是指通过互联网帮助淘宝卖家推广商品，并按照成交效果获得佣金的人或者集体（可以是个人，网站，团体，公司）。

在淘宝客中，有淘宝联盟、卖家、淘客以及买家四个角色，他们每个都是不可缺失的一环，淘宝客与买家卖家的关系如图 8-1 所示。

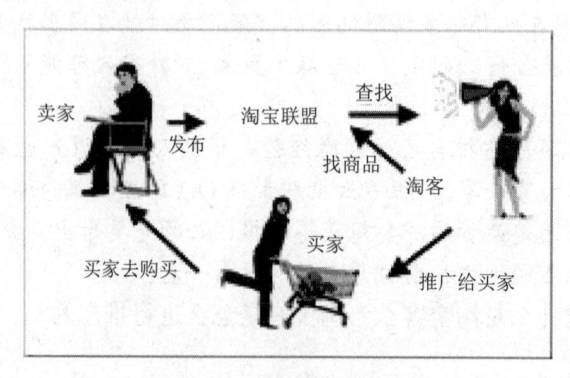

图 8-1　淘宝客与买卖家

1）淘宝联盟：一个推广平台，帮助卖家推广产品；帮助淘客赚取利润，每笔推广的交易抽取相应的服务费用。

2）卖家：佣金支出者，他们提供自己需要推广的商品到淘宝联盟，并设置每卖出一个产品愿意支付的佣金。

3）淘宝客：佣金赚取者，他们在淘宝联盟中找到卖家发布的产品，并且推广出去，当有买家通过自己的推广链接成交后，那么就能够赚到卖家所提供的佣金（其中一部分需要作为淘宝联盟的服务费）。

4）买家：就是单纯的购买者，网购的购物人群。

比如：淘宝客在淘宝联盟中找到一款梓龙膏的产品，这款产品的商品佣金是 12%，店里的类目佣金是 10%，那么当淘宝客在其他的网站发布成功后，买家点击并连接到网店里购买了梓龙膏，卖家就应该付给淘宝客成交金额的 12%，这个费用需要扣除运费的。如果买家点击后没有当时购买，而在 15 天内进行了购买，卖家应该依旧付给淘宝客 12%的报酬。如果买家没有购买淘宝客发布的梓龙膏，而且在店里购买了其他的产品，卖家则按成交额的 10%付给淘宝客报酬，同样也是 15 天内有效。

淘宝客的具体业务流程可以用图 8-2 来表示：

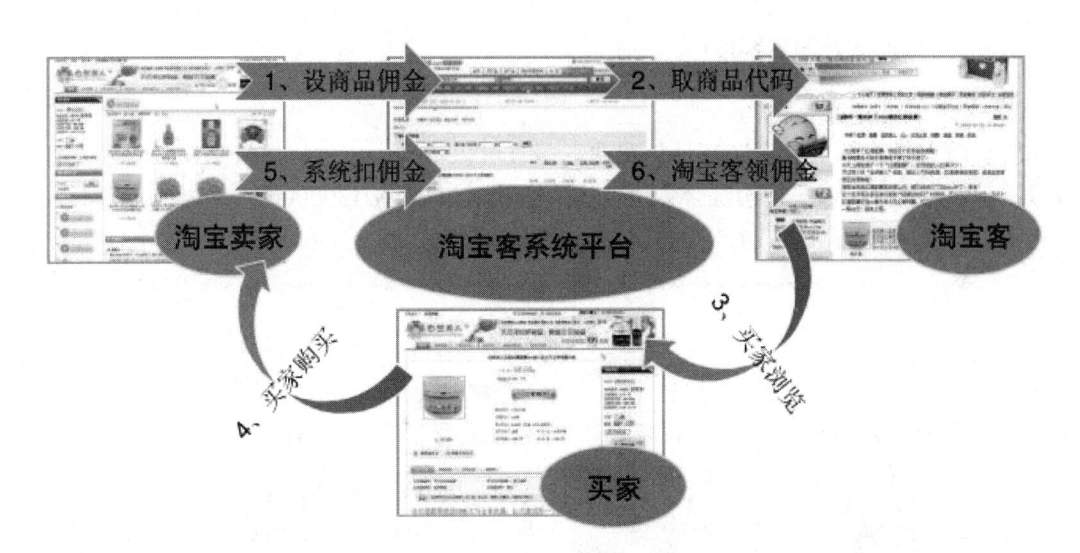

图 8-2 淘宝客业务流程图

任务 1.2 淘宝客推广的优势

淘宝店铺推广的工具有很多，淘宝客是很多中小卖家的首选，它有其他推广工具没有的特点，主要体现在以下几个方面：

1）海量与精准的完美结合：40 万活跃推广者深入到互联网各个领域。

2）无与伦比的 ROI（投资回报比）：淘宝客推广总体平均 ROI 约 1:15。

3）每一分钱都花在刀刃上：按成交付费，不成交不用花钱，但店铺及产品获得了更多免费被推荐的机会。

4）走可持续发展的道路。

5）建立基于淘宝客的网络销售队伍而不是临时的广告。

图 8-3 是一个三钻卖家使用淘宝客后流量的变化图：

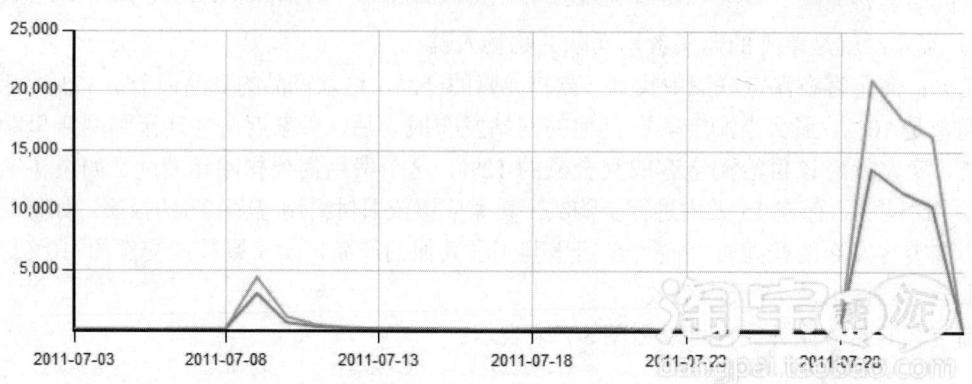

图 8-3 淘宝客使用效果展示

任务 1.3 如何做好淘宝客推广

1. 淘宝客频道资源的争取

淘宝客所有频道提供的资源都是免费的，并且可以带来大量的优质流量，以女装卖家的部分数据说明，如图 8-4：特卖综合频道首焦的投放效果：UV:130000/日；PV:390000/日；淘客销售额：12万；淘客佣金：1.5万。

综合频道：UV 400万/天

P4P外投频道： UV：280万/天

淘宝客商城频道：UV:60万/天

淘宝客女人频道： UV:40万/天

淘宝客男人频道：UV:8万/天

淘宝客美容频道：UV:7万/天

淘宝客鞋包频道：UV:8万/天

天天疯狂购：dacu.taobao.com

图 8-4 淘宝客流量分析

淘宝客频道除了带来大量的优质流量，同时可以通过优质掌柜的展现，带来大量淘客加入！

2. 淘宝客的招募

除了淘宝联盟提供的频道资源以外，通过自身努力招募淘客，主要有以下方法：

（1）在淘宝"优质掌柜"进行投放

（2）制定梯度佣金计划吸引淘客

淘宝联盟提供了推广计划管理，可设置 1 个通用推广计划，1 个工具推广计划，9 个定向推广计划。

9 个定向根据店铺不同情况针对不同等级的淘客，提供不同的佣金计划，以某一店佣金设置举例：

1）通用计划佣金 10%：为一般及刚加入的淘宝客提供。

2）定向 12%佣金计划：月推广 40 笔以上者。

3）定向 15%佣金计划：月推广 80 笔以上者。

4）定向 18%佣金计划：月推广 200 笔以上者。

以一个梯度式会员高佣金制度来吸引加鼓励淘宝客推广！

（3）淘宝客活动举办

以活动的方式加大店铺在淘宝客圈子里的知名度，以奖励的方式吸引招募淘宝客，并且增加老淘宝客的粘度。

活动方式目前的主要模式是：以月度为单位，以淘宝客推广的多少进行评比，从而发放奖金。

在活动举办中主要注意以下问题：

1）奖励噱头要足，噱头的大小决定了参与淘宝客的数量。

2）让尽可能多的淘宝客能够得到奖励。

3）建立组织进行淘宝客报名，方便搜集淘宝客资料。

4）做好活动贴的公布及奖励发放的公布，要在淘宝客中树立诚信。

5）活动贴的发放不局限于淘宝联盟内部论坛，可在外部各站长论坛中进行发布。

3. 淘宝客联系方式的收集

（1）制定高佣金审核制

需留下联系方式方可通过如图 8-5 定向推广计划详情使用：

计划名称	活动简介	是否需要审核
VIP 15%佣金	申请时留下QQ或旺旺 不提供者不予通过高佣金回馈大...	是
淘客 12%高佣金	申请时留下QQ或旺旺 不提供者不予通过高佣金推高...	是
通用推广计划	通用推广计划	否

图 8-5 淘宝客佣金制定

（2）通过推广记录里面寻找淘宝客 ID

善于发现利用身边的一切资源寻找淘宝客，如尝试推广记录中的淘客昵称是否与他的旺旺同名。如图 8-6 所示通过淘客昵称寻找：

佣金金额	商品成交数	淘客昵称
14.85元	1	zhongyange
12.80元	1	zhongyange
13.80元	1	zhongyange
23.54元	1	上海奇泰

图 8-6　寻找淘宝客

（3）从淘客招募途径中第三点，能收集到联系方式，逆向思维，从推广痕迹中寻找淘客，如图 8-7 为微博寻找：

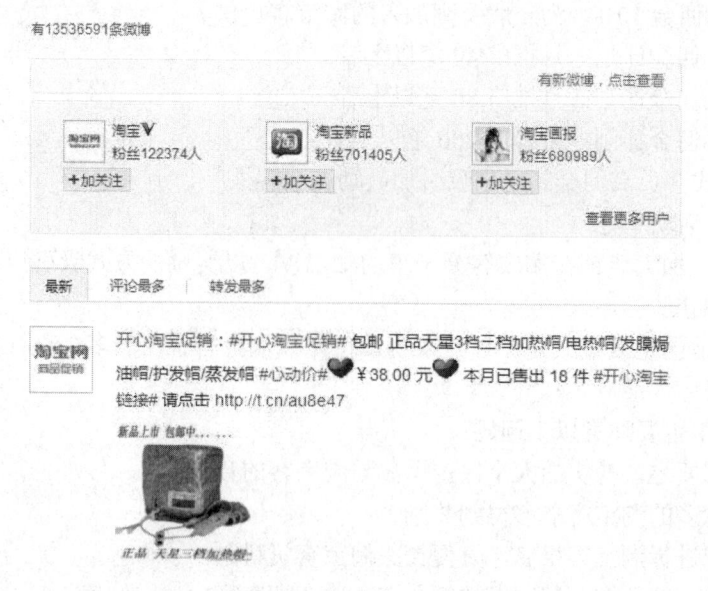

图 8-7　微博寻找淘宝客

4．淘宝客维护

（1）店铺活动信息公布

收集淘宝客信息并将他们聚集在一起，将店内活动信息及时传递给他们。如建立 QQ 群、收集邮件群发、微博等。

（2）活动、更新素材定时发布

提前一天发放活动与新品素材以供淘宝客使用。

（3）其他帮助，根据淘宝客具体要求提供帮助，比如技术支持等

经常与淘宝客交流，了解他们的需求，为他们提供最近店铺的情况，如热卖款、爆款、打折款等，还应交流相关推广工具如：SEO、微博推广、论坛推广等经验。

【任务实训】

8-1　熟悉淘宝客的任务

实训目标

利用我们所学的知识，每个同学查找下哪些网站会有淘宝客的宣传。

实训步骤和要求

1）登录各大论坛。

2）查找哪些帖子是淘宝客发的。

3）哪些淘宝客的影响力比较大。

实训成果及考核

通过实际操作，熟练淘宝客的工作流程，明白其重要性。学生以单人操作下的形式完成整个操作过程，由教师进行评比打分（见表8-1）。

表8-1 考核表格

学生姓名	登录的论坛	查看的帖子	宣传的商品	教师打分
……	……	……	……	……

任务2　淘宝客佣金的设置

【任务描述】

学会设置合理的淘宝客佣金，掌握设置佣金的规则和方法，更好地利用淘宝客为店铺做推广。

【任务学习目标】

1. 知识目标
- 了解适合淘宝客推广的产品
- 掌握设置佣金的方法

2. 能力目标
- 会选择适当的产品进行淘宝客推广
- 会设置合理的佣金

【任务实践】

任务2.1　选择合适的主推商品

1. 选择店铺热卖商品

淘宝客推广绝对不应该成为滞销品的仓库，只有诱人的销售记录才能带给淘宝客和买家信心。选择店铺中最热卖的商品作为主推商品，将买家引入店铺后才能进一步带动其他商品的销售。

2. 选择有一定利润空间的商品

要想吸引更多淘宝客来推广您的商品，主推商品的佣金比率一定不能太低，不然商品再好也可能会被淹没。因此尽量选择有一定利润空间的商品，在能接受的范围内，将更多的佣金回馈给淘宝客。

3. 选择当季、合适的商品

夏天都到了，还在推广厚厚的冬装？任凭宝贝多吸引人，也是卖不出去的！将淘宝客推广当作你的第二间店铺，而且是一间面向全互联网的店铺，常换常新，根据效果来调整你的商品和设置，才是好销量的保证。

任务 2.2　设置合适的佣金比率

在卖家能接受的范围内，将更多的佣金（主题商品佣金和类目佣金）回馈给淘客，才能带来更多成交。

淘宝客佣金设置主要遵循以下规则：

1）卖家可以在佣金范围内直接调高佣金比率。

2）卖家不能直接调低佣金比率，但可以通过先删除推广计划，再新建推广计划的方法调低佣金比率。

3）卖家可以在佣金范围内直接调整店铺统一佣金比率。

4）买家从淘宝客推广链接进入当天没有购买的，此后 15 天内完成的购买均为有效，淘宝客都可得到由卖家支付的佣金。如果掌柜退出淘宝客推广，在掌柜退出前，用户点击过的推广链接对该用户在 15 天内继续有效，在点击后 15 天内拍下商品后仍旧计算佣金。

5）如果实际交易金额减去邮费大于等于拍下时的商品单价则按实际交易金额减去邮费乘以佣金比率进行计算。

6）如果实际交易金额减去邮费小于拍下时的商品单价则按商品单价乘以佣金比率进行计算。

7）如果买家通过淘宝客推广链接直接购买了这件商品，应按照该商品对应的佣金比率结算佣金。

8）如果买家通过淘宝客推广链接购买了店铺内其他展示商品中的某一件商品，应按照该商品对应的佣金比率结算佣金给淘宝客。

9）如果买家通过淘宝客推广链接购买了店铺内非展示商品中的其他商品，应按照店铺统一佣金比率结算佣金给淘宝客。

任务 2.3　充分利用佣金计划及推广资源

卖家的推广计划可以包括如图 8-8 所示几个方面。

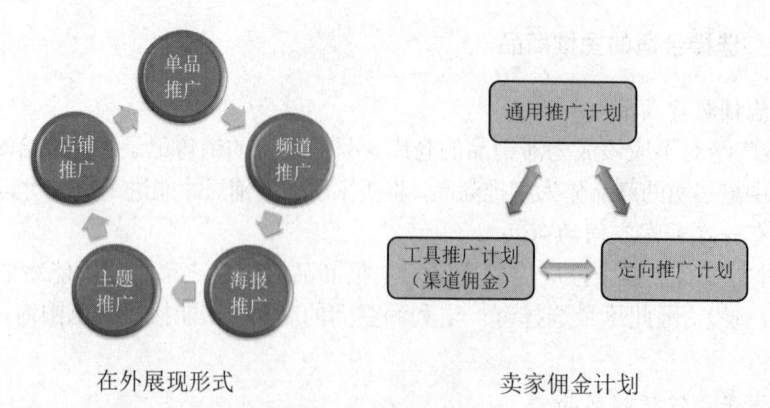

在外展现形式　　　　　卖家佣金计划

图 8-8　卖家推广计划

1）通用推广计划：系统默认必须参加的推广计划，让所有的淘客都可以参加，所有的淘客都能够推广的计划。

2）定向推广计划：定向推广计划是卖家为了淘客中某一个细分群体设置的推广计划。卖家可以选择淘客加入，也可以让淘客来申请加入。可以让淘客在阿里巴巴前端看到推广并吸引广大淘客来参加；也可以由卖家不公开跟某些大网站协商好，以让卖家获取较大的流量、让淘客获取较高的佣金。

3）工具推广计划：从 2010 年 9 月 20 日起，卖家可以针对淘宝客官方频道设置佣金推广计划，最高佣金上限从 50%提升至 80%！之后的频道资源位将按照卖家频道推广计划设置的佣金以及成交转换等综合数据进行评估。

（渠道佣金：如果你对官方频道设置推广计划，只有来自频道流量产生的直接成交才按此计划设置的佣金比率结算，否则按照通用计划计算）

【任务实训】

8-2　设置淘宝客佣金，选择推广商品

实训目标

利用我们所学的知识，选择一种商品进行推广

实训步骤和要求

1）在淘宝上设置淘宝客佣金。

2）选择合适的商品推广。

实训成果及考核

通过实际操作，熟练掌握佣金的设置和选择合适的商品。学生以单人操作的形式完成整个操作过程，由教师进行评比打分（见表 8-2）。

表 8-2　考核表格

学生姓名	佣金设置比例	推广宝贝名称	淘客报名人数	教师打分
……	……	……	……	……

任务 3　不同阶段店铺淘宝客推广方法

【任务描述】

了解淘宝客流量的来源，掌握淘宝客推广的对象，能够针对不同阶段采用不同淘宝客推广。

【任务学习目标】

1．知识目标

- 了解淘宝客流量的来源包括哪几部分
- 掌握淘宝客推广的对象
- 能够区分不同级别的卖家应采用什么样不同的推广方法

2．能力目标

- 作为淘宝客会选择合适的对象进行推广

- 具有区分不同的卖家级别的能力，从而选择合适的推广方法

【任务实践】

任务 3.1　淘宝客流量结构

淘宝客流量的结构可以用图 8-9 来表示：

图 8-9　淘宝客流量结构

当我们想用好淘宝客推广这一推广工具的时候要了解到进入我们店铺的这些淘宝客流量都由哪几个不同来源组成的。从上图可以清楚的看到淘宝客流量主要包括以下几个类型：

（1）淘宝客搜索（如：s8.taobao.com）

（2）导航类入口（如：hao.360.cn）

（3）API 导购站（如：一家网皇冠店）

（4）返利网（如：51fanli.com）

（5）SNS 流量（人人网、开心网）

（6）IM 流量（QQ、旺旺）

（7）微薄流量（新浪微薄、腾讯微薄）

（8）博客、论坛、软文、站群等流量

（9）淘宝站内带淘宝客流量（如：第三方应用、顽兔、U 站）

（10）手机应用 APP（购物类应用）

作为卖家可以到自己的量子恒道里面的【来源分析－访客分析－淘宝客详情】里面看看，都有哪些来源。当中，我们可能会发现淘宝客的其他来源，这个是量子无法跟踪得到的一些跳转链接。比如我们在微薄是无法直接发布淘宝客链接的，但微薄又恰恰是人群传播性非常强的媒体。所以微薄淘宝客就需要利用技术手段把淘客链接转换成可以跳转的链接来发布并引导买家来点击查看。

查看店铺流量来源可以通过以下几种方式：

第一个是量子恒道，如图 8-10：来源分析－访客分析（浏览量分析）－淘宝客详情。利用这个官方工具先把目前已经进入自己店铺的这些来源先整理下来,并利用逆向思维用反查的方法找到这些站点。

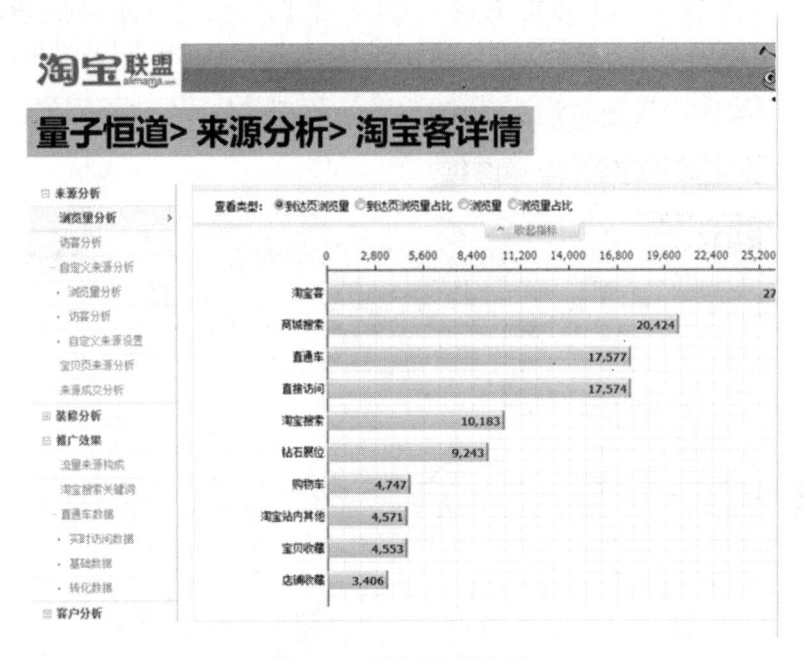

图 8-10　浏览量来源分析

第二个是生 E 经，如图 8-11：销售分析－订单来源 ROI。在这里我们也可以查看得到淘宝客来源。并且也可以查看淘宝客的转化率及用哪个淘客渠道成交的数据,如果是通过淘宝客搜索成交的也会提供是用哪个词成交的。所以这个工具也是非常好用的。

图 8-11　生 E 经销售分析

第三个是酷宝数据，如图 8-12：利用这个工具，我们可以查看得到站外的一些来源数据及成交转化数据。想查看站外的哪个网站流量及成交给力，就可以用这个工具来分析了。有了他以后在站外投放广告就不怕了。当然，不同工具的算法是不同的，所以会有数据不一致的情况。这个可以理解，所以建议大家可以轮着来看，但以一个工具为主来分析不同阶段效果如何。这样就可以很明确地知道最近的效果是好还是差。因为跨纬度及不同算法下的结果是会有落差的。

图 8-12　站外流量分析

任务 3.2　推广的直接受众或者直接对象

图 8-13 可以很清晰地展示淘宝客推广的对象。

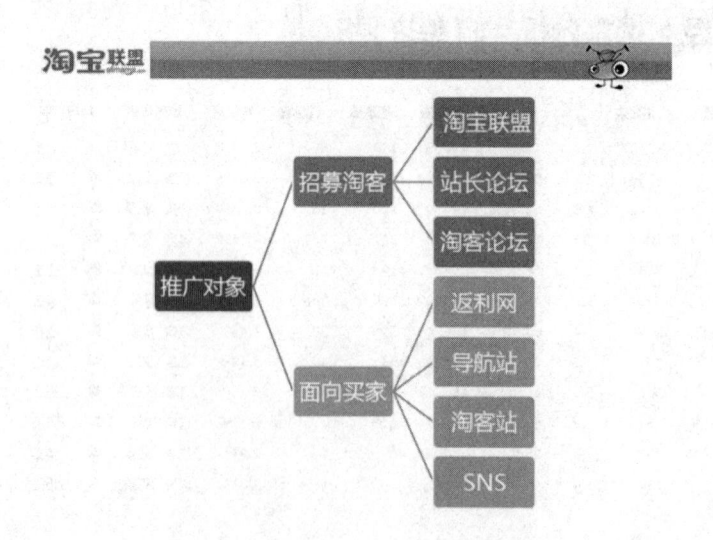

图 8-13　淘宝客推广对象

在安排或者计划淘客推广的时候先分清这次活动或者招募的目的是什么。是打算招募淘宝客来积累淘客数据？还是想直接让自己店内商品对接终端买家产生成交？目的不同我们所要去执行的方向是不同的。比如以招募淘客为目的，就需要尽量到联盟社区、站长论坛、淘客论坛等淘宝客聚集的地方发布招募贴或者挂上招募广告。如果面向的是买家，那尽量让自己的商品在返利网、导航站、淘宝客导购站、SNS、微薄等媒体上有广告。

任务 3.3　不同级别店铺的推广策略

店铺的不同级别如图 8-14、图 8-15 所示。

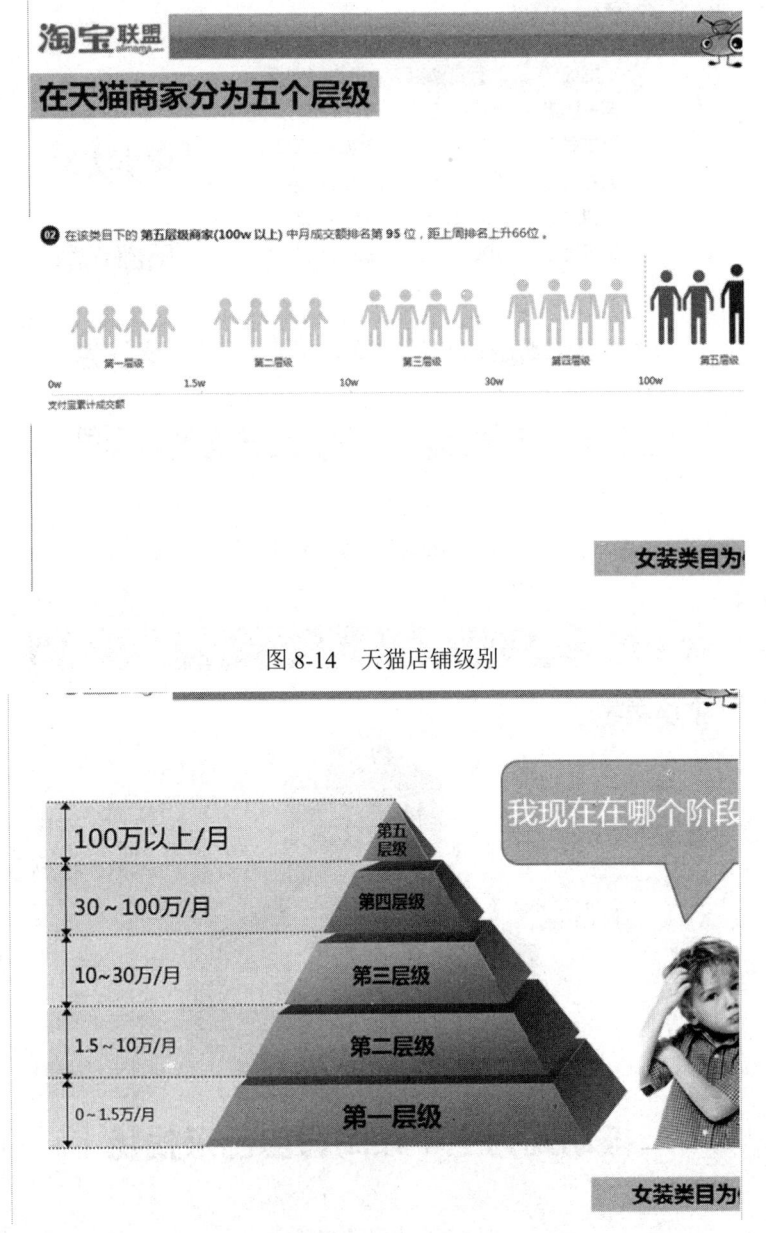

图 8-14　天猫店铺级别

图 8-15　女装店铺级别

现在我们在上面两张图中可以看到，天猫是把商家分成五个不同层级的。主要以每个月的成交额为维度来划分。首先要分析，我自己是属于哪个层级的卖家。但是，值得注意的是，不同类目的考核及划分范围是不同的。上面介绍的是以女装为类目的层级划分。

我们根据不同层级再划分为3种卖家：中小卖家、腰部卖家、大卖家，如图8-16至图8-20所示。当然这个划分每个类目都不同。具体的考量及考核因素都有所不一样。因此下面给出的划分仅作参考，并非官方的划分方法。

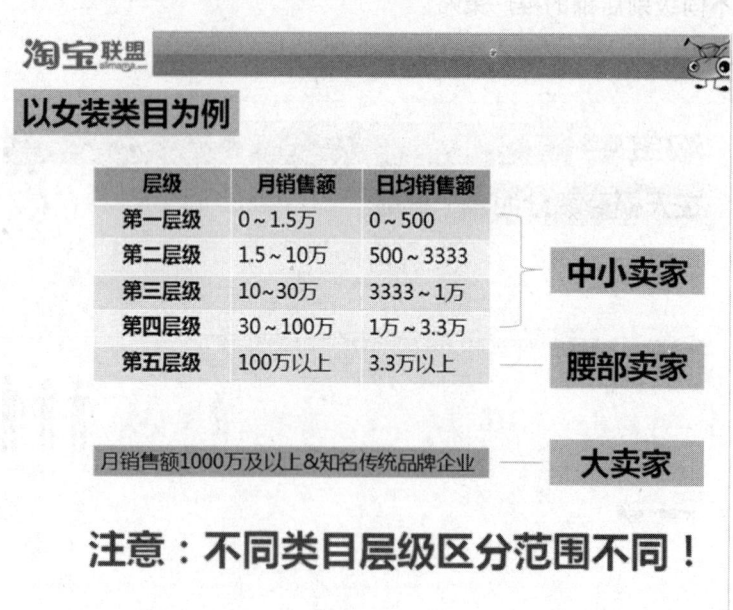

层级	月销售额	日均销售额
第一层级	0~1.5万	0~500
第二层级	1.5~10万	500~3333
第三层级	10~30万	3333~1万
第四层级	30~100万	1万~3.3万
第五层级	100万以上	3.3万以上

第一至第三层级：中小卖家
第四层级：腰部卖家
月销售额1000万及以上&知名传统品牌企业：大卖家

注意：不同类目层级区分范围不同！

图8-16 女装类目级别

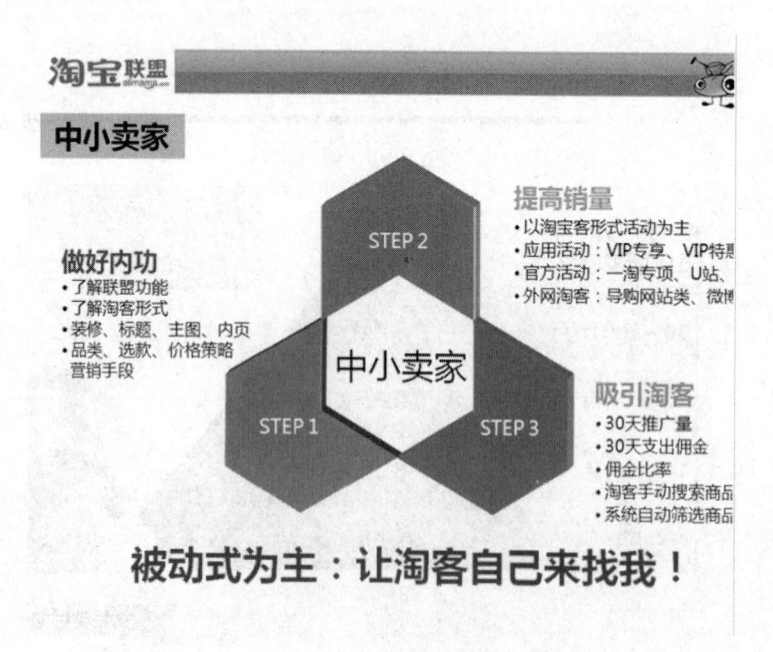

中小卖家

做好内功
- 了解联盟功能
- 了解淘客形式
- 装修、标题、主图、内页
- 品类、选款、价格策略
- 营销手段

提高销量
- 以淘宝客形式活动为主
- 应用活动：VIP专享、VIP特惠
- 官方活动：一淘专项、U站
- 外网淘客：导购网站类、微博

吸引淘客
- 30天推广量
- 30天支出佣金
- 佣金比率
- 淘客手动搜索商品
- 系统自动筛选商品

被动式为主：让淘客自己来找我！

图8-17 中小卖家推广

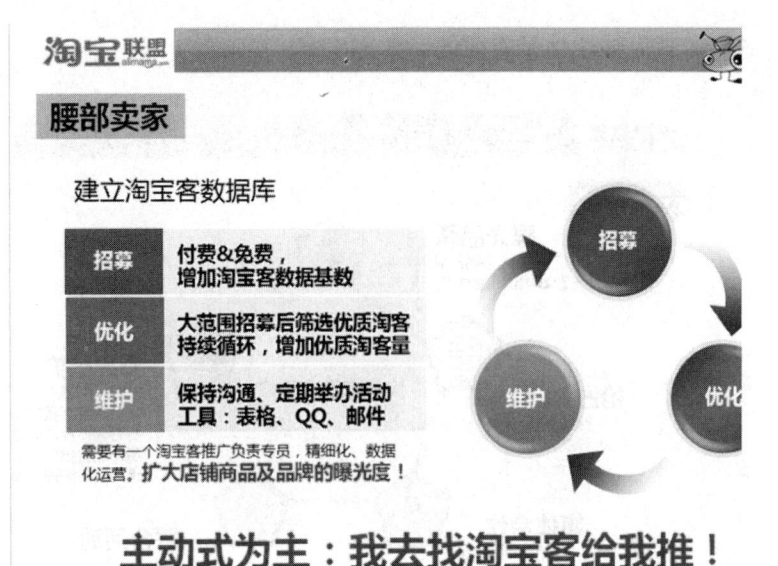

图 8-18　主动式推广

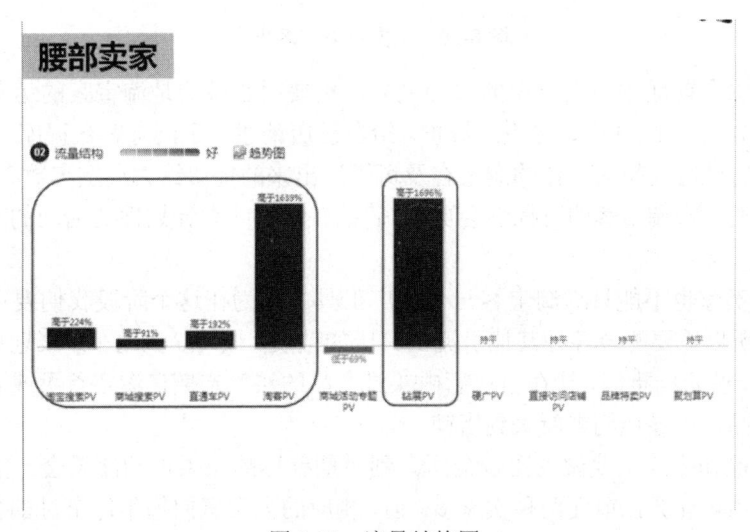

图 8-19　流量结构图

作为中小卖家，特别是新手卖家们想做淘宝客推广的时候建议这么操作：
（1）做好内容
（2）提高销量
（3）吸引淘客

简单总结，刚开始操作的时候不要想着找那些大淘宝客跟店铺合作，因为淘宝客跟我们卖家的立场是一样的。卖家自己都卖不动的商品，给再牛的淘宝客他也会非常费劲。因为流量的获取方法或者渠道基本都差不多。我们卖家可能在淘宝内用付费形式用直通车来引流。淘宝客也需要自己花费资源及费用来引流到自己的网站或者用在增加粉丝上。所以还是先做好自己的店铺和商品的销量，最好是主打一款商品，在短期内通过一些淘客活动增加 30 天推广量来吸引淘宝客，这种方式是最快捷及有效的。

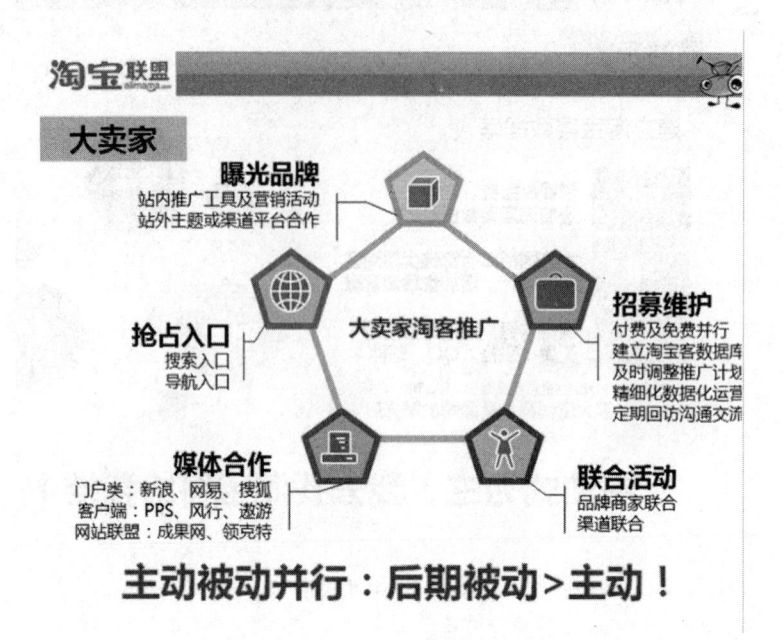

图 8-20　大卖家淘宝客推广

腰部卖家除了前面中小卖家做的方法之外，更要用心做的是淘宝客的运营方面。比如主要的运作流程分为三个：招募、优化、维护。给自己店铺建一个淘宝客数据库，并优化及完善。因为这种操作方法时间越久合作的淘宝客及可筛选出来的优质给力淘宝客数会越多，并且维护工作做到位我们对于淘宝客的可控性会更强。店铺有临时或者计划性的活动的时候可以发挥出爆发性的效果。

当然腰部卖家也不能只靠淘宝客一个推广工具。因为在这个阶段我们要尽量做到品牌及店铺的曝光。所以需要配合各种其他引流工具比如钻展、硬广、直通车、聚划算等来提高知名度，也要做到一些定向推广，让在自己店内买过产品的买家定期在淘宝首页或者其他展现平台看到我们的商品，引导他们重新来到店铺。

大卖家的操作方式上要做到比较全面。到后期整体的效果被动流量会比主动流量大。但前期的投放费用可能会比前面两种卖家多。但，相应的大卖家们每年每个月都会有自己的一个站外的固定推广费用，所以效果是显而易见的。大卖家最主要的工作分为五个：1）曝光品牌；2）抢占入口；3）媒体合作；4）联合活动；5）招募维护。

【任务实训】

8-3　学会分析来源，选择推广方法

实训目标

利用我们所学的知识，选择店铺不同阶段的分析方法。

实训步骤和要求

1）分析自己店铺的主要流量来源。
2）分析店铺处于的阶段。
3）选择合适的方法推广。

实训成果及考核

通过实际操作，熟练淘宝客的综合运用。学生以单人操作的形式完成整个操作过程，由教师进行评比打分（见表8-3）。

表8-3　考核表格

学生姓名	流量来源	淘宝客推广成功	店铺阶段	教师打分
……	……	……	……	……

项目九　网店客服

【案例导入】

酸李子的故事

一条街上有三家水果店，一天，有位老太太来到第一家水果店，问："有李子卖吗？"店主见有生意，马上迎上前说："老太太，买李子呀，您看我这李子又大又甜，还刚进来，新鲜的很呢！"没想到老太太听了，竟扭头就走了。店主纳闷呢，哎，奇怪了，我哪里不对得罪了老太太？

老太太接着来到第二家水果店，同样问："有李子卖吗？"第二家店主马上迎上前说："老太太，您要买李子呀？""啊"老太太应道。"我这里李子有酸的也有甜的，那您是想买酸的还是想买甜的？"店主回答，"我想买一斤酸的。"于是老太太买了一斤酸的就回去了。

第二天，老太太来到第三家水果店，同样问："有李子卖吗？"店主马上迎上前说："我这里李子有酸的也有甜的，那您是想买酸的还是想买甜的？""我想买一斤酸的。"老太太说。与前一天在第二家水果店发生的一幕一模一样，但是在第三家店主给老太太称酸李子时聊道"在我这里买李子的人一般都喜欢甜的，可您为什么要买酸的呢？""最近我儿媳妇怀上孩子啦，特别喜欢吃酸李子。""哎呀，那要特别恭喜您老人家啦，快要抱孙子啦！有您这样会照顾的婆婆可真是您儿媳妇天大的福气呀！""哪里哪里，怀孕期间当然最要紧的是吃好、胃口好、营养好呀！""是呀，怀孕期间营养是非常关键的，不仅要补充些高蛋白的食物，听说多吃些维生素丰富的水果，生下的宝宝会更聪明些！""是吗，那吃哪种水果含的维生素更丰富呢？""很多书上说猕猴桃含维生素最丰富！""那你这里有猕猴桃卖吗？""当然有，您看我这的猕猴桃个大汁多，含维生素丰富，您要不先买一斤回去给您儿媳妇尝尝！"这样，老太太不仅买个一斤李子，又买了一斤猕猴桃。而且以后几乎每隔一两天就到这家店里买各种水果了。

（摘自：阿里巴巴社区）

思考问题：
1. 想一下，哪一位卖李子的老板是优秀老板？
2. 为什么三个老板，有的卖的多，有的卖的少？

任务1　售前的知识储备

【任务描述】

店铺建好后，网店客服在店铺运营中非常重要。在从事网店客服之前，必须要储备和准备大量的知识，要了解一个企业的文化，要知道一个客服的职业素养是什么，要充分掌握企业产品知识，要了解工作中的流程和淘宝规则。

【任务学习目标】

1. 知识目标
- 认知客服的职业素养
- 认知客服的工作流程

2. 能力目标
- 能够充分掌握企业产品知识
- 熟练掌握客服的工作流程

【任务实践】

任务 1.1　客服的职业价值观

服务型和销售型企业，一般都会要求员工做到"以客为尊"，这与淘宝的"客户第一"是同一个道理，尊重顾客，自觉维护企业形象，以微笑面对一切，在工作当中积极主动地为客户解决问题。具有同理心，学会换位思考，不冷漠，不推卸责任，在坚持原则的基础上争取实现客户和公司都满意的双赢目标，用强烈的责任心和服务意识，以及熟练的接待技巧为客户解决问题，提供优质的服务。

团队精神、团队协作都是企业最为推崇的价值取向，要求员工具有主人翁意识，积极地融入团队，乐于接受同事的帮助，同时也热情地帮助别人，来配合团队完成工作。

在决策之前积极发表自己的建设性意见，充发参于讨论，决策以后无论个人是否持有异议，必须在言行上予以绝对的配合与支持。即使是思想上暂时没有想通，可以保留个人意见，但必须服从组织的统一安排。

积极主动分享业务知识和经验，与同事互通有无，主动给予别人力所能及的帮助，善于利用团队的力量来解决问题。在工作中要善于和不同类型的同事合作，秉承对事不对人的态度，不把个人喜好带入工作。只针对问题发表看法，提出不带有个人主观色彩的客观意见，充分体现顾全大局的胸襟。

迎接变化、求实创新也属于一般企业都会推崇的通用价值观，积极配合公司的战略决定和策略调整，理性对待各种变化，不抱怨，充分沟通，诚意协调，并尽快地适应。

在工作当中要表现出自己的前瞻意识，善用新方法和新思路来提高工作绩效，有一些危机意识和忧患意识，通过仔细的思考，在项目的工作实施前就能到可能会出现的问题，避免产生损失。

诚实守信，为人正直，言行一致，不受压力影响，不受外部利益诱惑，不行贿受贿，通过正确的渠道和流程客观地反映问题，并且能客观、准确地表达自己的观点，即使批评的时候也能够提出相应的改进意见，在同事之间也能够做到直言有讳。

说话做事要照顾到别人的自尊心，尽量帮助团队伙伴，同时又不损伤他人的积极性和自尊心，不传播公司的小道消息、八卦等一些未经证实的消息，不在背后不负责议论一些人和事。不说不利于团结的话，也不做不利于团结的事，精诚团结，和睦相处。

能够开拓进取，干一行，爱一行，对企业有一种归属感。能够顾全大局，不计较个人的得失，以一种积极乐观的心态来面对工作。要学会自我激励，每当遇到来自工作和生活的挫折，都能够积极地调节情绪，不影响本职工作。

任务 1.2　淘宝客服需要的基本技能

1. 具有专业的产品知识

拥有丰富产品知识的专家型的客户服务人员更容易让顾客产生信赖，从而产生购买的冲动，因此知识也可以成为推动销售的力量。

专业的知识在销售过程中起着非同一般的作用，可以让顾客相信自己的专业性，并且乐于和我们互动沟通，最终达到我们的销售目的。

一位优秀的客服人员除了要自己亲身体验所销售商品的功能和效果之外，还要熟记与之相关的所有数据和资料，在销售过程中运用自己纯熟于心的专业知识结合自己使用后的体会向顾客推销，就可以达到事半功倍的效果。包括产品的尺寸、属性、性能、材质、用途、使用方法、注意事项等方面，对自身产品越熟悉越好，这不仅是对自身销售推广产品有帮助，而且也可以增加买家对于你的信任。例如网店是销售灯具以及相关配件类的产品，很多时候更需要对灯具类知识有相关了解才可以引导客户，帮助解决他们在购买中会出现的问题，并推荐一些更好更适用的产品给他们。为了让买家能够放心购买产品，在宝贝描述中，一定要加强对产品会出现的各类问题的介绍，详细的产品信息能够让你事半功倍。这些是身边的细节，如果你愿意从这些小细节入手，有一天你会发现就是你坚持的这些小细节让你的浏览量和成交量更高！

只有相关专业知识丰富，在向顾客传达的时候才能有自信，面对任何可能提出的问题都可以在第一时间迅速做出反应并及时回答，给顾客一种专业、可信度高的感觉；相反，如果相关专业知识匮乏，一则在介绍产品的同时无法详细说明产品的功效，二则会令用户感觉到不自信，如果客服人员本身对自己销售的商品不自信，顾客则很可能不会相信产品的真实效果。如果不知道如何回答用户提出的问题，顾客很难产生购买商品的欲望。

所以任何客服人员都要对自己销售的商品有深刻的认识和理解。只有专业知识丰富，才会在与顾客的交往中取得他的信任和欣赏；反之，往往会被误认为是欺骗，不诚实，不专业，不敬业。

在网络店铺中向顾客传达客服具有专业的产品知识的渠道主要有两个：一个是使用阿里旺旺聊天工具和顾客进行交流时传达，另一个是通过宝贝的描述页面向顾客传达。

在通过阿里旺旺聊天工具和顾客进行交流时，顾客一般都会向卖家提出关于商品的这样和那样的问题，这个时候我们就需要用专业的态度给予顾客解答。顾客分很多种，他们需要的知识也不一样，这需要我们耐心、细致地处理好每一个细节问题。

在一位顾客进入商品描述页面时，他应该是有意识知道自己想看什么内容，但是顾客对商品永远没有卖家了解得仔细，所以我们可以在商品页面中把有关商品的方方面面的知识都加进去，这样顾客想知道的可以知道，不想知道的也可以知道，也就是做到了客服工作的第二个目的，即给予顾客超出需求的服务。

2. 旺旺工具的使用

（1）旺旺下载

淘宝卖家主要使用卖家版旺旺，客服下载旺旺要下载卖家版的阿里旺旺。

（2）旺旺使用

作为淘宝客服我们主要使用卖家版旺旺（如图 9-1 ）。

图 9-1 卖家版旺旺

卖家版旺旺使用简介：

在"账号类型"中选择想要登录的账号类型（卖家版不需要选择账号类型），然后输入会员名和密码，点击"登录"按钮即可。在登录前，还可以选择合适的状态，在登录后即会在你的用户名后显示相应的状态，系统默认选择的是"我有空"状态。如果不想每次登录阿里旺旺时都输入会员名和密码，可以勾选"记住密码"。如果不想每次都点击"登录"按钮进行登录，可以勾选"自动登录"。在选择了"记住密码"以后才能选择"自动登录"。

（3）旺旺系统设置

点击阿里旺旺主窗口中的"菜单"按钮，点击"系统设置"，查看基本设置（如图 9-2）。

图 9-2 旺旺系统设置

（4）旺旺常规设置界面（如图 9-3）

1）群发设置可选择是否接受群发消息。目前只能群发消息给好友。

2）聊天窗口合并后，可节省系统性能，查看多个消息也比较方便。

3）如果机器性能不太好，也可以选择"不接收贴图"，不过就享受不到看贴图的乐趣了。

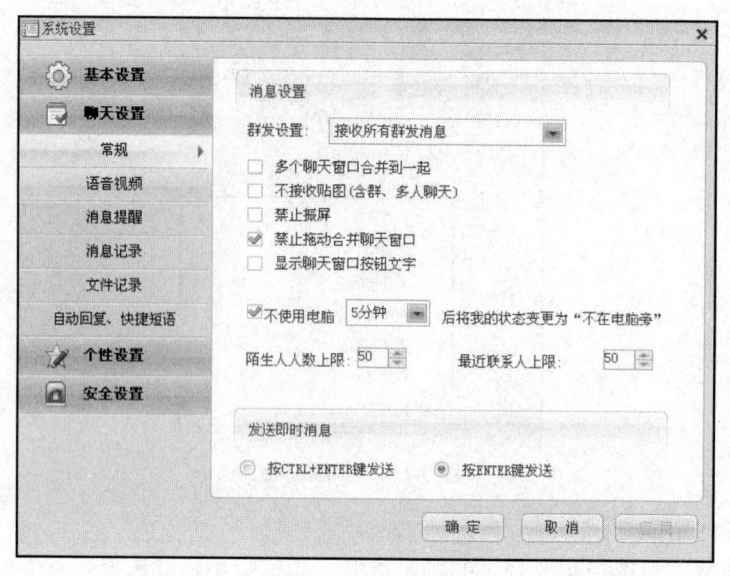

图 9-3　旺旺常规设置

4）聊天窗口按钮文字不显示，可在窗口显示更多的按钮。如选择显示文字，可在更多里选择其他按钮。

5）阿里旺旺默认设置，不使用电脑 5 分钟后变更状态为"不在电脑旁"，提醒对方可能暂时不能找到你。也可选延长时间或设置不变更。

6）当超过陌生人上限和最近联系人上限，会自动显示最新的陌生人和最近联系人。如果实际需要找更久之前联系过的人，也可以提高上限，最高为 100。

7）发送即时消息可设置自己喜欢的快捷方式。

（5）旺旺消息提醒设置界面（如图 9-4）

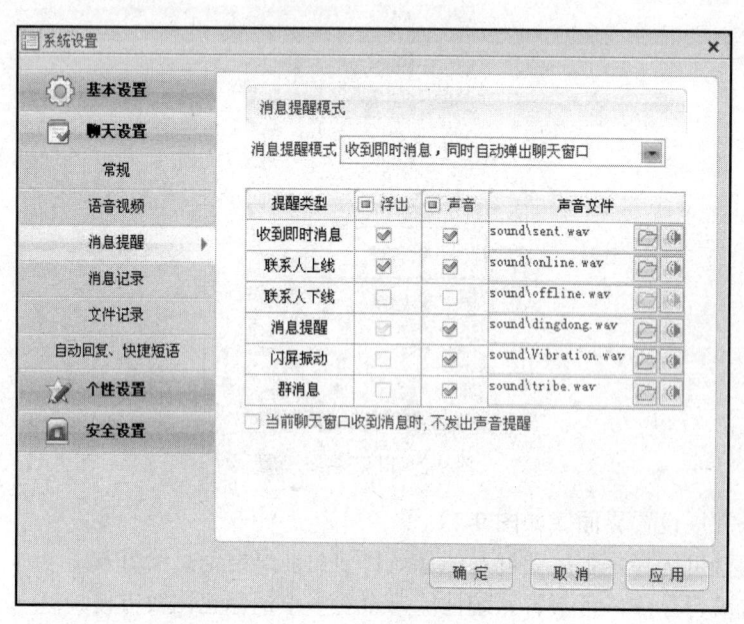

图 9-4　旺旺消息提醒

1）可以设置提醒模式。

①若选择"收到即时消息，同时弹出聊天窗口"，则当有新信息时会自动弹出聊天窗口。

②若选择"收到联系人消息，只在右下角闪烁"，则有新信息时不会自动弹出窗口。需要通过点击阿里旺旺托盘图标，选择联系人或者群之后显示，也可以选择忽略即时消息，如下图9-5。

图 9-5　忽略即时消息

③也可以若选择"未交流的陌生人消息，只在右下角闪动"，前提是纯陌生人消息，纯陌生人消息是指之前没有任何交流过的陌生人消息。

注：选择该项时，好友消息则会自动跳出，只有收到陌生人消息时，图标在右下角闪动。

2）勾选"浮出"选项后，当收到新消息或者联系人上、下线时，系统会在屏幕右下方浮出一个小窗口对您进行提示，如果不希望出现浮出窗口，取消相应类型的浮出设置即可。

3）可以钩选或取消钩选来启用或禁用阿里旺旺相应的提醒声音。可以通过点击按钮，在自己的电脑中选择喜欢的声音文件进行添加。点击按钮可对声音文件进行试听。如果不需要声音提示，可以选择在相应的声音一栏去掉前面的钩选。

（6）自动回复（如图9-6）。

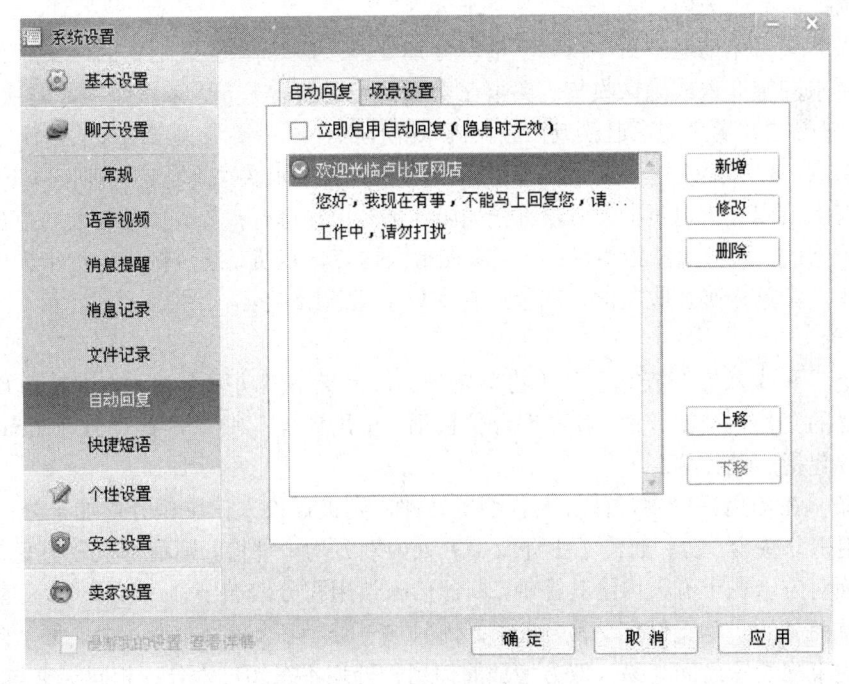

图 9-6　旺旺自动回复

设置自动回复，可以在忙不过来或离开的情况下，自动回复别人的询问。

当有多条自动回复的时候，自动回复当前选中的内容。

（7）快捷短语

快捷短语可帮助你在非常忙碌的情况下，快速回复对方。比如用户对产品的大小、质量的疑问等，同时支持导入导出功能，方便多台机器和多人，使用统一的快捷短语。

（8）个性签名设置（如图9-7）

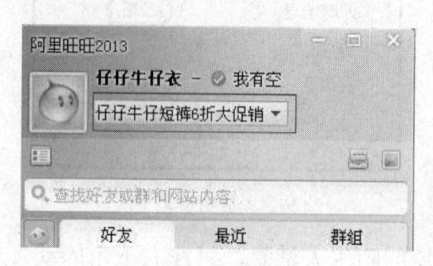

图9-7　个性签名

任务1.3　了解淘宝规则

1. 超时规定

第一条　自买家拍下或卖家最后修改交易条件之时起三天内，买家未付款的，交易关闭。

第二条　自买家申请退款之时起两天内卖家仍未点击发货的，淘宝通知支付宝退款给买家。

第三条　自卖家在淘宝确认发货之时起，买家未在以下时限内确认收货且未申请退款的，淘宝通知支付宝打款给卖家：①自动发货商品一天内；②虚拟商品三天内；③快递、EMS及不需要物流的商品十天内；④平邮商品三十天内。

第四条　买家申请退款后，依以下情况分别处理：1）卖家拒绝退款的，买家有权修改退款协议、要求淘宝介入或确认收货。买家在卖家拒绝退款后七天内未操作的，退款流程关闭，交易正常进行；2）卖家同意退款或在五天内未操作的，且不要求买家退货的，淘宝通知支付宝退款给买家；3）卖家同意退款或五天内未操作的，且要求买家退货的，则按以下情形处理：①买家未在七天内点击退货的，退款流程关闭，交易正常进行；②买家在七天内点击退货，且卖家确认收货的，淘宝退款给买家；③买家在七天内点击退货，通过快递退货十天内、平邮退货三十天内，卖家未确认收货的，淘宝通知支付宝退款给买家。

2. 评价

第一条　买卖双方有权基于真实的交易在支付宝交易成功后十五天内进行相互评价，特殊类目商品的交易不开放评价。淘宝网评价包括"信用评价"和"店铺评分"，tmall.com（天猫）评价仅包括店铺评分。

第二条　在信用评价中，评价人若给予好评，则被评价人信用积分增加一分；若给予差评，则信用积分减少　分；若给予中评或十五天内双方均未评价，则信用积分不变。如评价人给予好评而对方未在十五天内给其评价，则评价人信用积分增加一分。相同买、卖家任意十四天内就同款商品的多笔支付宝交易，多个好评只加一分、多个差评只减一分。每个自然月，相同买家与淘宝网卖家之间交易，双方增加的信用积分均不得超过六分；相同买家与tmall.com（天猫）卖家之间交易，买家信用积分仅计取前三次。评价人可在作出中、差评后的三十天内，对信用评价进行一次修改或删除。三十天后评价不得修改。淘宝有权删除评价内容中所包含的污言秽语。

第三条　店铺评分由买家对卖家作出，包括宝贝与描述相符、卖家服务态度、卖家发货速度、物流发货速度四项。每项店铺评分均为动态指标，系此前连续六个月内所有评分的算术平均值。买家若完成对 tmall.com（天猫）卖家店铺评分中宝贝与描述相符一项的评分，则其信用积分增加一分。每个自然月，相同买、卖家之间交易，卖家店铺评分仅计取前三次。店铺评分一旦做出无法修改。

第四条　自交易成功之日起一百八十天（含）内，买家可在作出淘宝网信用评价或 tmall.com（天猫）店铺评分后追加评论，追加评论的内容不得修改。卖家可对追加评论的内容进行解释，追加评论不影响淘宝网卖家的信用积分或 tmall.com（天猫）商家的店铺评分。

【任务实训】

9-1　售前知识储备

实训目标

根据所学知识，申请一个旺旺号，利用旺旺号设置快捷短语，建群，旺旺号的详细设置，从不同方面讲述一个产品，产品自选。

实训步骤和要求

1）申请一个旺旺号。
2）设置快捷短语。
3）产品知识讲解。

实训成果及考核

通过售前知识的掌握。每个同学必须认真完成该项实训，由教师根据上传到群里边的作业进行评比打分（见表 9-1）。

表 9-1　考核表格

学生姓名	旺旺申请	旺旺详细设置	产品细节讲述情况	教师打分
……	……	……	……	……

任务 2　售中的客户沟通技巧和售后的纠纷处理

【任务描述】

售前知识掌握熟练后，我们就来和用户进行沟通，在沟通过程中，掌握沟通技巧，同时要学会有效订单的处理，客服最重要的是要学会处理售后纠纷问题。

【任务学习目标】

1. 知识目标
- 认知客服的沟通方式和方法
- 认知售后的纠纷问题

2．能力目标
- 能够熟练掌握和客户的沟通技巧
- 熟练解决售后和客户的纠纷问题

【任务实践】

任务 2.1　沟通技巧

1．售前沟通技巧

（1）招呼的技巧

热情大方、回复快速。当买家询问在么的时候，可以作答："亲，在的，正等您呢！很高兴为您服务！"要在买家咨询的第一时间，快速回复买家，因为买家买东西都会货比三家，可能同时和好几家联系，这时候谁第一时间回复，就占了先机。

（2）询问的技巧

细致缜密。当买家询问店里的商品时，如果有的话，就跟客户介绍这个商品的优点好处等。如果询问的商品已经没有了，可以这样回答："真是不好意思，这款卖完了，有刚到的其他新款，给您看一下吧。"不要直接回复没有，这个时候要做到，即使没有也让客户还想看看店里其他的商品，所以注意回答的技巧。

（3）推荐的技巧

体现专业、精确推荐。客服："亲，让您久等了，这两款风格简洁、时尚，很受年轻人喜欢哦，这是链接地址……"这样专业准确地告诉了卖家，你是用心的为他挑选了合适的商品，而不是单纯为了商业利益。

（4）议价的技巧

以退为进、促成交易。如果客户继续议价的话，这个时候，可以通过其他方式，比如送小礼品，这会让客户觉得就算没有讲下价来，也有成就了。注意，当话语很长的时候，不要一次性打这么多，因为卖家等久了，可能就没有耐心了。可以一行为一段，打完接着就发出去，再继续打，这样不会让买家等太久。这个时候买家说贵的话，顺着买家的意思，承认他们说的贵，但是委婉地告诉客户物有所值，一分钱一分货，要告诉买家需要综合考虑的，不只是要看商品，还要看包装品质、价格、品牌、售后等。委婉地告诉客户这样的话，大部分买家都会比较满意的。关于议价，我们平时买东西，哪些地方可以议价呢？议价也是需要空间的。人人消费都有议价的想法，但是去沃尔玛等就不会议价，因为找不到议价的地方，而且有优惠就已经给出来了。如果给了客户集市的概念，那就是议价……如果给了议价的可能，那也要留出议价空间，不要一开始给价就给的太低。

（5）核实技巧

买家付款后，在买家下线前，把订单中的买家信息发给买家，让买家确认下，避免出错，这样就会减少快递出错的问题了，也给客户我们认真负责的印象。

（6）道别的技巧

成交的情况下："谢谢您的惠顾，您就等着收货吧，合作愉快，就不打扰您了。"简单大方的结束话题，也讲究效率。没有成交的情况下，也要客气地回答。

2．售后的沟通技巧

（1）发货后

告知已发货让买家踏实,可以通过旺旺,或手机短信告知。
(2)该到时
在推算正常快递快到的情况下,联系买家,问收到情况,如果没有正常到达的话。我们可以帮买家查询物流情况,做个解释,即便有时候会延误,相信很多买家也会谅解。
(3)签收后
客户签收后,及时回访跟踪信息问问客户的意见感觉怎么样,有意见的,该解释的解释,该处理的处理。对于买家提出的意见和问题,我们在以后的工作中也要做出改进。做到这点的话,你的工作就做到位了。
(4)好评后
我们在收到好评后,要及时回复买家,感谢买家支持工作等。在此,也有差好评,什么是差好评呢?差好评就是客户虽然给了好评,但在好评里会说明并不满意,对物流速度等,但还是勉强给个好评这样的评价。我们要做如下解答:我们要再次解释,同时要注意,不要泄露买家信息,或者是通过旺旺沟通。这时的沟通主要是道歉、道歉、再道歉。等买家原谅后,感谢谅解,感谢给予好评。一般情况下,客户到最后都会给予谅解的。对于差评,也要同样耐心地解释,得到客户的理解。沟通没有标准的答案,每个人都有每个人的习惯,只要在情理之中就可以。

任务 2.2　售后的纠纷处理

在淘宝经营销售过程中,售后服务相当重要,不要以为物品卖出去了就没事情了,后面非常重要。一个好的客服,他的生意将源源不断,财源滚滚,新老顾客都很喜欢来,而那些不注重售后的人,别人跟你做了一次生意后,这一辈子都不会在想找你了,同样,你也会得到差评。所以说售后是相当重要的,但是无可避免的在交易过程中,也会出现这样那样的事情,所以在出现交易纠纷的时候不要急,慢慢来,事情总是可以解决的,那么我们在这个时候就应该做到一些几点。

(1)售后出现问题多用电话沟通,少用旺旺等工具。客户到淘宝上买东西,都想快点收到货,因为网购只能通过图片文字形式提供产品信息,多少给客户带来神秘感,迫不及待想快点看到宝贝。很多人读到这里会很奇怪,这个跟售后有什么关系,当然有关系,发货速度快,同样可以减少售后问题。如果客户收到宝贝后,质量一般,不是很满意,但考虑到送货速度好,也许有些客户就可以过关。

(2)售后问题发生了,主动找客户,售后有问题,如果你想与客户和谐处理,建议主动找买家。但如果你心意不是这样,而是找客户理论,想用理论来改变客户的看法的话,最好打消这样的念头。

(3)若买家向我们反馈未收到货时,该怎样沟通?
首先我们必须先确认我自己是不是发货了,查询下我们的发货底单;若我查询确实已经发了,联系快递公司了解情况;若确实是我们遗漏发货或者快递出问题,早点找买家办理退款或者二次发货。但是不管哪一种我们必须保持良好的服务态度,与买家友好沟通。

(4)若买家向我们反馈收到少货、破损,我们该怎么办?
首先我们先确认发货时货物是不是完整的,我的包装够不够完善;联系买家了解一些签收时候的情况,了解买家的想法,协商解决,其次我们要联系物流公司核实货物签收信息;若非买家本人签收，为第三方签收，需提供委托签收凭证。但是不管我们如何来解决必须保持良好的服务态度，与买家友好沟通。

（5）若买家向我们反馈收到货与宝贝描述不符，我们该怎么办？

首先我们要联系买家提供收到货物的照片，核对自己仓库的货物；认真比对照片，若确实是我们自己的过错，承担运费给买家退换货。

（6）若买家向我们反馈收到货质量有问题，我们该怎么办？

首先我们应该先检查库存商品是否有买家所描述的情况存在；其次主动联系买家，友好询问买家的解决意向，在能力范围内，为买家提供退换货服务。

（7）若我们与买家协商一致进行退货时，我们应该注意什么？

淘宝是一个商城，那么退换货不可避免。而在遇到客户要求退换货时，首先不要追究谁的责任，以免顾客情绪不满意。此时客服说话语气要温和，要让客户的情绪稳定，可以先问问客服使用产品的一些感受。其次才是询问客户遇到的情况，详细记录下客户要求退换货的原因。分析问题出在哪里，责任方是谁。我们要让客户对产品进行拍照后发电子图片给我们，经过协商后对退货产品进行备案并注明退货原因，这是非常关键的。最后就是判断退换货是否属于我方责任，假如确实是我方责任那么快递费由我方出。如果不是就让买家承担，在表达过程中一定要有理有据，一般处理如下：

1）联系买家，告知在退货时，在包裹上注明买家 ID 及商品实际退货原因。

2）签收退回的货物时，应及时验货，确认签收。

3）若在签收时发现包裹异常，应主动联系买家，告知具体情况，并做好取证工作（如拍照取证、第三方情况说明等）。

4）若退回的商品无误，请及时退款买家，以免造成投诉升级。

【任务实训】

9-2 售中沟通技巧和售后纠纷处理

实训目标

根据所学知识，每个同学分别充当买家和卖家来通过旺旺进行沟通，利用沟通技巧来进行买卖，处理买卖中纠纷问题。

实训步骤和要求

1）充当买家与卖家进行沟通，要问一些比较难的问题。

2）充当卖家与买家进行沟通，想办法解决买家提出的问题。

3）处理纠纷问题。

实训成果及考核

通过售中沟通技巧和售后纠纷处理的学习。每个同学必须认真完成该项实训，由教师根据学生完成的情况进行评比打分（见表 9-2）。

表 9-2 考核表格

学生姓名	和买家沟通技巧	对较难问题应变能力	纠纷的处理	教师打分
……	……	……	……	……

【知识拓展】

沟通小技巧

买家:"老板,在吗?"

客服:"亲,在的,正等着您呢!很高兴为您服务!"

买家:"你家新款还有吗?"(注:这款刚好卖完了)

客服:"真是不好意思,这款卖完了,有刚到的新款,给您看一下吧!"

买家:"感觉有点贵,打个折吧!"

客服:"亲,我们都是明码标价哦,您买的心里踏实,宝贝虽然有点贵,但是值这个价呢!宝贝的原料、品质、包装、售后,客人都觉得不错哦!该给优惠您不说我们也会给您的,我们是正品专卖,您请放心!"

买家:"别人比你卖的便宜呢!你多少也得给点优惠吧!"

客服:"亲,同样的东西也有档次的区别呀,都是汽车,QQ 车只要几万,而法拉利为什么要几百万呢?就算是同档次的东西,也会因为品牌、进货渠道等因素而有区别。我不否认您说的价格,但那种价格我们这个品牌没办法做的,我也不介意您再多比较比较,如果您能选择我,我们会在我们力所能及的情况下尽量给您优惠的。"

买家:"我第一次在你这里买,给我打个折吧!"

客服:"非常感谢亲对小店的惠顾,不过,对于初次交易我们都是这个价格的哦,当然在我们交易后您就是我们的老顾客啦,那么以后不论是您再次购买或者是介绍朋友来购买我们都是会根据不同金额给予优惠的。"

参考文献

[1]　吴清烈．网店运营与管理．北京：外语教学与研究出版社，2012．
[2]　淘宝大学．电商运营．北京：电子工业出版社，2012．
[3]　徐敏，王蓓．电子商务实务项目教程．北京：化学工业出版社，2010．
[4]　淘宝大学．网店客服．北京：电子工业出版社，2012．
[5]　淘宝大学．网店推广：实战分析．北京：电子工业出版社，2012．
[6]　汤云．电子商务实践教程．北京：人民邮电出版社，2011．
[7]　李洪心．电子商务案例．2版．北京：机械工业出版社，2010．
[8]　汪华林．客户关系管理．北京：经济管理出版社，2012．
[9]　淘宝网．http://www.taobao.com．
[10]　百度．http://www.baidu.com．
[11]　阿里巴巴中国站．http://www.1688.com．
[12]　当当网．http://www.dangdang.com．
[13]　京东．http://www.JD.com．
[14]　拍拍．http://www.paipai.com．
[15]　圆通速递．http://www.yto.net.cn．
[16]　淘宝大学．http://daxue.taobao.com．
[17]　百度文库．http://wenku.baidu.com．